W0307480

Lisette Schuitemaker

5 Schritte
zum Frieden mit dem
Inneren Kind

Lisette Schuitemaker

5 Schritte zum Frieden mit dem Inneren Kind

Negative Glaubenssätze erkennen und loslassen

Aus dem Englischen von
Claudia Callies

IRISIANA

Die englische Originalausgabe erschien 2017
unter dem Titel »The Childhood Conclusions Fix«.

First published by Findhorn Press, Scotland

FSC
www.fsc.org
MIX
Papier aus verantwortungsvollen Quellen
FSC® C083411

Verlagsgruppe Random House FSC® N001967

1. Auflage 2019

Neumarkter Str. 28, 81673 München
Projektleitung: Andrei-Sorin Teusianu
Umschlaggestaltung: Geviert, Grafik & Typografie
Korrektorat: Susanne Langer-Joffroy
Satz: Uhl + Massopust, Aalen
Druck und Bindung: CPI books GmbH, Leck
Printed in Germany
ISBN: 978-3-424-15349-1

Inhalt

Einführung

Unsere Glaubenssätze aus der Kindheit
spiegeln unsere größten Gaben.
Wo wir am unsichersten sind,
verstecken wir unsere wahren Schätze.

Wir alle bringen Geschenke mit, wenn wir auf diese Welt kommen. Jedes Neugeborene hat die Fähigkeit, Herzen zu öffnen und sich mit anderen zu verbinden. Schon durch die bloße Anwesenheit eines kleinen Babys fühlen sich andere Menschen lebendiger. Als göttliche Bewusstseinsschöpfung verfügen wir alle über die Gabe, Freude zu empfinden und hervorzurufen, zu lachen und lustig zu sein, uns Sorgen zu machen und an den Sorgen anderer Anteil zu nehmen, zu inspirieren und uns inspirieren zu lassen. Wir werden mit der Fähigkeit geboren, ausgelassen und überschwänglich zu sein, selbstständig zu handeln, Ehrfurcht und Dankbarkeit zu empfinden und, vor alledem, Liebe zu zeigen und zu geben.

Die Verbindung mit anderen und die Förderung ihres Wohlergehens machen ein gutes Leben aus. Das Erwachsenwerden, um an den Punkt zu gelangen, uns auf unsere ganz persönliche Weise ins Leben einzubringen, ist manchmal wie ein Versteckspiel. Aufgrund schmerzhafter Erfahrungen beschließen wir, einen Teil unseres inneren Reichtums zu verbergen, da es sich zu riskant anfühlt, diese Schätze zu zeigen. Es besteht die Gefahr, dass wir verletzt, verspottet oder abgelehnt werden, wenn wir unseren innersten Wesenskern offenlegen. Zumindest glauben wir das aufgrund von Erfahrungen, die wir in unseren jungen Jahren gemacht haben. Doch der angeborene Drang, unseren Lebenszweck zu erfüllen, lässt uns suchen, was wir versteckt haben, damit wir unsere Begabungen hervorbringen und das Versprechen unseres Lebens einlösen können.

Selbstbotschaften

Wagen wir es, vollständig Mensch zu werden, uns für gut genug zu befinden, unser eigenes Leben zu leben, Vertrauen in andere zu setzen und unsere Eigenheiten anzunehmen? Vielleicht zucken wir bei dieser Frage mit den Schultern und denken, dass das keine große Sache ist. Unser Leben stellt uns jedoch fast ständig vor irgendwelche Entscheidungen, die wir von Moment zu Moment treffen. Diese Entscheidungen sind Gegenstand der inneren Gespräche, die wir mit uns selbst führen.

Mit niemandem sonst sprechen wir so viel wie mit uns selbst. Auch wenn wir Dozenten oder Lehrer oder Talkshow-Moderatoren oder Verkäufer sind; wenn wir jeden Abend Gäste an Restauranttischen oder einer Bar bedienen und auch wenn wir alle unsere großen und kleinen Probleme mit unserem Lebenspartner oder der besten Freundin besprechen – wir kommunizieren mit keinem anderen Menschen in dem Maße, wie wir es mit uns selbst tun.

Wenn wir mal anfangen, auf unsere inneren Konversationen zu achten, werden wir bemerken, dass wir nicht nur mit einer Stimme sprechen. Wir verfügen über eine große Vielfalt an Charakteren, die abwechselnd ihren Platz auf der Sprechbühne einnehmen. Manchmal jammert das kleine Kind in uns, das sich den Anforderungen des Lebens überhaupt nicht gewachsen fühlt. Wenige Augenblicke später wettert vielleicht eine ganz andere Stimme, dass wir unser Schicksal, unser Leben und die Menschen um uns herum unter Kontrolle haben müssen. Oder jemand schimpft uns aus, weil wir uns abermals schlecht benommen oder etwas Falsches gesagt haben. Vielfach handelt es sich um Wiederholungen – wir erzählen uns immer wieder die gleichen Geschichten und auch die Argumente bei unseren inneren Streitgesprächen und die von uns beschuldigten Menschen ändern sich nicht. Und immer wieder heißt es, wir sollen uns zusammennehmen, uns zusammenreißen, aushalten, durchhalten oder uns zurückhalten.

Das Problem ist, dass wir meistens glauben, was wir denken. Unsere besonders unnachgiebigen inneren Stimmen schränken unsere Achtsamkeit und unsere Wahrnehmungsfähigkeit ein, bis wir überzeugt sind, dass sie recht haben. Aber wir sind nicht unsere inneren Stimmen, wir bieten ihnen nur ein Zuhause. Gedanken sind einfach Gedanken, und es besteht keine Notwendigkeit, ihnen immer Glauben zu schenken. Schon gar nicht, wenn sie auf der Perspektive des kleinen Kindes beruhen, das sich einst nicht zugehörig oder nicht gut genug fühlte. Als Kind hatten wir vielleicht das Gefühl, machtlos zu sein, und entwickelten deshalb das Bedürfnis, alles im Leben jederzeit unter Kontrolle zu haben und uns anzupassen. Auch wenn wir solche Gedanken schon tausendmal gehegt haben, heißt das noch lange nicht, dass sie wahr sind. Wir müssen nicht alles für bare Münze nehmen, was uns im Kopf herumschwirrt.

Fünf Glaubenssätze

Ich fand es immer seltsam, dass wir in der Schule die Grammatik unserer Sprache, die Geschichte der Menschheit und die Logik der Mathematik lernen, nicht aber Grammatik, Geschichte und Logik von uns selbst. Meiner Überzeugung nach wäre es wichtig, bereits in der Schule auch grundlegende Modelle der Psychologie zu lernen.

Wilhelm Reich begann in den 1920er-Jahren zu praktizieren und war damit einer der ersten Psychiater überhaupt. Er zeigte auf, dass, so unterschiedlich wir Menschen von außen betrachtet auch scheinen mögen, wir uns im Innern doch alle ganz ähnliche Gedanken über uns selbst machen. Während meines Studiums an der Brennan School of Healing befasste ich mich mit Reichs Typologie der menschlichen Charakterstrukturen und Abwehrmuster. Wie meine Kommilitonen war ich erstaunt über die geringe Anzahl unterschiedlicher Kategorien von Gedanken, wie sie uns üblicherweise durch den Kopf gehen. Nur fünf! »Warum habe ich nicht schon viel früher von diesem aufschlussreichen Modell erfahren?« und »Warum sind wir uns nicht alle der (voreiligen) Schlüsse bewusst, die wir in unserer Kindheit ziehen?« Diese beiden Fragen waren der Antrieb für mich, dieses Buch zu schreiben. Den von Reichs Schülern geprägten Begriff der »Charakterabwehrstrukturen« wollte ich darin durch eine freundlichere Bezeichnung ersetzen und entschied mich, die fünf Ursprünge unserer ständigen inneren Dialoge »Kindheitsglaubenssätze« (*childhood conclusions*) zu nennen. Keiner von uns wird alle Eigenheiten und Verhaltensweisen der von mir beschriebenen Kindheitsglaubenssätze aufweisen, und die Selbstbotschaften der Glaubenssätze werden in uns nie so sauber getrennt sein wie auf den Seiten dieses Buches. Es ist aber trotzdem hilfreich, die einzelnen Fäden in unserer andauernden inneren Kommunikation zu entwirren. Sobald wir die Gedanken identifizieren können, die aus jedem der fünf Kindheitsglaubenssätze entspringen, werden wir in der Lage sein zu erkennen, wie sie sich gegenseitig verstärken. Im Laufe unserer Kindheit haben wir unausweichlich mehr als eine Schlussfolgerung gezogen.

Unsere besonders negativen Selbstbotschaften verbergen unsere wertvollsten Schätze. Wir können diese einschränkenden »Selbstgespräche« aber umdrehen und dann mit den auf diese Weise freigelegten Begabungen brillieren. Und als sei das nicht schon Belohnung genug, verhilft uns der Einblick in unsere grundlegenden Kindheitsglaubenssätze zu einem besseren Verständnis unserer heutigen Reaktionen (und derer anderer Menschen). Wenn wir das Modell der in der Kindheit entstandenen Glaubenssätze kennen, werden wir mehr Nachsicht für die uns vorher unverständlichen Verhaltensweisen mancher Kollegen haben, weil wir die Gründe dafür nachvollziehen können. Als Eltern werden wir der unvermeidlichen Denkmuster unserer Kinder gewahr. Es gibt keinen Ausweg, sie werden Schlussfolgerungen ziehen und sich bestimmte Glaubenssätze aneignen, so wie wir das in der Kindheit taten und unsere Eltern vor uns.

In diesem Buch beschreibe ich diejenigen Begabungen, die durch die fünf Kindheitsglaubenssätze verborgen werden, wie wir sie uns aufgrund unausweichlicher und unglücklicher Interaktionen mit unseren Eltern und anderen nahestehenden Erwachsenen zu eigen gemacht haben. Ich beschreibe, wie es sich anfühlt, mit den einzelnen Glaubenssätzen aufzuwachsen, und auch, was sie uns bringen. Dabei beziehe ich mich ebenso auf mein eigenes Leben und meine Berufserfahrung wie auf bestimmte Bücher und Filme sowie Gespräche und Interviews. Eine positive Gegenwart beginnt mit dem Verständnis der verschiedenen Elemente unserer negativen Selbstbotschaften und der Kindheitsglaubenssätze, denen sie entspringen. Auf dieser Basis können wir selbstzerstörerische oder uns klein machende Gedanken umwandeln, frühe Wunden heilen und unsere Gaben gedeihen lassen.

Kurz gefasst

Beginnen möchte ich mit einer Kurzbeschreibung der fünf Kindheitsglaubenssätze, wie wir sie uns in den Lebensphasen Neugeborenes, Baby, Kleinkind und Junge bzw. Mädchen aneignen. Zuerst aber, bevor Sie die Beschreibungen lesen, möchte ich noch etwas Persönliches anmerken: Vor vielen Jahren saß ich in einem Café in New York. Ich las in einem Buch von Dr. Barbara Brennan und war plötzlich fassungslos, als ich darin meine innersten Gedanken aufgeschrieben fand. Ich sah mich verstohlen um – die anderen Gäste tranken fröhlich ihren Tee oder Kaffee und plauderten miteinander, ohne zu ahnen, dass ich gerade etwas gelesen hatte, das mich förmlich erschütterte: Offensichtlich hegte ich ganz und gar nicht allein die tiefsitzende Überzeugung, niemals gut genug zu sein, sondern teilte diese mit der Mehrheit meiner Mitmenschen. Ich war schrecklich überrascht darüber, dass es für Menschen, die das Gefühl hatten, nicht in ihre Familie zu passen, ganz und gar nicht ungewöhnlich war, anzunehmen, sie würden nicht so viel spüren wie andere Menschen. Ich erinnere mich, dass ich damals aus dem Staunen nicht mehr herauskam und mir klar wurde, dass ich viel durchschaubarer und »normaler« war als jemals von mir gedacht. Wollen wir uns nicht alle einzigartig fühlen? Mein erster Impuls war, regelrecht die Beleidigte zu spielen. Am liebsten hätte ich das Buch in eine Ecke gepfeffert und meine Einschreibung bei der berühmten Heilschule gleich wieder zurückgenommen. Glücklicherweise gab ich diesem Impuls dann aber nicht nach. Ich bin bis zum heutigen Tag dankbar dafür, dass ich mich dann doch eingeschrieben habe und mich daraufhin vier Jahre lang mit den Glaubenssätzen aus der

Kindheit beschäftigen konnte, mit denen wir alle zu kämpfen haben. Ich war bereit, das Selbst loszulassen, das ich war, um die zu werden, die ich heute bin. Seien Sie also vorgewarnt. Wenn Sie die nachstehenden kurzen Zusammenfassungen der Kindheitsglaubenssätze lesen, werden Sie sich wahrscheinlich wiedererkennen. Nach der ersten Erschütterung wird Sie das aber sogar erleichtern und den Auftakt für eine freudige Entdeckungsreise bilden.

1. KINDHEITSGLAUBENSSATZ

»Ich bin hier nicht willkommen, ich muss woandershin.«

NEGATIVE SELBSTBOTSCHAFTEN

»Wenn ich doch nur woanders wäre. An einem anderen Ort, zu einer anderen Zeit. Dann würde ich mich vielleicht willkommen und sicher und zugehörig fühlen. Die Welt ist rau und hart und unangenehm. Ich weiß gar nicht, ob ich hier wirklich sein will. Ich flüchte mich lieber in eine Traumwelt, in höhere Sphären, wo es ruhig, schön und harmonisch ist. Der Kontakt mit diesen Bereichen hält mich am Leben.«

Der erste Kindheitsglaubenssatz resultiert aus der Existenzangst des Neugeborenen. Sind wir auf diesem Planeten wirklich willkommen? Vielleicht war sich unsere Mutter gar nicht sicher, ob sie uns wirklich haben wollte oder ob sie mit der Situation klarkommen würde. Schon eine zuschlagende Tür oder eine laute Stimme kann einen Säugling erschrecken, und der kleine Körper verspannt sich. Die ersten neuronalen Pfade, die sich im Gehirn bilden, speichern diese Körperreaktionen.

Menschen mit einem solchen Kindheitsglaubenssatz sind oft sehr originell und begabt. Wir haben unsere natürliche Verbindung zu dem Reich des Geistes, aus dem wir kommen, nicht verloren, weshalb es uns eher schwerfällt, uns zu erden. Mit dem Kopf in den Wolken ist es nicht immer so leicht, das Leben auf die Reihe zu bekommen. Häufiger, als uns lieb ist, haben wir das Gefühl, nicht wirklich dazuzugehören – was eine Fehleinschätzung ist, denn wir gehören schon einfach deshalb hierher, weil wir eben hier sind.

2. KINDHEITSGLAUBENSSATZ

*»Es gibt nicht genug,
ich bin nicht genug.«*

NEGATIVE SELBSTBOTSCHAFTEN

»Ich bin nicht gut, fit, klug und gebildet genug. Ich bekomme nie so viel zurück, wie ich gebe, aber ich möchte auch niemanden um etwas bitten, denn dann werde ich nur enttäuscht werden. Ich muss in der Lage sein, alles ganz allein zu schaffen. Wenn ich nur mehr Zeit und Geld hätte und leistungsfähiger wäre – aber es reicht nie.«

Der Ursprung des zweiten Kindheitsglaubenssatzes ist die Angst vor Mangel. Ein kleines Baby erleidet Qualen, wenn es hungrig aufwacht und niemand kommt, um es zu füttern. Oder wenn es wieder ins Bettchen gelegt wird, bevor es sich richtig satt und zufrieden fühlt. Der kleine Körper sehnt sich nach Essen und Kuschelwärme. Erhält er das nicht in ausreichendem Maße, verfestigt sich der Eindruck, dass nicht genug da ist: nicht genug Nahrung, nicht genug Zeit, nicht genug Aufmerksamkeit für mich: Ich bin nicht genug.

Diese Babys wachsen zu Erwachsenen heran, die immerzu von den Gedanken geplagt werden, zu wenig Zeit zu haben, nicht genug gelesen zu haben oder nicht lustig, schlank oder versiert genug zu sein. Menschen mit diesem Kindheitsglaubenssatz werden vielleicht bewunderte Künstler, Schauspieler oder Moderatoren, unendlich neugierige Wissenschaftler oder redegewandte Journalisten. In dem Bestreben, in irgendeiner Weise aufzufallen, erhalten wir die ersehnte Aufmerksamkeit. Aber wir werden niemals genug davon bekommen, der Hunger bleibt unstillbar – bis wir erkennen, dass wir immer genug waren und immer genug sein werden.

3. KINDHEITSGLAUBENSSATZ

»Mir egal – wie du willst.«

NEGATIVE SELBSTBOTSCHAFTEN

»Ich richte mich nach den anderen, das ist am einfachsten. Ich weiß nicht wirklich, was ich will, also lasse ich lieber die anderen entscheiden. Auf diese Weise mache ich mir keine Feinde. Allerdings fühle ich mich dann auch machtlos, als ob ich ein Niemand wäre. Ich neige dazu, den Unschuldigen zu spielen – ich kann nichts dafür und es ist einfach sicherer. Aber andererseits habe ich dann immer das Gefühl, am Ende irgendwie der Dumme zu sein. Das ist total vertrackt und ich weiß keinen Ausweg.«

Dem dritten Kindheitsglaubenssatz liegen Gefühle von Desorientiertheit und Ohnmacht zugrunde. Kleine Kinder möchten ihre Eltern und andere Erwachsene gerne glücklich machen, aber in unserer Unschuld tun wir auch Dinge, die sie verärgern. Einigen von uns sind außerdem als Kind Dinge zugestoßen, die wir nicht wollten, jedoch nicht verhindern konnten. Wir sind wütend, dass unsere Grenzen von einem Erwachsenen nicht respektiert wurden; damals schwiegen wir aus Angst, die Liebe unserer

Eltern zu gefährden. Wir schluckten unsere Frustration und Wut herunter, fanden uns mit unserem Schicksal ab und trösteten uns mit Süßigkeiten oder indem wir vor anderen den Kasper spielten und sie auf unsere Kosten zum Lachen brachten.

Jenseits unserer scheinbaren Lethargie befindet sich eine Quelle der Kreativität. Weil wir uns selbst als Opfer fühlen, haben wir ein großes Empathievermögen entwickelt, und hinter unserem glücklichen Gesicht verbirgt sich tiefes Mitgefühl für die Not von anderen. Dieser Kindheitsglaubenssatz malt das falsche Bild, dass wir keine Macht über unser Leben haben, und so neigen wir dazu, aufzugeben, bevor wir richtig begonnen haben. In Wahrheit sind wir alle die Regisseure unseres Lebensfilms. Wir sind frei, unser eigenes Schicksal zu leben. Sich dessen bewusst zu werden ist eine innere Aufgabe, die mit der Frage beginnt: »Was wäre, wenn mein Körper, meine Kreativität und mein Leben wirklich mir gehörten?«

4. KINDHEITSGLAUBENSSATZ

»Ich muss die Kontrolle haben.«

NEGATIVE SELBSTBOTSCHAFTEN

»Letztendlich ist niemand vollkommen vertrauenswürdig. Ich liebe die Menschen und ich habe viele Freunde, aber ich behalte auch alle im Auge, damit ich immer weiß, was sie vorhaben. Nie wieder werde ich von jemandem betrogen werden, weil ich allen immer einen Schritt voraus bin. Das gibt mir ein Gefühl der Kontrolle.«

In Kindheitsspielen sind wir die größten. Wir können uns ohne Weiteres als Prinzen und Heldinnen vorstellen, die die Welt retten, oder als wahre Partner von Mami oder Papi, die wir natürlich später einmal heiraten werden. Wir nehmen eine Liebkosung oder einen Blick als Beweis für diese Bindung und fühlen uns dann verraten, wenn der jeweilige Elternteil uns doch nicht zum Lebenspartner erwählt. Unser Herz bricht zum ersten Mal, unser naives Vertrauen ist angeknackst und dies ist so schmerzhaft, dass wir beschließen, so etwas nie wieder geschehen zu lassen.

Indem wir unser Einfühlungsvermögen ausbilden, werden wir hervorragende Strategen, Menschen, die nach vorne schauen und die Dinge gerne unter Kontrolle behalten. Und trotzdem nimmt das Leben immer wieder unerwartete Wendungen und entzieht sich einer totalen Kontrolle. Das erzeugt Stress und Anspannung, auch wenn wir uns das nach Möglichkeit nicht anmerken lassen.

Wir haben ein großes Herz, in dem unsere ganze Familie, ein großer Freundeskreis und noble Ziele, für die man kämpfen muss, Platz haben. Unser strategisches Verständnis und unser Charisma lassen die Menschen mehr erreichen, als sie es für möglich gehalten hätten, und das noch dazu mit viel Spaß. Wir sind beliebt, und wenn wir in uns selbst die Möglichkeit finden würden, dem Leben zu vertrauen, könnten wir sogar noch viel mehr Gutes tun.

5. KINDHEITSGLAUBENSSATZ

»Ich muss mich anpassen.«

NEGATIVE SELBSTBOTSCHAFTEN

»Was soll ich anziehen, um der Welt zu zeigen, dass ich die Dresscodes kenne? Andere denken, ich sei kompetent, aber ich habe Angst, als Schwindler entlarvt zu werden. Ich habe gelernt, mit Menschen in allen Situationen zurechtzukommen, bleibe jedoch immer etwas auf Distanz. Von außen betrachtet sieht mein Leben perfekt aus. Innen drin fühle ich mich leer und kalt. Ich spüre einfach nicht so viel wie andere Menschen. Hat das Leben nicht mehr zu bieten? Ich halte die falsche Fassade besser aufrecht, damit die anderen weiterhin denken, dass ich tüchtig und kompetent bin.«

Für einige von uns ist die Art und Weise, wie unsere Eltern ihr Leben gestalten, nicht nachvollziehbar. Wir fühlen uns ihnen nicht wirklich zugehörig und schließen daraus, dass wir selbst irgendwie neben der Spur liegen. Vielleicht wollten wir unseren Eltern zeigen, wie sehr wir sie lieben, aber taten dies im Alter unserer aufkeimenden Sexualität auf eine Weise, die zu Peinlichkeiten führte.

Als Kind spürten wir, dass wir eine Grenze überschritten hatten, ohne aber je gewusst zu haben, dass es diese Grenze gibt. Wir erschrecken nun bei dem Gedanken, dass uns das wieder passieren könnte, und entscheiden uns, angepasst zu leben und nur erwünschte Verhaltensweisen an den Tag zu legen. Wir überlegen endlos, wie wir nach außen wirken, was wir anziehen, wie wir auftreten sollen. Und hinterher, wenn sich schon lange niemand mehr daran erinnert, was wir gesagt oder getan haben, grübeln wir immer noch darüber nach. Wir beobachten andere genau dabei, wie sie sich verhalten, und ahmen dies nach, so wie ein Chamäleon.
Die Herausforderung besteht darin, den Versuch aufzugeben, perfekt zu sein, da dies sowieso nicht möglich ist. Stattdessen sollten wir wieder mit unseren Emotionen und unseren Eigenarten in Kontakt treten. Eine positive Gegenwart beginnt mit der Wiederentdeckung unseres authentischen Selbst. Wir können sein, wer wir sind, und wir dürfen auch Marotten haben, so wie andere Menschen auch. Das Leben selbst ist ja irgendwie skurril.

TEST

Wenn Sie herausfinden wollen, welche Kindheitsglaubenssätze bei Ihnen vorherrschend sind, führen Sie den Test auf meiner Website *lisetteschuitemaker.com* durch. Beantworten Sie zügig die 25 Fragen und klicken Sie am Ende auf die Schaltfläche »Get Test Results«. Das angezeigte Ergebnis vermittelt Ihnen einen Eindruck, in welchem Maße die einzelnen Glaubenssätze in Ihrem Leben zum Tragen kommen.

Die Kindheitsgedanken verändern

Unter »Kindheitsgedanken verändern« verstehe ich, nutzlose Gedanken aus frühen Lebenserfahrungen und -einstellungen zu transformieren, indem den zugrunde liegenden Emotionen erlaubt wird, zu fließen und sich aufzulösen. Ein erster Schritt zur Pflege des Gartens unseres Geistes besteht darin, die aus unseren Kindheitsglaubenssätzen resultierenden Gedanken zu erkennen. Die folgenden drei Hinweise helfen, Gedanken ausfindig zu machen, die auf Schlussfolgerungen beruhen, welche wir als Kinder gezogen haben:

1. Die Gedanken kommen immer wieder

Wir alle kennen es, wie sich Gedanken im Kopf drehen und uns nicht weiterbringen. Vielleicht wiederholen wir immer wieder dasselbe Argument, um eine Handlung zu rechtfertigen, jemandem die Schuld für etwas zu geben oder uns selbst zu bemitleiden, so wie wir es schon tausend Mal zuvor getan haben. Diese Art von endlos wiederkehrenden, oft nervigen Gedanken, die uns auf der Stelle treten lassen, sind ein Produkt unserer Kindheitsglaubenssätze.

2. Die Gedanken belasten uns

Es *muss* etwas geschehen und zwar *jetzt*. Jemand *muss* sofort wissen, was hier los ist, oder. … Dies ist kein gewöhnliches »muss«, sondern eines, das ein klares Signal gibt, dass ein Kindheitsglaubenssatz ausgelöst wurde. Wir *müssen* wissen, was als Nächstes passiert, wir *müssen* andere Menschen dazu bringen, uns zuzuhören, wir *müssen* uns an die Regeln halten, wir *müssen* diese trendigen Jeans kaufen oder wir *müssen* die Ansprüche anderer

Menschen erfüllen. Wenn solche Gedankenkarusselle laufen, sind wir nicht imstande, sie anzuhalten. Sie drehen sich schneller und schneller im Kreis und bringen uns dabei überhaupt nicht weiter.

3. Die Gedanken enthalten oft die Wörter »immer« oder »nie«

Ein drittes häufiges Merkmal der selbstbegrenzenden Gedanken, die unseren Kindheitsglaubenssätzen entspringen, sind die Wörter »immer« oder »nie«. Solange wir klein sind, ist unsere Familie die Welt für uns, und wenn wir uns in den Augen der Familie irgendwie falsch verhalten, denken wir, dass auch alle anderen Menschen unser Verhalten missbilligen und wir nie unseren Platz in der Welt finden werden.

Es kann etwas Übung erfordern, solche wiederkehrenden Gedanken zu erkennen. Dies wird dadurch erschwert, dass wir uns in der Regel angewöhnt haben, mit unseren Gedanken mitzugehen, anstatt ihnen wie Wolken am Himmel bei der allmählichen Formung zuzuschauen. Sobald wir das schaffen, können wir wiederkehrende Gedanken wie alte Freunde begrüßen: »Ah, da seid ihr ja wieder.«

Der Neuropsychiater Dr. Daniel Siegel hat in zahlreichen Büchern und anderen Publikationen beschrieben, woher unsere Gedanken kommen, wie wir unseren Geist kennenlernen können und wie wir unsere Gedanken und Gefühle lenken, anstatt uns von ihnen treiben zu lassen. Er nennt seine Methode, auf dem inneren Meer des eigenen Geistes zu navigieren, »Mindsight«. In seinem Buch *Mindsight – Die neue Wissenschaft der persönlichen Transformation* (Goldmann Verlag, 2012), das in den USA inzwischen als Standardwerk gilt, schreibt er auf Seite 15: »… wissen wir heute aus den Entdeckungen der Neurowissenschaften, dass die geistigen und emotionalen Veränderungen, die wir bewirken können, wenn wir Mindsight als Fähigkeit kultivieren, auch die rein physische Beschaffenheit des Gehirns verändern. Durch Entwicklung der Gabe, unsere Aufmerksamkeit auf die Innenwelt zu richten, nehmen wir gleichsam ein Skalpell zur Hand, mit dem wir unsere Nervenbahnen neu formen und das Wachstum der Hirnbereiche stimulieren, die für die geistige Gesundheit wesentlich sind.« Er weist dann aber auch darauf hin, dass solche Veränderungen nicht einfach so zustande kommen, sondern man daran arbeiten muss.

Seine Sichtweise wird durch die Arbeit des Zellbiologen Bruce Lipton, PhD, Autor unter anderem von *Intelligente Zellen – Wie Erfahrungen unsere Gene steuern* (KOHA Verlag, 2016) bestätigt. Lipton kam schon vor dreißig Jahren zu der Einsicht, dass man sein Leben ändern kann, indem man seine Überzeugungen verändert. Er schreibt: »Eine Welle von Energie durchflutete mich, denn mir war klar, dass es einen wissenschaftlich fundierten Weg gab, der mich von meinem Job als Daueropfer zu einer neuen Aufgabe als Mitgestalter meines Schicksals umschulte.« Und fährt fort, dass vor allem im letzten Jahrzehnt die biologische Forschung seine damaligen Erkenntnisse immer weiter bestätigt hätte: »Die Überzeugung, wir seien störanfällige biochemische Maschinen, die durch unsere Gene gesteuert werden, weicht der Erkenntnis, dass wir machtvolle Erschaffer unseres eigenen Lebens und unserer Welt sind.« (beide Zitate auf Seite 9)

Gedanken verändern, Leben verändern

Unsere Überzeugungen verändern, um unser Leben zu ändern – darum geht es bei der Idee, die Gedankengänge umzuwandeln, die unsere Kindheitsglaubenssätze uns auch dann noch zuflüstern, wenn wir schon lange erwachsen sind. In ihrem Buch *Achtsame Kommunikation mit Kindern: Zwölf revolutionäre Strategien aus der Hirnforschung für die gesunde Entwicklung Ihres Kindes* (Arbor Verlag, 2013) geben die Autoren Dr. Daniel Siegel und Tina Payne Bryson, eine Erziehungsexpertin, als zweite Strategie »Name it to tame it« an. Gemäß dieser Strategie wird einem wütenden Kind erlaubt, seine Geschichte zu erzählen. Indem sich der Erwachsene Zeit dafür nimmt, sich das Geschehene aus der Perspektive des Kindes anzuhören, zeigt er ihm, dass er es ernst nimmt. Außerdem beruhigt sich das Kind, während es erzählt. Die Autoren sagen: »Wissenschaftliche Untersuchungen haben gezeigt, dass nur schon das Benennen dessen, was wir empfinden, die emotionalen Schaltungen in der rechten Gehirnhälfte beruhigt.«

In meinem Buch beschreibe ich nun, wie wir in fünf Schritten Kindheitsglaubenssätze verändern können. Wenn wir bereit sind, dem Kind, das wir selbst einst waren, die Zeit einzuräumen, seine Geschichte neu zu erzählen und seine Emotionen neu zu erleben, können wir alte Glaubenssätze loslassen. Der erste Schritt besteht darin, die wiederkehrenden Muster zu erkennen, die uns zurück ins kindliche Bewusstsein bringen. Aufmerksames Beobachten offenbart uns, worauf sie beruhen.

Als Erwachsene, die wir uns mit unseren Kindheitserinnerungen und -glaubensmustern beschäftigen wollen, konzentrieren wir uns im zweiten Schritt darauf, wer wir heute sind. Im Laufe der Jahre haben wir alle möglichen Wirrungen und Irrungen durchlebt und sind dadurch zu unserem heutigen Ich geworden. Wir sind fest in der Gegenwart verankert, in unseren Stärken und Fähigkeiten, in dem Leben, das wir für uns selbst aufgebaut haben.

Im dritten Schritt danken wir dem Kindheitsteil in uns, der sich angestrengt hat, uns vor weiterer Angst, Scham oder Verlegenheit, vor weiterem Mangel und Schmerz zu schützen. Im Wesentlichen danken wir uns selbst dafür, dass wir versucht haben, Leiden zu vermeiden. Aufrichtige Dankbarkeit, auch von uns selbst, entspannt unser ganzes System. Danach sind wir bereit, ein Behältnis für alte Emotionen zu sein, die wir bewusst hervorrufen werden mit dem Ziel, sie gehen zu lassen.

Der vierte Schritt besteht darin, die Angst, die Panik und den Schmerz, die wir als Kind empfunden haben, wieder aufzugreifen und gleichzeitig zentriert in dem Erwachsenen, der wir jetzt sind, zu bleiben. Als ob wir uns mit einem Kind hinsetzen und ihm zuhören, wie es erzählt, was passiert ist. Wir können mit seinem Kummer, seinem Schmerz und seinen Kämpfen umgehen. Wir können das Kind spüren lassen, dass es sicher ist und nichts zu befürchten hat. Das Wissen, wie wir uns in so einem Fall zu verhalten haben, ist uns ganz natürlich gegeben. Jetzt können wir üben, die gleiche liebevolle Aufmerksamkeit auf uns selbst zu richten, indem wir bewusst Gefühle hervorrufen, die wir seit der Kindheit zu vermeiden versucht und unterdrückt haben. Wenn sie hochkommen, werden sie an Dynamik gewinnen – aber wir sind Erwachsene. Wir können einen Sturm überstehen. Wir wissen, dass die Gefühle irgendwann vorübergehen, auch wenn sie zunächst eine Ewigkeit zu dauern scheinen. Nachdem der

Sturm vorbeigezogen ist, fühlen wir uns erleichtert und frei und besser in der Lage, unser Wesen auszudrücken – was das Thema von Schritt fünf ist.

Heilungsreaktionen

In jedem der folgenden Kapitel wird auch eine Heilungsreaktion beschrieben, die nützlich sein kann, wenn man aufrecht durchs Leben gehen möchte, aber dann in bestimmten Situationen doch von negativen Selbstbotschaften heimgesucht wird. Was ist eine »Heilungsreaktion«? Nun, es ist eine Tatsache, dass unsere Energien sich die ganze Zeit gegenseitig beeinflussen. Wem geht nicht das Herz auf, wenn ein Freund uns aus offensichtlicher Freude überschwänglich begrüßt? Wer ist noch nie fast euphorisch aus dem Kino gekommen, weil der Film so gut endete? Wer hat noch nie die Erfahrung gemacht, dass sich jemand bei einem ausweint, ohne dass man viel dazu sagt, und der- oder diejenige am Ende aufsteht und sagt, wie gut ihm oder ihr das getan hat?
Eine Heilungsreaktion funktioniert in etwa genauso. Indem wir unseren inneren Seinszustand bewusst regulieren, können wir entspannen und uns und anderen in kürzester Zeit (wieder) Auftrieb geben. Wenn wir unsere Zellen mit einem Gefühl des Wohlbefindens erfüllen, überträgt sich das auch auf die Zellen einer anderen Person, die uns gegenüber sitzt oder steht oder sogar einer Person, die sich weiter entfernt befindet, die wir aber bewusst wahrnehmen.
Siegel und Payne Bryson erklären in ihrem Buch dieses Phänomen, dass jeder von uns in der Lage ist, andere emotional zu beeinflussen, durch sogenannte »Spiegel-

neuronen«. Diese wurden in den 1990er-Jahren in Italien durch eine Gruppe von Neurowissenschaftlern entdeckt. Sie hatten im Gehirn eines Makaken-Affen Elektroden implantiert, um die Aktivität von Neuronen (Nervenzellen) zu überwachen. Als der Affe eine Nuss fand und verspeiste, feuerten in seinem Gehirn ganz bestimmte Neuronen. Einige Zeit später aß einer der Wissenschaftler in Sichtweite des Affen ebenfalls eine Nuss, und zur allgemeinen Überraschung waren die Abläufe im Affengehirn identisch. Die Neuronen im Gehirn des Affen zeigten beim Betrachten eines Vorgangs also die gleichen Reaktionen wie beim Ausführen des Vorgangs durch den Affen selbst. Die Forschung, wie sich Spiegelneuronen bei Menschen auswirken, ist noch im Gange, aber die bisherigen Erkenntnisse deuten an, dass wir nicht nur Handlungen, sondern auch Emotionen spiegeln können. Deshalb wärmt ein Wohlfühlfilm das Herz und muntert uns auf.

Und deshalb können wir auch dazu beitragen, dass andere sich wohlfühlen, indem wir bewusst positive Emotionen in uns selbst aktivieren, bei einem Spaziergang anderen zulächeln und ganz allgemein liebevolle Freundlichkeit ausstrahlen.

Für jeden Kindheitsglaubenssatz gibt es eine spezifische Heilungsreaktion. Gegen das »Ich bin hier nicht willkommen, ich muss woanders hin« zum Beispiel füllen wir uns selbst mit einem Willkommensgefühl. Glauben wir, nicht genug zu haben oder zu sein, können wir ein Gefühl der allgemeinen Genügsamkeit nähren; nicht zu wenig, nicht zu viel, sondern genau richtig. Sind wir überfordert, verwirrt oder ängstlich, können wir im Bauch die Flamme der Freiheit entzünden. Verspüren wir den Drang, die Kontrolle zu behalten, nehmen

wir Verbindung zu unserem Herzen auf und überfluten unser System mit Liebe. Wenn uns Gedanken im Griff haben, die uns sagen, wir müssen nach außen ein perfektes Bild abgeben, damit wir nicht aus der Gemeinschaft ausgeschlossen werden, lassen wir unser Authentizitätsbewusstsein wachsen, weil wir wissen, dass es real ist.
Durch Üben all dieser Reaktionen an uns selbst können wir jedes Mal entspannen, wenn ein Kindheitsglaubenssatz versucht, uns ein verengtes Bewusstsein von dem jeweiligen Geschehen aufzuzwingen. Wie nach dem Herabfallen der Sauerstoffmasken im Flugzeug müssen wir zuerst uns selbst helfen, bevor wir uns anderen zuwenden können. Sobald wir wieder im Gleichgewicht sind, sind wir vielleicht auch bereit, unser Gefühl der Ganzheit anderen zu vermitteln.
Kürzlich saß ich bei einer Flugreise neben einem sehr unruhig wirkenden Mann. Meine erste Reaktion war Ärger und auch Verunsicherung, aber glücklicherweise erinnerte ich mich schnell, dass uns beiden eine andere Reaktion guttun würde. Seiner Nervosität darüber, sein Schicksal in die Hände eines Piloten legen zu müssen, setzte ich ein Gefühl des unendlichen Vertrauens entgegen. Dies half mir dabei, mich aus meiner anfänglichen Irritation zu befreien und ein offenes Herz auszustrahlen. Nach etwa einer Minute nahm der Mann ein Buch hervor und begann, konzentriert zu lesen. Darum geht es bei den Heilungsreaktionen – daran zu denken.

Wir heißen uns willkommen

KINDHEITSGLAUBENSSATZ

»Ich bin hier nicht willkommen,
ich muss woanders hin.«

NEGATIVE SELBSTBOTSCHAFTEN

»Ein Fehler ist passiert. Ich bin nicht willkommen. In der Gesellschaft dieser Menschen halte ich es nicht aus. Sie sind viel zu grob und herzlos für mich. Ich brauche ewige Schönheit, Ruhe und Frieden. Ich gehöre nicht hierher. Ich muss woanders hin.«

NATÜRLICHE GABEN

Ästhetik, Sensibilität, Spiritualität, Vision

In der unermesslichen Weite des Universums, versteckt in einer Ecke eines kleinen Sonnensystems, wohnen wir hier auf unserem schönen blauen Planeten Erde. Ob aus spiritueller oder physikalischer Sicht, die Erkenntnis, dass unser irdisches Leben in einem viel größeren Zusammenhang steht, erweitert unser Blickfeld. Dieser größere Rahmen eines sich entwickelnden kosmischen

Lebens, ausgedrückt in Myriaden von Wesenheiten, darunter auch wir, gibt dem Leben Sinn und Zweck. Nicht jeder wird die spirituelle Interpretation akzeptieren, aber sehr viele von uns mit diesem Kindheitsglaubenssatz müssen nicht an den Himmel erinnert werden, denn dorthin richtet sich unsere Aufmerksamkeit in der Regel sowieso. Vielleicht finden wir es schwierig oder sogar gefährlich, auf die Erde, auf den Boden der Realität zurückzukommen. Das Dilemma eines sehr erfolgreichen niederländischen Unternehmers namens Jim steht beispielhaft dafür.

Jim hatte wieder mal ein lukratives Geschäftsprojekt abgewickelt und war dadurch endgültig zum Millionär geworden. Dennoch war er nicht glücklich, sondern kam im Gegenteil ganz niedergeschlagen zu mir. »Ich hatte bisher eine glänzende Karriere, ich habe schwierige Unternehmen abgewickelt, sie verkauft und mehr Geld verdient, als ich ausgeben kann, aber, wenn Sie es genau wissen wollen«, sagte er, »habe ich noch keinen Fuß richtig auf diese Erde gesetzt.« Er musste nicht mehr arbeiten, aber genau das erwies sich als schwierig für ihn, denn er bekam Probleme, Struktur in seine Tage zu bringen. Er hing irgendwie herum und fand keine Erfüllung in einem dem reinen Vergnügen gewidmeten Leben. Er las stundenlang Zeitungen und war am Ende jeweils entsetzt darüber, was die Menschen sich gegenseitig antaten. Seine Freunde erwarteten natürlich, dass er doch glücklich sein müsse, weil sein Leben offensichtlich unter einem guten Stern stand. »Das ist genau das Problem«, sagte Jim mit einem traurigen Lächeln. »Ich greife nach den Sternen, anstatt mich auf die Erde zu konzentrieren. Ich glaube, es ist an der Zeit, dass das Raumschiff wieder auf festen Boden zurückkehrt.«

Jim hatte schon lange mit einer gewissen Ruhelosigkeit zu kämpfen gehabt. »Ich habe in vielen Ländern gelebt, aber nie das Gefühl gehabt, irgendwo richtig dazuzugehören. Ich habe mich nie wirklich zu Hause gefühlt, nicht einmal in meinem eigenen Körper. Oder in meinem Leben«, beschrieb er mir seinen flatterhaften Zustand. Er fühlte sich nicht nur trostlos, sondern auch wütend, es schien, als ob ihn alles verärgerte und irritierte. War er vielleicht von der Unvollkommenheit der Existenz beunruhigt? »Ja«, sagte er mit einem Grinsen, das aber von den Augen nicht bestätigt wurde. »So könnte man es ausdrücken. Und diese Unruhe will ich loswerden. ET will nach Hause.«

Etwa die Hälfte

Viele von uns leiden unter dem unheimlichen Gefühl, hier auf Erden nicht ganz willkommen zu sein, als wäre ein Fehler gemacht worden und unsere Seele hätte gar nicht in einem menschlichen Körper landen sollen. Wir sehnen uns nach der friedlichen Vollkommenheit des himmlischen Daseins, nach der Einheit, die vor unserer Geburt unser Lebensraum war. Wenn wir selbst von diesem Gefühl nicht betroffen sind, so kennen alle von uns die Art von Menschen, die permanent den Mond ansteuern, anstatt sich auf der Erde einzurichten. Es wird gesagt, dass mindestens die Hälfte von uns wirklichkeitsferne Eskapisten sind, die sich am liebsten auf und davon machen würden. Wir neigen dazu, halb hier, halb dort zu sein, oft unterwegs in den Weiten der Fantasie und der Träume, den Sphären des Geistes.

Unter Druck, aber oft ohne erkennbaren Grund, werden wir unruhig. Die Unrast treibt uns vor sich her. Unsere

Gedanken werden sprunghaft und lassen uns glauben, dass wir nicht da sind, wo wir sein sollten. Wir bekommen das Gefühl, wir sollten uns sputen, der Enge dieses Raumes, dieses Jobs, dieser Beziehung oder dieser Stadt zu entfliehen. Nur schnell weg hier! Auf zu neuen Ufern, wo wir dann hoffentlich zur Ruhe kommen werden. Weg vom täglichen unerbittlichen Bombardement mit Impulsen, die viel zu laut und zahlreich für uns sind. Weg auch von der Intensität der Emotionen anderer, die wir in unserem sensiblen Zustand des Nicht-ganz-im-Körper-Seins unwillkürlich aufnehmen. Unsere Nervosität vermittelt uns, dass es überall besser sei als hier. Aber sobald wir an einem anderen Ort angekommen sind, stellt unser aufgeregtes Selbst fest, dass auch dies wieder nicht der richtige Platz für uns ist. Solange wir diese Sprunghaftigkeit beibehalten und sozusagen immer auf der Flucht sind, werden unsere Gedanken uns weiter antreiben, da der perfekte Frieden, den wir suchen, unerreichbar bleibt.

Unser erster Kindheitsglaubenssatz

Jim, der so lange glaubte, keinen wirklichen Platz auf der Welt zu haben, ist ein Lehrbuchbeispiel dafür, wie wir als Neugeborene unsere ersten Sinneserfahrungen in ein noch nonverbales Glaubensmuster umwandeln. Später, wenn wir dann Wörter dafür haben, sagt uns der Kindheitsglaubenssatz immer wieder: »Ich bin hier nicht willkommen, ich gehöre hier nicht hin, ich muss woanders hin.«

Jim war eine Frühgeburt und seine Mutter hatte in ihrer Verzweiflung Angst davor, eine innere Verbindung mit dem kleinen Wurm aufzubauen, weil sie sich nicht sicher war, ob er überleben würde. Sie schreckte nach der Geburt vor dem Kontakt mit ihm zurück, weil sie sich vor einem möglichen Verlustschmerz schützen wollte. Man stelle sich vor, wie sich das für das Neugeborene angefühlt haben muss! Wenn wir aus dem Schutz des mütterlichen Uterus hinaus in die Welt geholt werden, sehnt sich unser Körper instinktiv nach Berührung, Wärme und liebevoller Kontaktaufnahme. Das hilflose Kind benötigt nicht nur körperliche Versorgung und Nahrung, sondern will auch gehalten und liebkost werden, damit es sich entwickeln kann. Es braucht Wärme, Haut-an-Haut-Körperkontakt, das Gefühl schläfriger Fülle im Bauch. Die kleinen Muskeln reagieren auf jede liebevolle Berührung. Das Baby will getröstet und gepflegt werden, damit es sich in dieser Welt sicher fühlen kann, in der das Licht so grell und die Geräusche so laut sind, ganz anders als in der weichen Schutzhülle, in der es neun Monate verbracht und sich von einem Zweizeller in ein vollständiges menschliches Wesen verwandelt hat.

Wie Jim machen viele von uns ganz früh im Leben Sinneserfahrungen, die uns ein Gefühl vermitteln, schutzlos und unbeachtet, irgendwie nicht willkommen zu sein. Aus dem warmen Mutterschoß werden wir auf einen kalten Stahltisch gepresst und manchmal sogar noch geohrfeigt, damit wir unseren ersten Atemzug machen. Wir spüren keinen Kontakt zu unserer Mutter mehr, wir sind vom langen Kampf durch den Geburtskanal erschöpft und werden vielleicht sofort in einen Brutkasten gelegt. Unmittelbar nach der Geburt strömen Sinneswahrnehmungen auf unsere sich schnell verbindenden Gehirnzellen ein. Auch wenn wir Wunschkinder sind, können uns die komplexen Prozesse von Schwangerschaft und Geburt an irgendeinem Punkt den Eindruck vermitteln, nicht willkommen zu sein. Am Ursprung unseres Selbstbildes ist die Ahnung, dass irgendetwas schiefgegangen ist und wir gar nicht hier sein sollten, allgegenwärtig. Manche Väter und Mutter hätten sich unter anderen Umständen vielleicht gar kein Kind gewünscht. Andere haben Angst, dass sie mit der Verantwortung für so ein kleines hilfloses Baby nicht klarkommen. Einige von uns wurden von Müttern geboren, die missbraucht oder vergewaltigt wurden, oder hatten Eltern, die sich zu jung, instabil oder unglücklich für ein Kind fühlten. Wenn eine Mutter nicht schwanger werden will, wird die erste Gruppe von Zellen, die sich an die Gebärmutterwand anheftet, kontrahieren, weil sie Animosität spürt. Diese erste, sehr subtile Kontraktion wird sich in eine unserem Körper innewohnende Reaktion umwandeln, die wir nach der Geburt noch oft spüren werden und uns nicht erklären können. Die ursprüngliche Ablehnung hatte aber rein gar nichts mit uns persönlich zu tun, sondern war eine unfreiwillige Folge der Angst einer Mutter, die sie aus ganz eigenen Gründen vor dieser Schwangerschaft hatte.

Menschen, die an Reinkarnation glauben, erklären das Gefühl des Nicht-Willkommen-Seins mit Erfahrungen, die wir in früheren Leben gemacht haben. Wie auch immer, wir neigen dazu, uns für solche Empfindungen persönlich verantwortlich zu machen, und erklären unsere Nervosität und Unsicherheit damit, dass wir in eine uns nicht allzu freundlich gesonnene Umgebung hineingeboren wurden. Das Gefühl, unwillkommen gewesen zu sein, kann von Eltern verstärkt werden, die mit ihrem eigenen Leben nicht klarkommen, in einer instabilen Beziehung leben oder finanziell schwierige Zeiten durchmachen. Auch wer in Zeiten einer Hungersnot,

eines Krieges oder einer anderen Form eines gesellschaftlichen Umbruches geboren wird, übernimmt mit der Geburt unter Umständen das allgemeine Gefühl der Unsicherheit in der Familie.
Wie auch immer die Umstände sind, die Eltern tragen keine Schuld. Alle Eltern tun das Beste, zu dem sie zu einer bestimmten Zeit in der Lage sind. Auch wir selbst können nichts für die Umstände unserer Geburt oder des Beginns unserer Inkarnation. Wir haben einfach gegessen und geschlafen und sind gewachsen. Jeder hat eine ganz persönliche Geschichte, aber in der Gegenwart haben wir die Chance, selbst zu entscheiden, wie wir auf unsere Vergangenheit blicken und wie wir im Hier und Jetzt unsere mitgebrachten Gaben verwirklichen und ausleben können.

Es gibt keine schwierigen Babys

Jims Mutter wagte es nicht, eine Bindung zu ihrem Baby aufzubauen, weil sie sich vor der immensen Trauer fürchtete, die sich beim Verlust des Frühgeborenen einstellen würde. Sie machte alles allein mit sich selbst aus, weil sie in dem streng protestantischen Dorf, in dem sie und Jim wohnten, keine Ansprechpartner hatte.
Häufig bräuchten Eltern, die ihren Kindern keine Liebe schenken können, dringend selbst liebevolle Aufmerksamkeit. Mütter, die an einer postnatalen Depression leiden, kämpfen, um dem Neugeborenen ihr Herz öffnen zu können. Solche Mütter haben sich auf eine Zeit der Glückseligkeit und Freude eingestellt und versinken nun aufgrund ihrer Depression in der Dunkelheit. In dieser Situation brauchen sie jemanden, der ihnen beisteht.

Andere Eltern empfinden Wut, Verzweiflung und Schuldgefühle, wenn sie sich fragen, warum gerade sie das Pech hatten, so ein »schwieriges« Baby zu bekommen.
Die Amerikanerin Sue Gerhardt, eine psychoanalytische Psychotherapeutin, glaubt nicht daran, dass es schwierige Babys gibt. Eltern werden ihrer Meinung nach als emotionale Coaches benötigt, die dem Baby helfen, seine Gefühle zu regulieren, indem es sich mit den Bedürfnissen der Eltern identifiziert und nonverbal reagiert. Die Kernaussage ihres Buches *Die Kraft der Elternliebe* (Patmos-Verlag, 2006) ist gleichzeitig der Untertitel *Wie Zuwendung das kindliche Gehirn prägt*. Gerhardt schreibt: »Das Schwierige an Babys ist, dass sie diese Zuwendung fast ununterbrochen über viele Monate brauchen.« (Seite 34) »Jedes Baby kommt mit einem genetischen Entwurf und einer einzigartigen Auswahl von Möglichkeiten auf die Welt, die durch Erfahrung aktiviert werden können.« Das Ergebnis der dynamischen Interaktion zwischen Baby und Eltern schreibt sie der Erfahrung zu. Sue Gerhardt zitiert Wissenschaftler, die es klar verneinen, dass ein Baby in den ersten Lebenswochen »schwierig« sein kann und dies größtenteils für eine Wahrnehmung der Eltern halten. Dann macht sie die wunderbare Beobachtung, dass es umgekehrt aus Sicht des Babys durchaus »schwierige« Eltern gibt und dass sich diese Eltern in zwei allgemeine Kategorien einteilen lassen: solche, die das Kind vernachlässigen und andere, die zu aufdringlich sind (Seite 31).
Sie fährt fort: »Am vernachlässigenden Ende der Skala steht die depressive Mutter, die große Mühe hat, auf ihr Baby einzugehen, und häufig mit Apathie und Rückzug reagiert, keinen Blickkontakt zu ihrem Kind herstellt oder es nur zum Wickeln oder Füttern hochnimmt. (...)

Am aufdringlichen Ende der Skala steht ein anderer Muttertypus, der ebenfalls depressiv sein kann, aber viel wütender ist, und sei es in verdeckter Form. Diese Mütter, die zu stärkeren Gefühlsäußerungen neigen, nehmen es dem Baby in gewisser Weise übel, dass es Ansprüche stellt.« (Seite 31) Solche Mütter würden sich ihrem Baby gegenüber eher ablehnend verhalten und dies zeigen, indem sie es sehr abrupt hochnehmen und ihm beim Halten nicht viel Körperkontakt zukommen lassen. In dieser Buchpassage ist zuerst nur von Müttern die Rede, die Autorin schließt sie dann aber mit folgenden Worten ab: »Glücklicherweise bieten die meisten Eltern ihren Kindern intuitiv genügend Aufmerksamkeit und Sensibilität, um ihnen ein Gefühl emotionaler Sicherheit und Geborgenheit zu vermitteln. Doch entscheidend für das Baby ist offenbar, ob die Bezugsperson in ausreichendem Maße emotional zugänglich und präsent ist, um seine Signale zu bemerken und seine Erregungszustände zu regulieren, weil das Baby dazu noch nicht selbst in der Lage ist, außer in ganz rudimentärer Form (wie durch Fingernuckeln, wenn es hungrig ist, oder indem es den Kopf von einer beunruhigenden Stimulation abwendet).« (Seite 32) Säuglinge wissen natürlich nichts von der Notlage ihrer Eltern, deren Ängsten und Unsicherheiten. Für ein Neugeborenes sind die ersten Eindrücke der Welt außerhalb der Gebärmutter entscheidend. Wenn wir als Baby in den ersten Stunden oder Tagen unseres Lebens Feindseligkeit erleben, egal in welcher Form, beziehen wir uns selbst mit ein, da für uns ganz am Anfang alles und jeder immer noch ein großer Brei ist, dessen Bestandteile wir nicht unterscheiden können. Im Laufe der Zeit verlassen wir die totale Symbiose mit unserer Mutter und entwickeln die Fähigkeit, zwischen uns und allem anderem zu unterscheiden. Aber in der allerersten Phase der Wahrnehmung ist dieser Entwicklungsstand noch jenseits des Horizonts. In diesen frühen Tagen verunsichern erschreckende Ereignisse wie laute Geräusche oder unsanfte Behandlung unseren kleinen Körper. Unwillkürlich gewinnen wir den Eindruck, dass wir nicht willkommen sind, dass wir hier nicht hergehören, dass wir gar nicht da sein sollten. Diese anfänglichen Eindrücke spielen eine große Rolle, wenn es darum geht, welchen Blick aufs Leben wir entwickeln.

Nicht alle von uns eignen sich diese ersten Kindheitsglaubenssätze an, die unser Leben anhaltend beeinflussen. Eine Unterbrechung der Verbindung zur Mutter kann sich bei dem einen Baby zum Bauplan der Identität auswachsen, während es sich bei dem anderen gar nicht auswirkt. Die Anlage-oder-Umwelt-Debatte ist ja immer noch nicht abgeschlossen. Meine Meinung zu diesem Thema ist, dass unsere besonderen angeborenen Begabungen ein entscheidender Faktor sind, welche Wirkung Umwelteinflüsse in der Kindheit auf uns haben. Der erste Kindheitsglaubenssatz kommt oft bei Menschen zum Tragen, die über einen sensiblen Charakter, eine künstlerische Begabung und eine Offenheit für Spiritualität verfügen.

Kopfraum

Viele hätten meine Frage gar nicht verstanden, aber die etwas mehr als 30-jährige Taylor wusste genau, was ich meinte, als ich sie fragte, ob sie ab und zu auch mal ihre Beine wahrnehme oder diese wie ein Keller seien, den sie nie betrete. »Das hat mich bisher noch niemand ge-

fragt«, antwortete sie erstaunt. »Aber es stimmt, ich lebe eigentlich nur im Kopf und da oben ist immer unglaublich was los. In meinen Gedanken herrscht ein ziemliches Durcheinander, alles scheint mir gleich wichtig zu sein. Es dauert immer ziemlich lange, bis ich es schaffe, Prioritäten zu setzen und überhaupt mal einen Überblick darüber zu bekommen, was gerade so ansteht. Mein ganzes Leben scheint sich im Kopf abzuspielen, meine Füße am Boden sind mir so fern wie die Antarktis. Wie haben Sie das eigentlich gemerkt?«
Taylor schilderte mir dann, wie sie sich unter Gleichaltrigen manchmal wie eine Außerirdische vorkomme, wenn diese nur von ihren Kindern und ihrem Beruf erzählten. Sie fühle sich mehr wie eine Künstlerin, jemand, der die Welt neu erschaffen und zeigen will, dass es auch anders geht. Wenn Taylor spricht, flattern ihre Hände wie Sittiche durch die Luft. Ihre Arme schlenkern auf und ab, als hätten sie ein Eigenleben und wären nicht mit ihrem schlanken Körper verbunden. Ohne sich dessen im Geringsten bewusst zu sein, gibt sie drei Anhaltspunkte, dass sich bei ihr schon sehr früh der erste Kindheitsglaubenssatz eingeprägt hat: Das Gefühl, dass sie irgendwie nicht zu den Menschen ihres Alters gehört, das Bewusstsein, ein absoluter Kopfmensch zu sein, und ihre »fliegenden« Gliedmaßen. All dies ist typisch für Menschen, die sich auf der Erde nicht wohlfühlen und sich im Geist in angenehmere Gefilde flüchten. Aus ihrem Tohuwabohu von Gedanken ergeben sich ganz besondere Herausforderungen und manchmal erstaunliche Pläne, die nie verwirklicht werden. Für solche Menschen ist es schwierig, das tägliche Leben zu organisieren, pünktlich zu sein und die To-do-Liste abzuarbeiten, ohne ins Niemandsland abzudriften.

Taylor verstand schnell. »Wollen Sie mir sagen, dass ich mehr erreichen könnte, wenn ich mich vom Kopf weg in Richtung meiner Füße bewegen würde? Aber wie soll ich das bewerkstelligen?«

Aufwachsen mit diesem Kindheitsglaubenssatz

Ein ganzes Jahrzehnt lang hegte Damien Chazelle, der Regisseur des preisgekrönten Films *La La Land*, seinen ganz privaten Traum. Inspiriert von den großen Musikfilmen der Vergangenheit drehte er schließlich selbst einen über einen leidenschaftlichen Jazzpianisten und eine begabte Nachwuchsschauspielerin im Los Angeles der Gegenwart. Zusammen mit seinem ehemaligen Mitbewohner in Harvard, dem Komponisten Justin Hurwirtz, hielt er seinen Traum am Leben – und verwirklichte ihn am Ende. Mit seinem nostalgischen Gesang- und Tanzfilm wurde er, wie es ein Interviewer ausdrückte, »der meistgeliebte Mann auf Erden«. Fühlt er sich immer noch wie in einem Traum? »Jedes Mal, wenn man die Chance hat, einen Film zu machen, ist das wie ein Wunder«, antwortet der gefeierte junge Regisseur, »und deshalb drehte ich diesen Film ganz bewusst so, als ob das mein letzter sein würde, denn … wer weiß?«
Träume sind für alle mit diesem ersten Kindheitsglaubenssatz vertrautes Terrain. Aus der Angst heraus, dass wir kein Existenzrecht haben, ziehen wir die Energie von unserem Körper ab und bewegen uns in anderen Sphären. Wir waren die Kleinkinder, die im Kindergarten alles mit großen Augen betrachteten und dann, wenn wir wieder zu Hause waren, viel Zeit brauchten, um die unzäh-

ligen Eindrücke des Tages zu verarbeiten. In der Schule konnten wir uns nicht auf den Unterricht konzentrieren, da sich unsere Gedanken selbstständig machten und uns mit in eine Märchenwelt oder an andere fantastische Orte nahmen. Wenn der Lehrer uns zur Aufmerksamkeit ermahnt hatte, dauerte es danach nicht lange, bis unser Blick wieder aus dem Fenster hinaus wanderte. Doch wie durch Zauberei, weil unsere Grenzen ziemlich durchlässig waren, nahmen wir doch alles in uns auf, was um uns herum gesagt und getan wurde, und konnten dem Lehrer richtige Antworten auf seine Fragen geben. Wir sind äußerst sensibel und verstehen oft intuitiv, wie Dinge funktionieren, ohne dass sie uns erklärt werden müssen.
Als Erwachsene haben wir Probleme, uns auf Themen zu konzentrieren, die uns nicht unmittelbar interessieren. Wir können verträumt unseren Gedanken nachhängen und dann ist plötzlich schon so viel Zeit vergangen und wir sind zu spät dran und fangen an, den Autoschlüssel zu suchen und müssen uns dabei erst mal überlegen, wo wir den Wagen überhaupt geparkt haben. Die Personifizierung des zerstreuten Professors. Manchmal wissen wir nicht einmal mehr, worüber wir während unserer »Auszeit« eigentlich überhaupt nachgedacht haben. Wir wissen nur noch, dass wir uns in unserer eigenen Welt ruhig und friedlich gefühlt haben, so wie das Leben unserer Meinung nach sein sollte. Manchmal können wir aber auch genau beschreiben, wo wir waren. Wir haben uns von der Erde weggezoomt und uns im Weltall treiben lassen. Das hört sich vielleicht irreal an, aber fragen Sie mal ein Kind mit einem abwesenden Blick, wo es sich gerade befindet. Sie werden überrascht über die Antwort sein, und das Kind wiederum wird überrascht sein, dass je-

mand es überhaupt nach der Welt fragt, die so real für es ist und so fremd für Menschen, die diesen Kindheitsglaubenssatz nicht kennen.

Körperwahrnehmung

Mit diesem Kindheitsglaubenssatz entwickeln wir Körper wie die alten Kathedralen, die konstruiert wurden, um sich hoch in den Himmel zu strecken und Gott so nahe zu kommen wie nur irgend möglich. Viele von uns sind groß und schlank, und wir fühlen uns wie ein Leuchtturm, der allein auf einer kleinen Insel steht, mitten im Meer weit weg vom Festland. Manchmal sehen wir auch genauso aus, wenn wir die Augen weit geöffnet haben und der Kopf sich dreht, um zu sehen, ob wir hier und jetzt sicher sind. Wir blicken manchmal ängstlich drein und finden es eher schwierig, uns in einem Gespräch auf nur eine Person zu konzentrieren, weil unser Blick umherschweift, immer auf der Hut vor möglichen Gefahren, und er den Kontakt mit den Sphären der Inspiration sucht.
Es ist auch nicht ungewöhnlich, dass wir uns mit dem Thema Essen schwertun. Die ersten unwillkommenen Empfindungen ließen uns vor der körperlichen Existenz eher zurückschaudern. Viele von uns mögen ihren Körper nicht wirklich, zumal er auch noch so zeitaufwendig gepflegt werden muss. Wir finden den Körper langsam und schwerfällig im Vergleich zu unseren schnell fließenden Gedanken, die so leicht neue Realitäten visualisieren können, und werden manchmal ungeduldig, wie lange es dauert, die körperlichen Bedürfnisse zu erfüllen. Essen ist uns deshalb auch gar nicht so wichtig, und wir lassen

gerne die eine oder andere Mahlzeit aus, um Zeit für das Wesentliche zu haben. Außerdem sind wir auch ziemlich wählerisch und essen lieber gar nichts als etwas, das wir nicht so recht mögen.

Wir leben halb im Körper und halb außerhalb. Unsere häufigen energetischen Aufwärtsbewegungen hinterlassen ihre Spuren: Die eine Schulter ist oft höher als die andere und die Wirbelsäule verdreht sich im Laufe der Zeit ganz leicht, wie eine raffiniert konstruierte Wendeltreppe in einem schicken Apartmentgebäude in einem der alten Viertel von Paris. Unsere Gliedmaßen verfügen über ein Eigenleben. Sie scheinen sich unkoordiniert von selbst zu bewegen, als ob sie nicht wirklich mit dem Oberkörper verbunden wären. Auf andere Menschen wirken wir dadurch einerseits etwas unbeholfen, andererseits auch irgendwie elegant.

Indem wir in unseren Körper in der Regel nicht weiter als bis zum Zwerchfell eintreten, sind wir wie die Büste eines Firmengründers in der Eingangshalle seines Unternehmens gegenüber den Fahrstühlen. Sozusagen nur in der oberen Etage zu leben hat gewisse Nachteile. Zum Beispiel ständig kalte Hände und Füße, weil die Aufwärtsenergie von den Extremitäten wegfließt. Manchmal fühlen wir uns, als stocherten wir beständig im Nebel, da wir uns ja nicht auf das Naheliegende konzentrieren, sondern unsere Augen beständig umherschweifen lassen, und dadurch nie irgendetwas richtig klarsehen. Unsere Gelenke sind vielleicht schwach und das Emporrecken aus dem Körper heraus könnte Rückenschmerzen zur Folge haben.

Wir sind immer voller kreativer und origineller Ideen und deshalb manchmal auch übererregt und hyperaktiv. Es ist nicht immer einfach für uns, unsere Ideen irgendwie

praktisch umzusetzen. Wir fangen damit an, aber dann strömen schon wieder ganz neue Vorstellungen auf uns ein, die uns ablenken, weil die neue Idee interessanter als die früheren zu sein scheint.
Am Ende des Tages sind wir jeweils erschöpft von all den neuen Eindrücken, die wir aufgesogen haben. Wir haben keine Ahnung, wie andere Leute es schaffen, sich von der heutigen Reizüberflutung und den Nachrichten auf allen Kanälen abzuschirmen. Wir können die Gefühle von Menschen in einem Kilometer Entfernung spüren. Eine intensive Begegnung oder ein Film lässt uns staunend zurück mit der schieren Menge der zu verarbeitenden Informationen und Sinneseindrücke. Schon eine kurze Zugfahrt kann uns in intensiven Kontakt mit der Person auf dem Sitz gegenüber bringen. Das Leben ist für uns Menschen mit diesem Kindheitsglaubenssatz sehr intensiv, und deshalb brauchen wir viele Ruhezeiten, damit wir immer wieder zu uns selbst kommen können.

Perfekt oder nicht

Dieser Kindheitsglaubenssatz bringt oft eine Tendenz zum Perfektionismus mit sich – in anderen Dimensionen, so wissen wir, herrschen Harmonie und Schönheit. Die hartnäckige Entschlossenheit, dass es doch möglich sein müsste, diesen Grad der Perfektion auch hier auf der Erde zu erreichen, kann sich lähmend auswirken. Vielleicht sind wir ein Künstler, dessen überaus ehrgeizige Pläne nicht zu verwirklichen sind. Oder eine Karrierefrau, die eigentlich davon träumt, im Ausland zu arbeiten, aber nie den perfekten Zeitpunkt dafür findet. Oder wir leben in einer langjährigen und sogar guten Beziehung,

halten uns jedoch immer noch irgendwie ein Hintertürchen offen, weil eine feste Bindung einfach keinen Platz in unserer Vorstellungswelt hat. Wir geraten in Panik, sobald wir uns vorstellen, dass das Leben einfach so weitergeht, wie es jetzt gerade ist, denn das kommt uns so schrecklich banal vor. Solche Gedanken ersticken und hemmen uns, und wir fühlen uns dann wie ein Schmetterling mit abgeschnittenen Flügeln. Am liebsten würden wir uns sofort auf und davon machen zu grüneren Wiesen, wo das Leben vielleicht endlich so perfekt ist, wie wir es uns immer gewünscht haben.
Wenn wir uns jedoch mit der Langsamkeit von Atomen, Molekülen und Menschen versöhnen, wird das, was wir mit Kopf und Händen produzieren, originell und kunstfertig sein. Wir sind die Designer von Objekten der Zukunft. Wir fertigen Produkte, die den Zeitgeist verkörpern. Wir verlangen gute Qualität und kämpfen für die Aufrechterhaltung hoher Standards. Unsere Wohnungen und Büros sind minimalistisch und geschmackvoll eingerichtet. Bei Team-Besprechungen scheinen wir manchmal unaufmerksam zu sein, können aber wie aus dem Nichts mit Beobachtungen aufwarten, die zur Überraschung aller absolut treffend sind. Wir sehen Zusammenhänge, die anderen entgangen sind. Wir sind Meister im Brainstorming, weil wir dabei unseren Ideen freien Lauf lassen können und ganz in unserem Element sind. In solchen Augenblicken scheint alles für eine Weile perfekt zu sein.

Auswege

Unsere Abgehobenheit bringt es mit sich, dass wir uns auf alle möglichen schwierigen Situationen gar nicht erst einlassen. Wir gehen bei der Arbeit Konflikten aus dem Weg, denn *wir* haben es nicht nötig, über banale Probleme zu streiten. Wir beobachten amüsiert das oberflächliche Gerede von Freunden und Kollegen, denn *wir* geben uns mit so etwas gar nicht ab. Wir beschäftigen uns nicht mit Finanzierungsplänen, denn solche rein materiellen Angelegenheiten interessieren *uns* nicht.
Wenn wir diesen Kindheitsglaubenssatz übernommen haben, platzt uns fast der Kopf vor Gedanken an bessere Zeiten in der Zukunft und Vergangenheit, an friedlichere Orte anderswo – Hauptsache, wir müssen nicht da sein, wo wir jetzt sind. In anderen Gärten wachsen so viel süßere Kirschen – das zumindest wollen uns unsere endlos wiederkehrenden Gedanken glauben machen. Der Glaube an eine bessere Welt irgendwo in der Ferne ist aber nicht ohne Risiken.
Als Kind schrieb Davy Gedichte und Liedtexte. Mit seinen langen dunklen Haaren und großen braunen Augen war er ein bezaubernder Junge, der stundenlang mit einem nachdenklichen Ausdruck in einer Ecke sitzen konnte. Seine Eltern ließen ihn gewähren, waren aber aufrichtig entsetzt, als er ihnen eines Tages eines seiner Gedichte vorlas. Warum schrieb ein Zehnjähriger über das Thema Tod? »Warum denn nicht?«, meinte Davy. »Wir werden alle mal sterben und vielleicht ist es gar nicht so schlimm, wie wir immer meinen.«
Heute ist Davy 17 Jahre und hat mit dem Schreiben aufgehört. Er traut sich nicht mehr, seiner Fantasie freien Lauf zu lassen, und sitzt manchmal gefühlte Ewigkeiten

einfach nur da und starrt vor sich hin. Seine Eltern haben sich in der Zwischenzeit getrennt. Davys Mutter ist penetrant gut gelaunt, sodass er gar nicht weiß, worüber er mit ihr reden soll. Der Vater ist vollauf mit seinem neuen Leben und seiner zweiten Frau beschäftigt und gibt sich kaum noch mit seinem Sohn ab. Davys Freunde reden nur über Mädchen und die neuesten Apps, was er langweilig findet. Ihnen ist es vor allem wichtig, gut auszusehen, während Davy sich mit dem Sinn des Lebens beschäftigt. Anfangs bemühten sich seine Kumpels noch um ihn und forderten ihn auf, doch alles etwas lockerer zu sehen. Aber irgendwann gaben sie es auf und laden ihn jetzt nicht mehr ein, mit ihnen auszugehen.

Davy wird immer schweigsamer. Er schwänzt oft die Schule und versteckt sich in seinem Zimmer, um über die Frage zu grübeln, ob das Leben für ihn lebenswert ist. Er fühlt sich völlig allein, ist es aber paradoxerweise überhaupt nicht. Abertausende von Menschen denken ähnlich wie er über die Sinnlosigkeit der Anhäufung materieller Güter und sehnen sich nach einem sinnvollen Leben.

Solange wir von Gedanken beherrscht werden, dass wir nicht willkommen sind, nicht genügen und am besten wieder verschwinden sollten – und all den Variationen dieser Botschaft, wie sie den Kindheitsglaubenssatz erzeugt – ist das Leben ganz und gar kein Honigschlecken.

Es ist nicht schwer, der Härte dieser Welt zu entfliehen: Dafür eignen sich Bücher, Filme, soziale Medien und das endlose Internet; man kann sich mit Alkohol, Zigaretten und anderen Drogen betäuben oder ein Workaholic werden. Alles, was Angst und Sorgen betäubt, bietet einen vorübergehenden Fluchtweg aus der kalten feindlichen Welt. Aber eine wirkliche Hilfe ist das nicht. Nicht so richtig.

Negative Selbstbotschaften

Wenn existenzielle Angst ausgelöst wird, können uns Gedanken, dass wir nicht willkommen sind oder nicht mal existieren sollten, förmlich lähmen und uns abhalten, etwas zu tun. Diese Art von sich endlos wiederholenden Selbstbotschaften, die uns heimsuchen, wenn wir den ersten Kindheitsglaubenssatz in uns tragen, lautet zum Beispiel so:

NEGATIVE SELBSTBOTSCHAFTEN

Ich will weg von hier. Überall sein, nur nicht hier.

Die Welt ist mir zu grob und brutal.

Irgendwas muss doch irgendwo schiefgelaufen sein.

Ich gehöre nicht hierher.

Mein Körper ist so ungeschickt.

Ich weiß nicht, ob ich dabei sein will.

Ich fühle mich nicht sicher.

Ich muss dahin gehen, wo es ruhig ist – harmonisch, sicher und leicht.

Ich gehöre woandershin.

Ich weiß, wie das Leben sein soll.

Im Gegensatz zu den meisten Menschen bin ich nicht an materiellen Gütern interessiert.

Ich fühle mich zu höheren Werten hingezogen, zu einem spirituellen Leben.

Die Leute verstehen nicht, wie sensibel ich bin.

Es ist, als ob ich die Gefühle aller anderen aufnehme.
Ich weiß nicht immer, was ich damit anfangen soll –
es ist anstrengend.

Das moderne Leben ist einfach zu stressig für mich.

Ich bin nicht wie andere Menschen, die die Welt,
in der wir leben, nicht einmal wahrnehmen.

Ich wünschte, ich wäre ein normaler Mensch
mit einem normalen Leben.

Ich kann einfach nicht mit all dem fertig werden,
was passiert ist.

Ich will raus, weg von hier.

Ich fürchte, ich wäre lieber nicht hier.

Solche unerbittlich wiederkehrenden Denkmuster machen uns kribbelig, flatterhaft, wir sind nicht hier, nicht dort. Wir wollen eigentlich präsent sein, aber unsere nur flüchtige Aufmerksamkeit verunmöglicht dies. In Gesprächen vermeiden wir Augenkontakt, obwohl wir uns doch so nach wahren menschlichen Kontakten sehnen. Im Geheimen glauben wir, dass wir anderen Menschen überlegen sind, deren bevorzugter Aufenthaltsort im Gegensatz zu uns nicht das Weltall ist. In diesem Dilemma stecken wir.

Unsere wichtigsten Gaben

Jeder Kindheitsglaubenssatz steht in direktem Zusammenhang mit unseren angeborenen Gaben. Genau wegen unserer geheimnisvollen inneren Qualitäten haben wir so intensiv auf das reagiert, was in unserem jungen Leben geschah. Genau wegen unserer angeborenen Neigung zu Ästhetik, Sensibilität, Spiritualität und Visionen haben wir den ersten Glaubenssatz entwickelt.

Einst verwandelte König Midas alles, was er berührte, in Gold. Mit unserem ausgeprägten Sinn für Ästhetik verwandeln wir dafür alles in Schönheit. Uns muss man Feng Shui nicht erklären, wir gehen ganz instinktiv so vor. Wir stellen die Möbel in einem Zimmer oder Büro erst einmal um, damit die Einrichtung das Auge erfreut und die Sinne beruhigt. Wir gehen in den besten Blumenladen der Stadt, und nachdem wir uns das ganze Angebot genau betrachtet haben, wählen wir eine einzelne Blume und arrangieren sie so in der Vase, dass die Leute zweimal hinschauen. Unmaterialistisch wie wir sind, interessieren wir uns vielleicht nicht für Mode, aber was wir tragen, ist unkonventionell, ansprechend und von der besten Qualität, die unser Budget hergibt. Schönheit tröstet uns, da sie direkt die Seele anspricht. Ästhetik ist für uns ein Weg, um der Perfektion nahe zu kommen. Wir können aus dem Nichts etwas machen. Wenn wir glücklich sind, strahlen wir das aus und alle anderen sonnen sich in unserem Glanz.

Weniger sensible Menschen verarbeiten die erste raue Behandlung im Babyalter anders. Sie nehmen sie vielleicht auch wahr, aber bei ihnen geht es nicht so tief. Mit unserer einzigartigen Sensibilität sind unsere Sinne für Signale geöffnet, die anderen Menschen entgehen. Ab und zu würden wir uns gerne mehr vor der Außenwelt verschließen, denn unsere Seelenantennen verbinden uns mit dem Innenleben von Menschen nah und fern. Im Kindesalter spüren wir die Emotionen von Familienmitgliedern so intensiv wie unsere eigenen. Später als Eltern wissen wir schon lange, bevor unser Kind überhaupt den Raum betritt, was gerade mit ihm los ist. Wenn wir im Kollegen- und Freundeskreis unterwegs sind, können wir aus der Atmosphäre in einem Raum auf unterschwellige Stimmungen schließen. Unsere Kontakte zu Menschen sind oft tief und intensiv.

Wir verfügen über einen starken inneren Sinn für die Unteilbarkeit allen Lebens, und Spiritualität ist für uns, was Wasser für einen Fisch ist – der natürliche Lebensraum. Einige von uns kultivieren diesen Aspekt des Lebens mittels Yoga, Meditationen oder Retreats mit Gurus im Himalaya. Andere verspüren überhaupt kein Bedürfnis, spirituelle Zentren aufzusuchen, weil sie nämlich selbst eines sind. Ohne Bücher, Körperhaltungen oder Techniken zu erlernen, führen wir ein Leben in den höheren Sphären der Existenz. Wenn wir eine religiöse oder spirituelle Vorliebe haben, empfinden wir tiefe Ehrfurcht vor dem Heiligen in allen Bereichen des Lebens. Orte, an denen unsere menschlichen Vorfahren ihren Göttern huldigten, können uns zutiefst berühren, da wir mit dem Atem des Lebens in Fühlung stehen, der uns alle miteinander verbindet.

Von einer Bergspitze aus ist die Sicht viel besser als im Tal. Dass wir uns nicht vollständig inkarnieren wollen, kann auch mit der Sehnsucht nach einer Vision zu tun haben, mit dem Wunsch die Zukunft mitzugestalten. Über das Naheliegende hinaus erkennen wir ein Ideal am Horizont und können starke visionäre Führungsmenschen sein, mit innovativen Ideen, einer makellosen Intuition und einem unerschütterlichen Vertrauen in eine bessere Zukunft.

Stärken kultivieren

So leidvoll die zugrunde liegende frühe Lebenserfahrung vielleicht auch war und so schmerzhaft die Gedanken waren, die uns seitdem begleitet haben, der Kindheitsglaubenssatz hat uns auf unseren jetzigen Weg gebracht. Die Schlussfolgerungen, die wir als Säugling und Kind gezogen haben, haben letztendlich dazu geführt, dass wir bestimmte angeborene Qualitäten weiterentwickelt haben.

In jeder der Firmen, in denen Jim gearbeitet hatte, war er für seine »Helikoptersicht« geschätzt worden: Er ist sehr schnell in der Lage, einen Überblick über eine Organisation zu gewinnen, und sieht ohne diesbezügliches Vorwissen, wie die Prozesse ablaufen und wie sie sich effizienter und effektiver organisieren lassen. Seine Kollegen wussten, dass er öfter mal scheinbar geistesabwesend vor sich hin blickte, aber dann im genau richtigen Augenblick wach und präsent war und sehr vernünftige Sachen äußerte. Sie waren verblüfft, wie er den Finger immer in die richtige Wunde legte. Wie konnte er von Spannungen in Abteilungen wissen, mit denen er kaum je zu tun hatte? Er musste irgendwie über einen sechsten Sinn verfügen, vermuteten sie.

Alle Menschen sind mit Intuition ausgestattet, aber nicht alle bilden sie aus. Wir jedoch, die wir uns in höheren Sphären bewegen, verfügen über eine hochentwickelte Intuitionsgabe. Unser Außenschild zur Abwehr von Eindrücken ist ziemlich dünn, und unser innerer Kompass registriert zahlreiche Signale, ob wir wollen oder nicht. Mehr als andere achten wir auf unser Gespür und vertrauen auf unser Wissen, ohne sagen zu können, woher es kommt. Wir können zum Beispiel eine Person als absolut zuverlässig einschätzen, obwohl wir uns in einem Land aufhalten, dessen Kultur und Sprache wir nicht kennen, sodass die üblichen Einschätzungsmethoden nicht funktionieren. Menschen mit dem ersten Kindheitsglaubenssatz weisen sehr oft eine unglaublich intuitive Intelligenz auf, solange sie nicht zulassen, dass diese von negativen Selbstbotschaften überlagert wird, die sie an ihrer Intuition zweifeln lassen.

Das Paradox der Existenz

Jetzt sind wir also hier mit unseren wertvollen Gaben und Talenten und trotzdem mit einem starken Gefühl, dass wir eigentlich gar nicht hier sein sollten. Das ist das Paradox, das uns in diesem ersten Kindheitsglaubenssatz gefangen halten kann.

DAS PARADOX

Wenn ich träume, entkomme ich der Härte des Lebens, aber ich kann nicht viel erreichen. Wenn ich mich mit dem Leben in meinem Körper verbinde, dann habe ich Angst davor, mein höheres Selbst zu verlieren und erdrückt zu werden.

Ein Teil dieses Paradoxons ist, dass das Gefühl, nicht dazuzugehören oder woandershin gehen zu müssen, um das perfekte Leben zu finden, durch das Träumen am Leben gehalten wird. Das Verweilen in einer Traumwelt wiederum nährt die Vorstellung, dass wir nie irgendwo hingehören oder verstanden werden und dass es überall besser ist als da, wo wir jetzt gerade sind.

Ein Consultant in leitender Stellung beschrieb mir das neulich mit dem folgenden Satz: »Ich habe immer das Gefühl, dass ich zu früh aus dem Bus ausgestiegen bin.« Die Sache ist die: Solange wir den Gedanken zuhören, die uns glauben machen wollen, dass wir nicht willkommen sind, dass wir nur aus Versehen hier auf diesem Planeten geboren wurden, dass wir nicht dazugehören, dass es besser ist, unseren Körper nicht zu spüren und zu nähren und dass wir uns zu einem anderen Ort aufmachen müssen, um zu finden, was wir suchen, solange reagieren wir auf die Ereignisse in den ersten Stunden oder Tagen unseres Lebens. Die Herausforderung besteht darin, unsere Existenz zu akzeptieren. Viele von uns müssen die Wahl treffen, nicht nur einmal, sondern wieder und wieder zu leben. Jedes Mal, wenn wir uns für ein neues Leben entscheiden, inkarnieren wir etwas tiefer, aber es kann eine Weile dauern, bis wir vollkommene Menschen sind.

Paradoxerweise werden wir gerade durch das Bewohnen unseres Körpers in die Lage versetzt, unsere erlesenen Gaben zu leben und zu manifestieren. Wir müssen uns mit der Angst auseinandersetzen, alles zu verlieren, was uns kostbar ist, wenn wir inkarnieren. Helfen kann eine Veränderung der Bilder. Wir sind kein Aufzug, der während seiner gesamten Lebensdauer immer nur im selben Schacht auf- und abfährt und im Erdgeschoss nicht die Türen im siebten Stock öffnen kann, wo die wirklich aufregenden Sachen passieren. Als Menschen können wir gleichzeitig auf allen Stockwerken sein – dem Aufzug haben wir voraus, dass wir unser Energiefeld ausdehnen können. Der Verstand versteht vielleicht nicht, was das genau bedeutet, aber wir bringen alle unser natürliches Energiefeld mit, wenn wir uns in einer Menge aufhalten oder in einen Zug steigen, damit uns andere Einflüsse nicht zu sehr überlagern. Das Energiefeld selbst weiß, wie es sich zusammenziehen und erweitern kann, wenn wir es also erweitern möchten, tut es das auch. Wenn wir uns horizontal ausbreiten, wachsen wir auch vertikal, und wenn wir unseren Schwerpunkt allmählich nach unten verlagern, können wir oben im Äther bleiben und gleichzeitig einen Zeh ins Wasser des Lebens auf der Erde halten. Wir können bodenständig sein, ohne die Verbindung zu den höheren Bereichen von Harmonie und Schönheit zu kappen.

Die Heilungsreaktion

Immer wenn wir überreizt und hyperaktiv sind, nicht geerdet, fixiert auf Perfektionismus und der Gedankenschleife nachhängend, dass alles weit besser wäre, wenn wir nur woanders wären, können wir uns selbst eine Heilungsreaktion schenken. Diese energetische Arbeit ist in etwa so, wie wenn wir bei einem Sauerstoffabfall im Flugzeug eine Sauerstoffmaske anziehen und dann dem Sitznachbarn helfen. Sobald wir wissen, wie wir eine Heilungsreaktion für uns selbst auslösen, können wir sie auch anderen zukommen lassen.

Erste Hilfe in einem Fall, wenn wir uns wie eine Katze auf einem heißen Blechdach fühlen, besteht darin, uns zu beruhigen, indem wir erkennen, was vor sich geht: Ein Kindheitsglaubenssatz wird aktiviert. Wir können uns selbst halten, wie wir als Kind gerne gehalten worden sind. Wir können die Arme um uns schlingen und uns sogar ein bisschen hin und her wiegen. Niemand wird es merken, wenn wir in einem Meeting oder einem Café sitzen und uns tätscheln oder sanft auf die Oberarme klopfen. Wir können uns im Stillen immer wieder sagen,

dass wir willkommen sind, dass unser Dasein einen Sinn hat, dass wir dazugehören, dass wir in diesem Moment ganz sicher sind.
Die physische Empfindung wird uns helfen, von unserem überlasteten Kopf zurück in den Rest des Körpers zu gelangen. Wenn wir uns dann etwas Zeit nehmen, können wir uns bewusst werden, wo unsere Energie ist, und sie absenken. Wir haben den Bonus der Fähigkeit zur Visualisierung und können uns das Energiefeld wie einen Heißluftballon vorstellen, der versehentlich ohne Besatzung aufgestiegen ist, weil die Gewichte sich irgendwie gelöst haben. Der Ballon muss an den herabhängenden Seilen wieder heruntergezogen werden, damit der Pilot einsteigen und dem Flug eine Richtung geben kann. Das Leben läuft besser, wenn unser Energiefeld nicht frei schwebt, sondern Bodenkontakt hat. Wir werden uns wohler fühlen, wenn wir den gesamten Körper bewohnen und nicht nur den oberen Teil oder sogar, wie es bei vielen von uns der Fall ist, nur den Kopf.
Die Bewegung der Energie nach unten beginnt mit dem Hochsteigen zum höchsten für uns erreichbaren Punkt; wir stimmen uns darauf ein, uns im Körper heimisch zu fühlen und uns nicht mehr auf und davon zu machen. Wie beim Abstieg von einem Berggipfel ist der erste Halt in unserem Kopf. Wir visualisieren Ruhe in unserem geschäftigen Gehirn und Entspannung unserer wachsamen Augen. Wir können den Kiefer bewegen, um verkrampfte Muskeln zu lockern, können Grimassen schneiden und die Zunge herausstrecken, bis wir unwillkürlich anfangen zu lächeln. Dann geht es weiter zum Hals. Sollte dort eine Enge spürbar sein, können wir uns vorstellen, wie er sich entspannt und weitet, sodass die Energie wie Honig hindurchfließen kann. Auf der Herzebene kann

sich Wärme im gesamten Oberkörper und in den Armen ausbreiten. Das Zwerchfell kann uns etwas Schwierigkeiten machen, da es eine Grenze bildet, die wir selten überschreiten; aber sobald der Rumpf mit warmer Energie erfüllt ist, fühlt sich das Zwerchfell wahrscheinlich elastischer an als vorher und lässt sich leichter durchdringen als gedacht. Wir visualisieren weiterhin, nehmen die Wirkungen im Körper wahr und erlauben der Energie, durch den Magen und Bauch hindurchzufließen, hinunter zum Kreuzbein und zu den Geschlechtsorganen und weiter hinunter zu den Oberschenkeln, den Unterschenkeln, den Füßen – bis ganz in den Boden hinein. Danach fühlen wir uns vielleicht ein wenig kribbelig und spüren überall eine wohlige Wärme. Je öfter wir diese Übung praktizieren, die uns hilft, auf der Erde anzukommen, desto leichter wird es, in all den 30 Billionen Zellen zu leben, die auf wundersame Weise unseren Körper bilden. Vielleicht ist das mit der Inkarnation ja doch gar nicht so schlimm.

Sobald wir wissen, wie wir uns selbst erden, können wir anderen helfen, bei denen wir wahrnehmen, wie sie nach oben und aus ihrem Körper heraus gehen. Wenn wir uns bewusst oben mit ihnen treffen, ohne dabei unsere eigene Erdung aufzugeben, können wir sie dabei unterstützen, wieder hinab zu kommen, langsam von einer Ebene zur nächsten, an jedem Halt etwas Rast machend. Wir können ihnen durch unsere Ausstrahlung vermitteln, dass sie willkommen sind, dass sie dazugehören und dass es für sie sicher ist, hier zu sein.

Die wiederholte Bestätigung, dass wir willkommen sind, und das Üben der Heilungsreaktion werden uns helfen, an diesem Ort des inneren Friedens, von dem aus alles möglich ist, geerdet zu sein. Wenn wir uns im ganzen Körper bewegen, anstatt nur die oberen Etagen zu bewohnen, gibt uns dies neuen Lebensmut; wenn wir die unausgeschöpften Kapazitäten unseres Körpers als Ganzes nutzen, bringen wir viel mehr ins Leben ein.

DEN KINDHEITSGLAUBENSSATZ UMFORMULIEREN

Die energetische Heilungsreaktion ist hochwirksam. Sie kann bei Bedarf noch durch eine sprachlichere Herangehensweise ergänzt werden. Das Verändern eines Kindheitsglaubenssatzes hilft uns beim Transformieren unserer wenig hilfreichen nervösen Gedanken, während wir die zugrunde liegenden Emotionen anerkennen und spüren. Sobald wir realisieren, dass die wiederkehrenden Gedanken, wir seien nicht willkommen und gehörten nicht hierher, verhindern, dass wir unsere Gaben ins Leben einbringen, können wir anfangen, etwas dagegen zu tun. Hier eine kurze Beschreibung der fünf Schritte, wie wir dabei vorgehen:

SCHRITT 1: Das Denkmuster erkennen

Wenn die vertraute Angst, dass wir nicht willkommen sind, nicht dazugehören und dringend wegmüssen, uns zapplig und unruhig macht, dann besteht der erste Schritt darin, diesen Komplex aus Denken und Fühlen anzuerkennen. Durch Analysieren des Musters merken wir, dass all das Zittern und die Nervosität einer Schlussfolgerung entspringen, die wir in den ersten Minuten, Stunden oder Tagen unseres Lebens gezogen haben.

SCHRITT 2: Den Fokus verschieben

Als Nächstes legen wir den Schwerpunkt auf die Gegenwart, auf das, was wir geworden sind. Indem wir unser Wachstum und unsere Widerstandsfähigkeit, mithilfe derer wir bisher alles überstanden haben, spüren, werden wir uns unserer einzigartigen Gaben und unseres außergewöhnlichen Potenzials bewusst.

SCHRITT 3: Uns selbst danken

Die Furcht, unwillkommen zu sein, und all die dazugehörigen Gedanken entspringen einer traumatischen Erfahrung kurz nach der Geburt. Dieser Kindheitsglaubenssatz hat uns die Möglichkeit der Flucht geboten. Nun können wir diesem Teil von uns danken, der, mit der Perspektive des Neugeborenen, das Sich-davon-Machen für die bestmögliche Option hielt.

SCHRITT 4: Die Angst von damals einladen

Als der Erwachsene von heute laden wir bewusst die schreckliche Angst, die wir als Baby verspürten, dazu ein, noch einmal hochzukommen. Wir werden die Panik verspüren, dass wir ein Fehler der Natur sind, dass wir nicht hierher gehören, dass wir nicht willkommen sind – und lassen sie dann durch uns hindurchfließen. Das wird nicht länger als ein paar Minuten dauern. Dann sind wir fertig damit. Und immer noch am Leben.

SCHRITT 5: Unsere Existenz auf Erden begrüßen

Jetzt können wir mit einem Seufzer der Erleichterung durchatmen. Wir haben unsere tiefste Angst gespürt, die sehr menschliche Angst vor dem Tod, vor dem Leben, vor der Durchtrennung der Verbindung zum Geistigen. Nachdem wir da hindurchgegangen sind, sind wir mehr hier – und mehr von uns ist hier. Wir sind willkommen.

Unsere Gedanken verändern

Im Englischen drücken wir »Bitte, gern geschehen« durch »You're welcome« aus, also eigentlich »Du bist willkommen«. Was für eine wundervolle Formulierung, die jeden Tag millionenfach gedankenlos ausgesprochen wird! Es wäre schön, wenn wir diese Standardantwort im wortwörtlichen Sinne begreifen würden. Genau das müssen wir nämlich integrieren: dass wir willkommen sind, mit unseren Stärken und Schwächen, unseren Zweifeln und Ängsten, Gedanken und Gefühlen, unserer beflügelten Herangehensweise und unseren intuitiven Eingebungen. Wir sind willkommen, so wie wir sind. So wie jeder Mensch.

Die überwiegende Zahl der Menschen, die in meine Privatpraxis kommen – junge und alte, Männer und Frauen, Suchende und Berufstätige – haben Fragen in Bezug auf diesen ersten Kindheitsglaubenssatz. Sie treibt das Gefühl um, anders als ihre Freunde zu sein, permanent unruhig, sich nie irgendwo richtig zu Hause fühlend, so als ob sie versehentlich auf dem Weg zu einem anderen Planeten hier gelandet seien. Sie haben ein flaues Gefühl im Magen, Bammel oder das große Zittern, sie leiden an Bauchgrimmen, Lampenfieber, Gänsehaut, hysterischen Angstzuständen, Magenflattern, Wahnzuständen und was es sonst noch an ähnlichen Begrifflichkeiten und Zuständen gibt. Die Tatsache, dass es überhaupt so zahlreiche Begriffe gibt, zeigt schon, wie viele Menschen mit diesen Gefühlen vertraut sind.

Ich behaupte nicht, dass das Ändern eines Kindheitsglaubenssatzes ein Zaubermittel ist. Ein junger Mensch wie Davy braucht sicherlich noch zusätzliche Anleitung und Beratung, um wieder zurück ins Leben kommen zu können. Für meinen Freund Jim war ausgiebige Selbstreflexion der Schlüssel zu der Erkenntnis, auf dieser Welt willkommen zu sein. Als der Groschen bei ihm endlich fiel, lachte er herzhaft darüber. Er konnte es kaum glauben, dass er seine Gedanken nie als das angesehen hatte, was sie wirklich waren: peinvolle Erinnerungen an Schmerzen, die er hatte vermeiden wollen. »Was für ein Witz«, meinte er, als er sich zum ersten Mal in seinem Leben als ganzer Mensch fühlte. »Gott muss über einen ganz besonderen Sinn für Humor verfügen, dass er Menschen jahrzehntelang dazu bringt, vor etwas zu fliehen, was überhaupt nicht da ist.«

Das Durchbrechen eines Kindheitsglaubenssatzes sorgt für etwas Abstand zwischen uns und unseren Gedankenströmen. Auch hier macht Übung den Meister. Eine der Übungen besteht darin, unsere Gedanken einfach zu beobachten, anstatt ihren Inhalt gleich als real anzusehen. Wir sind so daran gewöhnt zu glauben, was wir denken, dass wir uns vielleicht öfters mal daran erinnern müssen, dass wir Gedanken einfach registrieren können, ohne ihnen einen großen Wert beizumessen.

Diese in sehr jungen Jahren entstandenen Kindheitsglaubenssätze zu ändern ist eine nützliche Erfahrung, deren häufige Wiederholung zu empfehlen ist. Geduld ist ein guter Gefährte auf dieser Reise. Uns selbst umzuprogrammieren und neue Gewohnheiten zu erlernen, die die alten ersetzen, ist nicht von heute auf morgen erledigt. Glücklicherweise kann es unauffällig geschehen. Wenn uns auf dem Weg zur Arbeit oder dann im Büro das flaue Gefühl ereilt, können wir es mithilfe der ersten drei oben aufgeführten Schritte wieder abflauen lassen. Haben wir gerade mehr Zeit oder bemerken wir, dass uns dieser Kindheitsglaubenssatz öfters heimsucht, können wir radikaler eingreifen, indem wir alle fünf Schritte absolvieren.

Die ersten drei Schritte

Die ersten drei Schritte der Umwandlung des Kindheitsglaubenssatzes können jederzeit und überall durchgeführt werden. Niemand sonst muss etwas bemerken, während wir unsere wirklichkeitsferne Einstellung erkennen und ihr danken und dann unsere Aufmerksamkeit darauf richten, wer wir heute sind.

SCHRITT 1: Das Denkmuster erkennen

Der erste Schritt zu einer friedlicheren und besser verkörperten Existenz besteht darin, uns unserer Gedanken und Gefühle bewusst zu werden. Wir sind nicht unsere Gedanken, aber wir haben sie und können sie betrachten. Wer von uns regelmäßig meditiert oder Achtsamkeit praktiziert, wird bereits darin geübt sein, Gedanken und Gefühlen zuzusehen wie Wolken am Himmel, die kommen und gehen. Andere möchten vielleicht beginnen, indem sie mithilfe einer »virtuellen Kamera« üben, die unsere Gedanken aufzeichnet, sodass wir sie anschauen können, ohne mit ihnen davonzustürmen. Übung zahlt sich auf jeden Fall aus, besonders in Momenten, in denen wir spüren, wie Panik in uns aufsteigt, oder wenn wir auf etwas oder jemanden überreagieren. Beim ersten Schritt geht es darum, dass wir uns immer wieder bewusst darauf konzentrieren, die flüchtigen Gedanken und Gefühle zu beobachten. Sobald wir bemerken, wie sie sich ständig wiederholen, werden wir erkennen können, dass diese Reaktionen ihren Ursprung in Eindrücken haben, mit denen wir unmittelbar nach der Geburt konfrontiert waren.

SCHRITT 2: Den Fokus verschieben

Wir sind nicht mehr das unglückliche Baby, das vollständig von den Eltern abhängig war. Was auch immer passiert ist – unsere Kindheit, Schuljahre, die Pubertät mit all ihren Höhen und Tiefen, die Sorgen der Liebe, vielleicht die Trennung unserer Eltern, der Verlust eines geliebten Menschen – wir haben es ausgehalten und überstanden. Wenn wir das Grübeln über diese Dinge aufgeben, können wir zu dem Schluss kommen, dass wir viel stärker sind als wir uns zutrauen. Und vor allem gibt es in der Gegenwart Menschen, denen wir wichtig sind. Wir sind einzigartig auf dieser Welt und haben ihr Einzigartiges zu bieten. Angesichts dessen, was wir bisher alles gelernt haben, können wir erhobenen Hauptes dastehen.

SCHRITT 3: Uns selbst danken

Dieser Kindheitsglaubenssatz hat uns erlaubt, unsere Intuition zu entwickeln, unsere natürliche Verbindung mit der Welt der Ideen und des Geistes, unseren Sinn für Schönheit, unsere Sensibilität gegenüber Räumen und Orten, unsere Originalität und Erfindungsgabe und unsere Helikoptersicht. Es gibt keinen besseren Zeitpunkt für uns, das schätzen zu lernen, was dieses aus der Babyzeit herrührende Glaubensmuster für uns getan hat. Selbst wenn wir gerade in der U-Bahn sitzen oder schnell irgendwo einen Kaffee trinken, können wir uns im Stillen bedanken, das dauert nicht lange. Wir können sogar all unseren vergangenen negativen Selbstbotschaften danken, die dafür gesorgt haben, dass wir in neue Gebiete vorstoßen, weil wir uns in den alten nicht mehr heimisch gefühlt haben. Dankbarkeit auszudrücken bedeutet, dass wir nicht länger gegen unsere Neigung zum Träumen ankämpfen und uns nicht mehr über die Brutalität und

Unvollkommenheit des Lebens aufregen. Wir müssen einfach nur Danke sagen. Das ist eine sichere Methode, unsere Gedanken zu beruhigen.

Vollständiges Umwandeln des Kindheitsglaubenssatzes

Die ersten drei Schritte sind allerdings nur der Beginn des Wandlungsvorgangs. Für eine noch stärkere Verankerung in einer positiven Gegenwart müssen wir tiefer gehen. Im nächsten Schritt vertreiben wir die Furcht, die uns seit den frühen Kindheitstagen verfolgt, indem wir sie ausfindig machen und durch uns hindurchfließen lassen, sodass wir uns willkommen und lebendig fühlen können.

SCHRITT 4: Die Angst von damals einladen

In diesem Erwachsenen-Schritt geben wir einigen unserer frühesten Gefühle existenzieller Furcht Raum. Wir beginnen damit, dass wir die bewusste Entscheidung treffen, uns in der Haut des Erwachsenen, zu dem sich das kleine Baby von einst entwickelt hat, wohlzufühlen. Im Bewusstsein unserer natürlichen Gaben und wie wir sie ausgebildet haben können wir jetzt eine Erinnerungsreise zu einem Moment machen, in dem wir fürchterliche Angst verspürt haben. Das kann ein Moment sein, der noch gar nicht so lange her ist, oder einer, der weit zurückliegt, Hauptsache, wir können noch die Erinnerung abrufen, wie uns das Herz vor Panik bis zum Hals schlug oder uns Angst förmlich den Atem abschnürte. Vielleicht hatte es einen klar erkennbaren Grund, vielleicht geschah es aber auch scheinbar grundlos. Als die Person, die wir heute sind, können wir diese Angst wieder an die Oberfläche bringen und erneut die damit einhergehende Panik durchleben. Manchmal hilft es, die Augen zu schließen und uns zurück in die furchtsame Situation zu versetzen, die wir jetzt absichtlich heraufbeschwören. Wir wollen uns nicht darin verlieren, eine kleine Dosis ist also genug, solange wir die Angst wirklich spüren. Dann können wir sie durch den Körper wandern lassen und die jeweils auftretenden Empfindungen, Bilder und Schmerzen in Brust, Kehle und Kopf wahrnehmen. Vielleicht beschleunigt sich unser Atem, vielleicht halten wir ihn auch an. In beiden Fällen ist es gut, bewusst tief durchzuatmen, weil wir nicht wollen, dass etwas irgendwo stecken bleibt; wir wollen die Panik spüren, damit sie durch uns hindurchgehen und sich dann auflösen kann. Wir atmen in den Schmerz und die Panik hinein und sind uns dabei die ganze Zeit bewusst, dass wir jetzt erwachsen sind und nicht mehr das kleine Kind von damals.

Wir können nicht nur den Schrecken von damals durchleben, sondern ihn auch betrachten, um ihn freizugeben. Nur noch etwas länger durchhalten, weitermachen … bis wir spüren, wie der Schmerz oder die Angst nachlässt. Es wird passieren, garantiert. Unser unwillkommenes Selbstbild basiert auf einer Illusion und hat dementsprechend keine Energie, sich selbst aufrechtzuerhalten, sobald es als das erkannt wurde, was es ist: eine Schlussfolgerung, die wir gezogen haben, als wir noch sehr klein waren. Hier und jetzt sind wir sicher. In dieser Sekunde passiert nichts Unerwünschtes. Wenn wir einmal in die Tiefen dessen hinabgestiegen sind, was wir am meisten gefürchtet und aber überlebt haben, werden wir uns gleichzeitig leichter und geerdeter fühlen. Das kann auch ein guter Zeitpunkt sein, sich im Spiegel zu betrachten und zu unserem Spiegelbild hin auszustrahlen, dass wir willkommen sind. Und es ist durchaus nicht ungewöhnlich, in dieser Situation laut aufzulachen. Das ist das beste Zeichen, dass der Prozess erfolgreich war.

SCHRITT 5: Im Hier und Jetzt leben

Da sind wir also, lebendig und herzlich willkommen, so wie jeder und jede andere auch. Je besser wir uns erden, desto mehr Gnade finden wir im täglichen Leben. Wenn wir in dem, was wir tun, präsenter werden, wird es auch einfacher sein, in Kontakt mit anderen zu treten, damit sie uns nicht mit einer schnell hingeworfenen Bemerkung wieder in das sichere Land der Träume verscheuchen. Wir werden uns nicht mehr wie ein verlorenes Schaf fühlen. Das ist es nämlich, was unsere Gedanken zielstrebig aus uns zu machen versucht haben, aber es ist jetzt nicht mehr notwendig, dieses Selbstverständnis und all die Geschichten aufrechtzuerhalten, die damit einhergehen. Wir können dieses Bild durch ein anderes ersetzen, eines, das für uns funktioniert. So sind wir zum Beispiel begabt und mutig. Unsere Sensibilität und unser Ideenreichtum, in Verbindung mit unserer Helikopterperspektive, bringen uns vorwärts. Wenn wir die Angst einmal überwunden haben, werden wir in der Lage sein, unsere Gaben aus unseren inspirierenden Visionen und unserem Idealismus heraus mit unserem Sinn für Harmonie, Schönheit und guten Proportionen zu bündeln. Gott sei Dank. Wir sind willkommen.

Die positive Gegenwart

Nachdem im Jahr 2011 mein Buch über Kindheitsglaubenssätze auf Niederländisch erschienen war, begann meine Kollegin und Freundin Anne-Marie Voorhoeve die Erkenntnisse, die sie aus dem Buch gewonnen hatte, sofort in die Praxis umzusetzen. Und zwar sowohl zu Hause als auch bei ihrer Arbeit als Mitbegründerin des Hague Center for Global Governance, Innovation and Emergence. Anne-Marie wohnt in einem schönen Landhaus, in unmittelbarer Umgebung zweier Seen. Als ich bei ihr zu Besuch war, wurde ich Zeugin ihrer Reaktion, nachdem in der Küche nebenan Töpfe und Topfdeckel scheppernd auf den Boden gefallen waren. »Meine Tochter möchte einen Bananenkuchen backen«, erklärte sie mir. Um dann in Richtung Küche zu rufen: »Boden unter den Füßen, erinnerst du dich? Visualisiere eine starke Verbindung zwischen deinen Füßen und dem Boden.« Wir hörten, wie ihre Teenager-Tochter tief seufzte. Nach einer Minute Stille begann sie, die Töpfe wieder einzuräumen, aber ein Deckel rutschte erneut herunter. »Gib dir mehr Mühe«, rief meine Freundin. »Ich bin willllllllllkommen«, kam es aus der Küche zurück. »Ja, das bist du«, sang ihre Mutter und blinzelte mir zu, »du bist außerordentlich willkommen.« Nach einer Weile konnten wir hören, wie die Tochter vor sich hin summend den Kuchen machte. Natürlich hatte sie zuerst mit den Augen gerollt und ihre Mutter für beknackt erklärt, wie halbwüchsige Kinder das eben tun. Später kam sie dann aber doch noch zu uns ins Wohnzimmer und erzählte, dass sie sich vor dem Herausholen des Mehls sicherheitshalber noch mal geerdet hatte.

Wenn wir regelmäßig üben, diesen ersten Kindheitsglaubenssatz umzuwandeln, werden wir bemerken, dass negative Gedanken allmählich an Kraft verlieren und keine Macht mehr über uns haben. Wir werden auch merken, dass wir auf für uns unangenehme Situationen anders als früher reagieren. Wir sind jetzt in der Lage, in solchen Fällen anwesend zu bleiben, anstatt uns davonzumachen. Wir sind in der Lage fertigzustellen, was wir begonnen haben. Irgendwann werden wir in der Lage sein, einen negativen Gedanken sofort zu erkennen und ihn unmittelbar durch einen positiven zu ersetzen. Das Muster, das sich als Baby bei uns eingeprägt hat, ist bei Weitem nicht unbedingt stichhaltig. Wir können genauso gut das Gegenteil denken. Positive Gedanken wie die nachstehenden lassen uns entspannt, zu Hause und glücklich fühlen.

POSITIVE SELBSTBOTSCHAFTEN

Ich bin willkommen.

Ich gehöre hierher.

Ich muss keine Angst haben, denn mir kann nichts passieren.

Ich bin im Frieden mit dem Leben auf Erden, egal wie schwer es ist.

Ich vertraue darauf, dass es gut ist, dass ich geboren wurde, egal wie unvollkommen das Leben sein kann.

Es gibt auch viel Schönheit in der Welt. In der Natur, in der Kunst, in der Liebe.

Ich bin wählerisch, und ich erlaube es mir, das zu sein.

Ich liebe schöne Dinge und ich mag es, mich mit ihnen zu umgeben.

Ich weiß, dass mein Körper verwundbar ist,
aber ich bin nicht mein Körper.

Ich bin und werde immer eine göttliche Schöpfung
des Bewusstseins sein.

In Wirklichkeit kann mir nichts schaden.

Ich muss nicht mehr weglaufen.

Es macht keinen Unterschied, wo ich bin.

Wo immer ich bin, ist gut.

Es ist gut hier.

Ich kann hier sein.

Ich bin sicher.

Ich bin willkommen, mit meiner Intuition, meiner Sensibilität und meiner Tiefe, mit meiner Leichtigkeit und meinem Drang, die Welt besser zu verlassen als ich sie vorgefunden habe.

Ich bin ein Mensch.

So wie alle anderen auch.

Tanz durchs Leben

Die Tänzerin und Choreografin Martha Graham revolutionierte das klassische Ballett und gilt als wichtigste Begründerin des Modern Dance. Ein berühmtes Zitat von ihr lautet: »Der Körper drückt aus, was Worte nicht können. Nichts ist aufschlussreicher als Bewegung.« Indem wir unseren Körper vollständiger bewohnen, behalten wir eine offene Verbindung zum Reich der Vorstellungen und des Geistes und sind gleichzeitig in der Lage, uns mit Geduld und Ausdauer durch die viel langsamere materielle Welt zu bewegen. Der Körper wird sich besser fühlen, nicht einfach wie eine schöne Schale, sondern wie ein Haus, in dem wir leben, oder vielleicht auch ein Tempel, den wir bewohnen, solange er steht.

Martha Graham drückte dies einer jüngeren Freundin gegenüber, einer fabelhaften Tänzerin, die aber selbst an ihrem Talent zweifelte, wie folgt aus: »Es gibt eine Vitalität, eine Lebenskraft, eine Energie, eine Beschleunigung, die durch uns in die Tat umgesetzt wird, und weil es uns in allen Zeiten nur ein einziges Mal gibt, ist dieser Ausdruck einzigartig. Wenn wir ihn blockieren, wird er nie durch irgendein anderes Medium lebendig werden und verloren gehen. Die Welt wird nicht davon profitieren. Es ist nicht unsere Aufgabe zu beurteilen, wie gut oder wertvoll dieser Ausdruck im Vergleich zu dem von anderen ist. Es ist unsere Aufgabe, ihn klar und direkt zu gestalten und den Kanal offen zu halten.« (zitiert aus James Baraz und Shoshana Alexander, »Freude«, Nymphenburger, 2011)

Sobald wir festen Boden unter den Füßen haben und glauben, dass das, was wir sind und was wir anzubieten haben, wertvoll ist, werden wir die Welt mit neuen Augen betrachten. Wir sind an spirituellen Dingen interessiert und können Wunder bewirken, wenn wir unsere Handlungen als sinnvoll und zweckmäßig erleben. Wir verstehen Kinder, Kunden und Freunde intuitiv. Wir sehen das Potenzial von Räumen, Ambiente und Atmosphäre, von neuen Ideen und innovativen Denkern. Wir sind weiterhin in der Lage, zu den Sternen zu fliegen und in der Welt des Geistes, der Inspiration und der Fantasie aufzuleben. Manchmal scheint es anderen so, als könnten wir in die Zukunft blicken. Am wichtigsten ist es, dass wir tief innen wissen und anerkennen, dass wir und das, was wir auf die Tanzfläche mitbringen, willkommen sind – dass wir unsere Existenz willkommen heißen, genauso, wie wir darin willkommen sind.

Leben, um zu geben

KINDHEITSGLAUBENSSATZ

*»Es gibt nicht genug.
Ich bin nicht genug.«*

NEGATIVE SELBSTBOTSCHAFTEN

»Ich bin nicht gut genug. Ich bin nicht aufmerksam, kritisch, entschlossen, effizient, witzig, großzügig, gut aussehend, freundlich, positiv, groß, schlank, gebildet genug. Ich habe nie genug Zeit.«

NATÜRLICHE GABEN

Fülle, Neugier, Großzügigkeit, Lebhaftigkeit

In den 1990er-Jahren leitete ich eine Firma, die auf interne Unternehmenskommunikation spezialisiert war, und mein Team und ich hatten das Glück, eine Anzahl großer Global Player zu unseren Kunden zählen zu dürfen. Ich arbeitete sehr gerne für diese großen Organisationen mit ihren komplizierten Kommunikationsproblemen und ihrem Beharren auf hoher Qualität. Größere Agenturen unserer Branche fragten bei diesen multinationalen

Unternehmen an, warum in aller Welt sie denn ihre Aufträge an unsere kleine Truppe vergeben würden. Ich war superstolz auf meine intelligenten und wortgewandten Mitarbeiter.

Manchmal mussten sie für mich in die Bresche springen, wenn ich bei bestimmten Gelegenheiten wieder mal die Selbstkontrolle verlor. Schon damals erhielten Besucher der Zentralen unserer Großkunden nicht so einfach Einlass in diese Festungen. Wir mussten uns zuerst auf der Einfahrt zum Parkplatz und danach noch am Aufzug und an der Rezeption ausweisen. Der jeweilige Rezeptionsmitarbeiter ließ einen dann aber immer noch nicht durch, sondern es galt zu warten, bis man von einem eifrigen Assistenten abgeholt wurde. Zu diesem Zeitpunkt war ich dann meistens schon am Rande eines Nervenzusammenbruchs. Mitarbeiter, die neu bei mir angestellt waren, schauten mich in solchen Momenten von der Seite fragend an, was denn wohl mit mir los sei, denn sonst wirkte ihre Chefin doch eigentlich immer ganz gelassen. Die anderen wussten, dass sie nun an der Reihe waren, um den Smalltalk im Aufzug zu übernehmen, bis ich mich wieder einigermaßen gefasst hatte. Trotzdem rollten auch sie mit den Augen – wenn auch glücklicherweise nicht vor dem Kunden – und vermittelten dabei die unausgesprochene Frage: »Was ist denn in dich gefahren?« oder »Kannst du dich nicht zusammennehmen?«

Die Wartezeit stresste mich jedes Mal so sehr, dass ich manchmal nicht einmal mehr in der Lage war, die Präsentation unserer Arbeit zu leiten. Meine Kollegen übernahmen dies dann, als ob nichts wäre, während ich mit den Tränen kämpfte und mich erst beruhigen musste. Sofern ich in der ersten halben Stunde nach Präsentationsbeginn überhaupt etwas sagte, war es für alle am

Besprechungstisch deutlich hörbar, wie meine Stimme zitterte.

Das war richtig peinlich, und Ähnliches passierte mir auch bei anderen Gelegenheiten. In jeder Art von Warteschlange wurde ich immer sehr schnell ungeduldig und konnte manchmal auch richtig unhöflich werden. Wenn ich beim Friseur nicht pünktlich zum vereinbarten Zeitpunkt an die Reihe kam, verließ ich den Salon wieder. Einmal – das ist zum Glück schon eine ganze Weile her – warf ich einen BH nach einer Verkäuferin, nachdem sie mir gesagt hatte, dass ich zu spät dran und die Umtauschfrist abgelaufen war. Beim Hinausstürmen schrie ich dann noch zurück, dass man so seine Stammkunden nicht behandeln sollte und ich diesen Laden nie wieder betreten würde. Ich fühlte mich vollständig im Recht, empört zu sein. Gleichzeitig aber verstand ich mich selbst nicht, wie ich mich so benehmen konnte.

Ich schämte mich über diese unfreiwilligen impulsiven Handlungen und hoffte, dass sie möglichst niemand bemerken würde. Es gab jedoch immer genug Passanten und Freunde, die sich dann jeweils fragten, was denn mit mir los war. Ich entschuldigte mich, kam mit irgendwelchen Ausreden an und sagte, dass ich eigentlich gar nicht so sei und andere Menschen nicht so behandeln wolle. Aber es hörte nicht auf, immer, wenn ich irgendwo warten musste, dauerte es nur einige Minuten, bis ich förmlich explodierte und meinen Unmut laut kommunizierte.

Gute Menschen, schlechtes Benehmen

Dies tönt vielleicht alles ein wenig melodramatisch und ich wünschte, ich würde wirklich übertreiben, aber dem ist leider nicht so. Mein einziger Trost ist, dass ich nicht die Einzige bin, die ausflippt, wenn sie vor einem Schalter anstehen muss oder irgendwo im Stau steckt. Viele von uns mit diesem Kindheitsglaubenssatz, die normalerweise großzügige, gesellige und lustige Menschen sind, vergessen ihre gute Kinderstube, sobald sie gezwungen sind, irgendwo zu warten. Aus irgendeinem Grund müssen wir, wenn wir dann endlich an der Reihe sind, demonstrativ beleidigt sein und Selbstgerechtigkeit an den Tag legen.
Mir blieb es jahrelang ein Rätsel, was in solchen Situationen jeweils über mich kam. Ich versuchte mit allen möglichen Methoden, mich neu zu programmieren, aber nichts davon half wirklich, bis ich herausfand, dass die Wurzel meiner Ausraster ein Kindheitsglaubenssatz war. Meine für andere unverständliche Haltung war typisch für jemanden, der in der Kindheit den Schluss gezogen hatte: »Es gibt nicht genug, ich bin nicht genug.« Diese Erkenntnis nahm mir eine große Last von den Schultern. Nun verstand ich, dass mein erwachsenes Ich beim Warten deshalb aus dem Gleichgewicht geriet, weil ich in der Kindheit Angst gehabt hatte, mir selbst überlassen zu bleiben.
Als Baby sind wir zum Überleben vollständig auf andere Menschen angewiesen und stehen deshalb Todesängste aus, wenn wir hungrig erwachen und niemand kommt, um uns hochzunehmen und zu füttern. Auch ich erkannte nun, dass ich als Erwachsene immer noch entsetzt darüber war, wenn man mich irgendwo warten ließ, und

deshalb kindisch reagierte. Am liebsten hätte ich mich im Nachhinein gerne bei allen entschuldigt, die ich im Zuge meiner Überreaktionen unhöflich behandelt hatte. Dank der Arbeit mit diesem Kindheitsglaubenssatz habe ich heute kaum noch Probleme mit dem Warten.

Die wiederkehrenden Verhaltensweisen aufgrund dieses Kindheitsglaubenssatzes beeinträchtigen uns selbst und die Beziehungen zu anderen Menschen. Ein Baby braucht richtig viel Fürsorge. Dieses scheinbar unstillbare Bedürfnis des Kleinstkindes, das wir einmal waren, wirkt in uns Erwachsenen immer noch nach. Am Ende dieses Kapitels sind wieder eine Heilungsreaktion sowie die fünf Schritte zur Umwandlung des Kindheitsglaubenssatzes beschrieben. Wir können diese »nicht genug«-Gedanken über uns beruhigen und ganz werden. Weil wir nämlich genug *sind*, auch wenn wir danach streben, uns im Laufe des Lebens zu verbessern. Das liegt in der Natur des Menschen, und wir lernen ja auch immer mehr dazu, je älter wir werden. Aber im Wesentlichen sind wir genug, so wie wir gerade sind. Das gilt für uns alle.

Der Ursprung dieses Kindheitsglaubenssatzes

Das klassische Vorkommnis an der Wurzel eines »Es gibt nicht genug, ich bin nicht genug« ist etwas wie das hier: Das Baby wacht vor Hunger auf. Es macht ein paar Geräusche, um seine Mutter (oder eine andere Person, die es mit Nahrung versorgt) auf seinen Hunger aufmerksam zu machen. Wenn niemand kommt, beginnt das kleine Geschöpf zu wimmern, dann zu weinen und schließlich angstvoll laut zu schreien. Außerdem strampelt es mit den Beinen und streckt die Arme aus, um die

Aufmerksamkeit jener auf sich zu ziehen, die es vielleicht nicht hören, aber von weiter weg sehen können. Das kostet alles viel Energie. Ohne Zeitgefühl arbeitet sich der Winzling ab und bekommt allmählich vor lauter Erschöpfung einen roten Kopf. Der kleine Körper, der sich so unglaublich anstrengt, braucht dringend einen Energieschub, und zwar JETZT. Er geht in den Schnellgang, denn der Säugling fürchtet instinktiv um sein Überleben als einsame Kreatur in einer Welt, in der sein Wohlergehen niemanden zu kümmern scheint.
Die Mutter hat ihren ganz eigenen Zeitplan und ist vielleicht gerade mit etwas anderem beschäftigt. Auch der Vater oder eine andere Person kann sich nicht gleich um das Baby kümmern, nachdem es aufgewacht ist. Es gibt Hunderte von perfekt plausiblen Gründen, warum Eltern nicht sofort an das Bettchen des Kleinen eilen, wenn es anfängt zu schreien. *Sie* wissen, dass sie in ein paar Minuten so weit sind und das Baby rechtzeitig das Benötigte bekommen wird, aber das Baby selbst weiß es nicht. Es registriert lediglich, dass niemand in der Nähe ist, um ihm das zu verabreichen, was es jetzt so dringend braucht. Und so nimmt es all seine Kraft zusammen, um abermals zu schreien und sich mit den Armen bemerkbar zu machen – dann hat es keine Energie mehr. Es lässt die Arme fallen und hat nun das Vertrauen in seine Umgebung verloren. Niemand ist gekommen und vielleicht kommt auch niemand mehr, so lautet die unbewusste Schlussfolgerung, die das kleine Wesen zieht. In seiner Vorstellungswelt, die noch keinen Zeitbegriff umfasst, könnte dies jetzt sein Ende sein.

Die Kompromisse der Eltern

Alle Eltern, auch solche, die über eine Engelsgeduld verfügen, wissen, wie anstrengend es sein kann, immer möglichst rasch alle Bedürfnisse eines kleinen Kindes zu erfüllen. Rachel Cusk, eine englische Schriftstellerin, schrieb nach der Geburt ihres ersten Kindes und während der Schwangerschaft mit dem zweiten das Sachbuch *A Life's Work. On Becoming a Mother*. Darin beschreibt sie, wie überrascht sie war, wie viel Zeit die Sorge für ihre kleine Tochter in Anspruch nahm. »Das Ausmaß des Wandels von Frau zu Mutter oder von Mann zu Vater lässt sich in Wahrheit nicht in Worte fassen«, schreibt sie in ihrem kontrovers diskutierten Buch, das sowohl eine sehr persönliche als auch eine allgemeine Darstellung der modernen Mutterschaft umfasst. »Es ist wie ein soziales Experiment, etwas, was ein Wissenschaftler tun würde: Ein Baby in einem Raum mit zwei Erwachsenen lassen, sich zurückziehen, und dann sehen, was passiert. Das Baby schreit. Die Frau nimmt es hoch. Das Schreien hört auf. Wenn die Frau das Kleine wieder ins Bettchen legen will, fängt es wieder an zu weinen. Nun hält die Frau das Baby lange Zeit auf dem Arm. Der Mann langweilt sich und die Frau möchte das Baby wieder ablegen, aber es schreit dann sofort wieder. Nun nimmt es der Mann und geht eine längere Zeit mit ihm hin und her. Er wird müde. Der Mann und die Frauen setzen sich und schauen ängstlich auf das Baby.« Ihre Beschreibung, wie das Baby ein ganzes Jahr lang alle drei Stunden gefüttert und dann zum Einschlafen gebracht wird und wie oft es gewickelt werden muss, zeichnet absolut kein verklärtes rosiges Bild der heutigen Eltern- und Mutterschaft.

Am anderen Ende des Spektrums befinden sich diejeni-

gen, die Elternsein als heilige Pflicht ansehen. Bei dieser Betrachtungsweise ist alles, vom Windelwechseln bis hin zum Aufputzen des Karottenpürees, nachdem der kleine Knirps den Teller vom Tisch gewischt hat, eine Gelegenheit, die Elternliebe und die Fähigkeit, geduldig und fürsorglich zu sein, beständig auszubauen. Die Herausforderungen der Elternschaft sind in diesem Fall eine ständige Praxis des achtsamen Lebens. Ich kenne ein junges Paar, das den Entschluss gefasst hatte, seiner kleinen Tochter niemals Beachtung vorzuenthalten. Einer von beiden war immer bei ihr. Wenn sie nachts nicht schlafen konnte, lief ein Elternteil mit ihr herum, notfalls stundenlang.
Die meisten Eltern bewegen sich irgendwo in der Mitte dieser Skala. Sie gehen ständig irgendwelche Kompromisse ein, weil sie noch andere Kinder haben, die ihre Aufmerksamkeit brauchen und/oder weil sie am nächsten Tag möglichst ausgeruht bei der Arbeit erscheinen müssen. Sie tun ihr Bestes, aber sind nicht immer in der Lage oder willens, ihrem Nachwuchs jederzeit sofort genau das zu geben, was er gerade braucht.
Viele von uns haben die Erlebnisse, nicht sofort gefüttert oder im Arm gehalten zu werden, wenn das Bedürfnis auftrat, in den Glauben umgemünzt, selbst nicht genug zu sein. Auf diese Weise entsteht der zweite Kindheitsglaubenssatz, derjenige, der uns ständig ins Ohr flüstert, dass wir nicht gesellig, stark, klug, attraktiv, freundlich, hilfsbereit, intelligent, modisch, schnell, standhaft, kompetent, mitfühlend, unkompliziert, romantisch, auf dem Laufenden, computerversiert, gebildet, gemocht, zielstrebig, dankbar, elegant, galant, tiefgründig, wertschätzend, beliebt, verantwortungsvoll, vernetzt – oder was auch immer – genug sind. Auf jeden Fall ist das aber genug, um uns manchmal verrückt zu machen.

Meine Geschichte

Nun zurück zu meiner eigenen Geschichte. Ich wurde 1954 geboren und der revolutionäre Erziehungsratgeber *Säuglings- und Kinderpflege (Dein Kind – dein Glück)* des Kinderarztes Dr. Benjamin Spock war seit seinem Erscheinen im Jahre 1946 immer noch ein Bestseller. Dieses Handbuch gab – und gibt; die letzte überarbeitete und aktualisierte deutschsprachige Version mit dem Koautor Michael B. Rothenberg erschien 1997 – kompetente Beratung zu allen möglichen Themen, von der Babybadewanne über die Entscheidung Stillen oder Fläschchen bis hin zum Aufklärungsgespräch mit einem Teenager. Das Buch galt damals als revolutionär, weil Dr. Spock Kinder als Individuen ansah und die Meinung vertrat, dass Mütter intuitiv am besten wüssten, was gut für ihr Kind ist. Außerdem widersprach er der verbreiteten Meinung, Eltern würden ihre Kinder zu sehr verwöhnen, wenn sie sich um ihre Bedürfnisse kümmerten. Spock schrieb in seinem Buch: »Kleine Kinder wissen nicht, dass es eine Zukunft gibt, sie leben voll und ganz im Hier und Jetzt. Und sie können auch nicht den Gedanken formulieren ›Ich mache den Leuten hier jetzt das Leben zur Hölle, bis sie mir endlich geben, was ich brauche‹. Was Babys in dieser Phase lernen, ist ein gewisses Grundvertrauen in die Welt. Wenn ihre Bedürfnisse prompt und liebevoll erfüllt werden, entwickeln sie das Gefühl, dass im Allgemeinen schon immer alles gut kommt.«

Als mir klar wurde, welchen weitreichenden Einfluss unsere Kindheitsglaubenssätze auf uns haben und wie ich selbst immer noch von dem Glaubenssatz eingeschränkt wurde, was wir in diesem Kapitel behandeln, fragte ich meine Mutter über meine früheste Kindheit aus. Was

hatten sie und mein Vater für Vorstellungen über Kindererziehung? Sie kannte den berühmten Dr. Spock natürlich und sagte, dass sein Buch in ihrem Freundeskreis in jener Zeit ein großes Thema war, da es den bis dahin weithin akzeptierten Regeln der Flaschenfütterung in festen Intervallen und des Schreien-Lassens der Babys so sehr zuwiderlief. Meine Eltern und ihre Freunde gehörten schon zur modernen Nachkriegsgeneration und machten sich mit Eifer daran, alte gesellschaftliche Normen infrage zu stellen. Sie wollten ihre Kinder zu glücklichen Menschen erziehen. Die Säuglingsschwester, die meine Mutter unterstützte, hielt von solchen neuen Ideen aber gar nichts und bestand darauf, dass das schreiende Kind erst aus dem Bettchen herausgeholt wird, wenn der festgelegte Zeitpunkt für das Füttern gekommen ist.
»Es war so schlimm«, erinnerte sich meine Mutter. »Alles, was ich wollte, war, dich aus dem Bettchen zu nehmen, dich zu halten und zu füttern, aber das war nicht erlaubt. Ich dachte, ich tue das Richtige, indem ich mich beherrsche und nicht auf mein Herz höre, das mir etwas ganz anderes zuflüsterte.« Meine Mutter hätte intuitiv das gemacht, was für mich am besten gewesen wäre, hielt sich aber in ihrer Unsicherheit beim ersten Kind an die Empfehlung der sogenannten Experten. Bei meinen drei jüngeren Geschwistern machte sie es dann besser und vertraute ihrem gesunden Menschenverstand, so wie es in dem Ratgeber von Dr. Spock geschrieben stand. Ich als Erstgeborene hatte aber noch das Pech, dass die Säuglingsschwester es meiner Mutter verwehrte, so viel Zeit wie möglich mit mir zu verbringen. Als ich in meiner Wiege weinte, klammerte sie sich an die Armlehnen ihres Stuhls, um sich selbst davon abzuhalten, ins Kinderzimmer zu eilen und mich zu trösten. Als die unerbittliche

Uhr ihr endlich die Erlaubnis gab, mich aufzuheben, fühlte sie sich schrecklich, mich so in Not vorzufinden. Damals hat sich wohl dieser Glaubenssatz in mir eingeprägt, der mein Leben bestimmen sollte – im negativen wie im positiven Sinne, denn er bildet gleichzeitig die Basis für das Temperament und die Lebhaftigkeit, die wir Betroffenen im Laufe der Zeit entwickeln.

Ein Glaubenssatz, zwei Richtungen

Dieser zweite Kindheitsglaubenssatz führt zu lebhaften, neugierigen Kindern, die ständig Fragen stellen, um ihren endlosen Appetit zu stillen. Viele von uns entwickeln sich dann später zu sehr engagierten Erwachsenen mit vielfältigen Interessen. Wir können nie genug Freunde haben, genug Blogs lesen oder genug Filme sehen. Wir diskutieren gerne und ausgiebig darüber, was mit uns und auf der Welt im Allgemeinen passiert. Auf Partys bleiben wir immer lange, weil wir nichts verpassen wollen. Wenn jemand von uns im Raum ist, herrscht niemals Langeweile. Das ist zumindest der Eindruck, den wir nach außen vermitteln. Die innere Erfahrung ist vielleicht anders, da unsere Gedanken uns stets von Neuem daran erinnern, dass, was immer wir auch tun, es niemals genug sein wird. Die Überzeugung, nicht genug zu haben oder zu sein, treibt Kinder in die eine oder die andere Richtung: in Richtung einer gewissen Art der Bedürftigkeit oder genau des Gegenteils, einer grimmigen Unabhängigkeit. Das kann sogar in derselben Familie passieren, wie das Beispiel Sonias zeigt, die sich nach einem Besuch bei ihrer Schwester geringschätzig äußerte: »Sie kaufte uns all diese übertriebenen Geschenke. Ich finde es lächerlich, meine

Kinder mit Designer-Klamotten einzudecken, aber meine Schwester denkt, ich kleide sie in Lumpen. Sie trägt nur teure Markenbekleidung. Ihre Schränke quellen über von Schuhen und Handtaschen, die sie mir sogar zum Mitnehmen anbietet, weil sie vom letzten Jahr sind. Aber ich brauche dieses Zeugs gar nicht. Im Leben geht es sicher um mehr als um das Ansammeln von Dingen. Es scheint, dass meine Schwester nie zufrieden ist mit dem, was sie hat, während ich nicht viel brauche. Das gilt übrigens nicht nur für Sachen, sondern auch für Menschen.«

Zwei Schwestern, zwei Seelen, ein Kindheitsglaubenssatz. Aus dem geteilten Gefühl der Unzulänglichkeit heraus entwickelten sie sich in verschiedene Richtungen. Die eine kompensiert es durch einen übertrieben materiellen Lebensstil, die andere durch Minimalismus, indem sie scheinbar gar nichts braucht. Ihre Interaktionen sind belastet, da jede die andere davon zu überzeugen versucht, dass ihre Lebensweise die überlegene ist. Sonia neigt ein wenig dazu, auf ihre Schwester herabzusehen. Sie findet, sie sei ein besserer Mensch und ihre Schwester mit ihrer Einkaufswut einfach nur oberflächlich. Die Schwester wiederum findet, Sonia lebe völlig abgehoben von der Realität. Unter der Oberfläche wetteifern die Töchter immer noch um den Platz der Lieblingstochter ihrer Eltern und geben sich deshalb nicht die Zuneigung und Freundschaft, nach denen sie sich eigentlich beide sehnen.

Das Aufwachsen mit diesem Kindheitsglaubenssatz

Wer kennt sie nicht, *Die kleine Raupe Nimmersatt*. Entweder haben wir dieses herrliche Buch von Eric Carle als Kind selbst geschenkt bekommen oder lesen es jetzt unseren Kindern vor. Das bereits 1969 erschienene Kinderbuch wird immer noch weltweit verkauft, statistisch gesehen geht jede Minute irgendwo auf der Welt ein Exemplar über den Ladentisch. Nimmersatt sind auch die Kinder, die von dieser Geschichte gar nicht genug bekommen können. Wie die Raupe sich durch einen Apfel, zwei Birnen, drei Pflaumen hindurch frisst … und sich zu allerletzt ein grünes Blatt einverleibt, sich dann verpuppt und nach einigen Wochen als wunderschöner Schmetterling schlüpft. Kinder mit dem beschriebenen Glaubensmuster werden jammern, schmeicheln und nörgeln, bis es ihnen ein weiteres Mal vorgelesen wird, sie wollen es wieder und wieder hören.

Solche Kinder betteln immer noch um einen weiteren Keks, noch ein Spiel, noch eine Minute länger aufbleiben, noch eine Geschichte, noch einen Kuss, noch eine Bestätigung, dass unsere Eltern *wirklich* da sind, uns *wirklich* lieben, *wirklich, wirklich, wirklich*. Können sie es bitte nicht noch einmal sagen? Danach ist es dann genug, das versprechen wir. Aber so funktioniert es leider nicht, das unersättliche Bedürfnis nach Bestätigung macht sich erneut bemerkbar, sobald das Licht aus ist.

Wir finden kreative Wege, um die Aufmerksamkeit unserer Eltern oder Betreuer so lange wie möglich zu erhalten. Wir erfinden eine fantasievolle Geschichte, die immer weiter geht, damit der Erwachsene an unserer Bettkante sitzen bleibt und sich uns weiterhin zuwendet.

Bei einem Familientreffen sind wir gerne zu einer kleinen Vorführung bereit und freuen uns darüber, im Rampenlicht zu stehen. In der Schule erzielen wir gute Noten, um uns die Anerkennung unserer Eltern zu verdienen. Oder aber wir ziehen die Aufmerksamkeit auf uns, indem wir besonders frech sind und uns schlecht benehmen. Wie auch immer, wir brauchen die Beachtung durch unsere Eltern, um dieses Loch in uns zu füllen, dem wir ausgeliefert zu sein scheinen.
Aber leider, so viel Aufmerksamkeit uns auch zuteilwird, sie hilft nie wirklich. Das gute Gefühl, das wir dann jeweils verspüren, vergeht sehr schnell wieder. »Bekommst du denn nie genug?«, rufen Eltern manchmal verzweifelt aus. Die Antwortet lautet nein, denn für Kinder mit diesem Glaubensmuster wird es niemals genug sein.
In Wahrheit aber kann niemand anders dieses Loch der Bedürftigkeit füllen als wir selbst. Das kann uns gelingen, wenn wir anfangen, die verzweifelten Gedanken durch Affirmationen zu ersetzen. Mit »Ich bin genug, nicht zu viel, nicht zu wenig, genau richtig« können wir beginnen, die Grube aufzufüllen.

Höchst unabhängig

Aus dem Gefühl heraus, dass wir uns auf niemanden verlassen können, kann uns dieser Kindheitsglaubenssatz auch dazu bringen, von Anfang an eine völlige Unabhängigkeit anzustreben. So fangen wir zum Beispiel schon sehr früh an zu laufen. »Schau dir unsere Kleine an«, lassen sich die stolzen Eltern vernehmen. Dabei sind sie sich nicht bewusst, dass ihr Wunderkind in erster Linie deshalb schon auf zwei Beinen steht, weil es sich schnellstmöglich von ihnen weg bewegen will. Das Kind hat bereits gelernt, dass es eine schreckliche Erfahrung sein kann, von anderen abhängig zu sein, und ist deshalb innerlich entschlossen, bald auf eigenen Füßen zu stehen. Instinktiv wollen wir unser Schicksal lieber nicht in die Hände anderer legen, weil wir nie wissen, ob wir uns wirklich auf sie verlassen können. Manchmal tauchen sie auf, manchmal nicht, man weiß es nie. Irgendwo in dem noch kleinen Gehirn kommen wir als Kind zu dem Schluss, dass es für unser Wohlbefinden entscheidend ist, so rasch wie möglich selbstständig zu sein.

Mit dieser Eigenständigkeit machen wir unseren Eltern das Leben leicht, da sie nicht ständig auf uns aufpassen müssen. Wir können uns schon bald selbst waschen und anziehen. Wenn Oma besucht wird, sitzen wir bereits vor der geplanten Abfahrt fertig im Auto und ja, waren vorher noch auf der Toilette. Wenn wir später als Erwachsene in Urlaub fahren, planen wir genau, was wir mitnehmen, damit wir am Zielort nicht nach allem Möglichen fragen müssen. Wenn es regnet, werden wir lieber nass, als uns von einem Freund eine Regenjacke oder einen Schirm auszuleihen. Um uns braucht sich niemand zu kümmern, wir kommen gut allein klar. Alles okay mit uns, mach' dir keine Sorgen.

Aus einem Kind, das aus einem Verlassenheitsgefühl heraus nach maximaler Unabhängigkeit strebt, wird ein Erwachsener, der niemanden um Hilfe bittet und das auch gar nicht kann. Niemals. Nicht wir. Wir können uns nicht von jemandem abhängig machen oder jemandem einen Gefallen schulden. Wir helfen anderen gerne und scheuen dann keine Mühen. Aber selbst jemanden um etwas bitten, nein danke. So etwas ist uns nicht geheuer.

Enttäuschung spüren

So schwer es für Eltern ist, die Bedürfnisse eines anspruchsvollen Babys zu erfüllen, so schwierig kann es für viele von uns sein, den Erwartungen unserer Eltern gerecht zu werden. Aufgrund unserer hartnäckigen Kindheitsglaubenssätze neigen wir dazu, Gefühle der Enttäuschung zu hegen. Die Linie zwischen dem Nähren von Enttäuschungen bei anderen und der Selbstwahrnehmung als Versager ist dünn. Die Geschichte von Giselle ist ein gutes Beispiel dafür.

»Arbeitest du hart genug? Verdienst du genug?« Die Telefongespräche zwischen Giselle und ihrem Vater beginnen immer mit den gleichen Fragen. Auch dieses Mal wieder. »Ja, Papa. Du musst dir um mich wirklich keine Sorgen machen. Das Geschäft floriert und mir geht es gut. Heute gehe ich mal ein paar neue Kleider einkaufen.« Giselle liebt ihre Arbeit in einem viel frequentierten Blumengeschäft. Es bereitet ihr Freude, die Kunden bei der Auswahl der Blumen zu beraten und sie hat ein gutes Auge dafür, was in einem Strauß gut aussieht und was nicht. Sie kommt mit ihrem monatlichen Gehalt aus und kann sich sogar einen gelegentlichen Einkaufsbummel leisten. Giselle ist mit ihrem Leben zufrieden, nur ihr Vater scheint mehr von ihr zu erwarten. Irgendwie hat sie immer das Gefühl, ihn zu enttäuschen, so sehr sie sich auch anstrengt.

Bei dem Anruf ihres Vaters gerät sie wieder in die Rolle des kleinen Mädchens, das niemals gut genug ist. Wird er je mit ihr zufrieden sein? Sie ist enttäuscht darüber, dass er gar nicht realisiert, wie erfolgreich sie allein damit war, diese Stelle überhaupt zu ergattern. Nach dem Telefongespräch spinnt sie das Gespräch mit ihrem Vater im

Kopf weiter. »Weißt du eigentlich, wie viele Leute sich für diese Stelle beworben haben?«, wiederholt sie sich zornig immer wieder. »Du solltest stolz auf mich sein, anstatt mir den Eindruck zu vermitteln, dass ich deinen hohen Standards nicht genüge.«

Giselle könnte weinen. »Nichts, was ich tue, ist gut genug«, denkt sie traurig. »Und einen Freund habe ich natürlich auch nicht.« Sie lässt den Kopf und die Schultern hängen und beißt an ihren Nägeln herum. Zum Einkaufen hat sie jetzt gar keine Lust mehr. Eigentlich hat sie ja sowieso schon zu viele Klamotten im Schrank, denkt sie sich. Aber vielleicht täte es ihrer Seele gut, sich mal wieder etwas Neues zu gönnen? Doch sie kann sich jetzt nicht mehr aufraffen, aus dem Haus zu gehen, sondern kuschelt sich lieber auf ihr Sofa und sieht sich einen alten Spielfilm an, um wenigstens noch irgendetwas mit ihrem freien Tag anzufangen.

Mangelndes Selbstvertrauen

Unter Belastung ist es mit unserer Unabhängigkeit oft gar nicht mehr so weit her. Fehlendes Selbstvertrauen lässt uns zusammenklappen und unsere innere Stimme stellt ununterbrochen die Frage: Sind wir wirklich nett, klug oder cool genug? Selbstmitleid ist nichts, was uns fremd ist, wenn wir in diesem Aspekt dieses Kindheitsglaubenssatzes verharren. Wir beschweren und beklagen uns gerne, jammern und fühlen uns hilflos. Wir haben auch noch als Erwachsene Probleme damit, wenn jemand ein größeres Stück vom Kuchen bekommt, ein schöneres Zimmer oder einen besseren Platz am Tisch. Wir können völlig unverhältnismäßig reagieren, wenn wir in einem

Restaurant nicht schnell genug bedient werden oder nicht genug Aufmerksamkeit erhalten oder unserer Meinung nach nicht genug für unser Geld bekommen haben. Wenn sich jemand in einer Warteschlange vordrängelt, protestieren wir sofort laut – manche von uns können in solchen Fällen sogar richtig aggressiv werden. Solche Vehemenz entspricht nicht unbedingt dem Selbstverständnis eines Menschen, der umsorgt werden muss und will, aber bei einem Blick auf den Ursprung des Kindheitsglaubenssatzes wird sie verständlich. Die unangemessenen Verhaltensweisen gehen auf eine Zeit zurück, in der Vernunft keine Option war. Als das Baby dringend Nahrung brauchte. Und zwar JETZT!

Negative Selbstbotschaften

Gut genug oder nicht, wir machen immer weiter. Andere halten uns vielleicht für fähige und kompetente Menschen, aber das stimmt vielfach nicht mit unserer Selbstwahrnehmung überein. Beispielhaft soll hier die Geschichte von Luis dienen, der ehrenamtlich im Schulausschuss einer amerikanischen Primarschule mitarbeitet. Er wurde für diesen Posten angefragt, weil er immer gerne bereit ist, einzuspringen, wenn irgendwo Hilfe gebraucht wird. Und er ist außerdem ein Freund klarer Worte und spricht es aus, wenn seines Erachtens etwas verbesserungswürdig ist. Luis nahm die Anfrage ursprünglich gerne an, aber inzwischen wird er mehr und mehr von Selbstzweifeln geplagt. »Ich habe doch keine Ahnung, wie in so einem Ausschuss gearbeitet wird. Das hat mir nie jemand richtig gezeigt. Wie soll ich denn herausfinden, was ich alles wissen muss? Warum war ich

nur so leichtsinnig, so eine verantwortungsvolle Position einzunehmen?« Nach außen ist er immer noch derselbe fähige und engagierte Mann, der vernünftige Verbesserungsvorschläge macht, aber im Innern jammert er wie ein Kind. »Könnten die nicht mal ihre Höflichkeit ablegen und mir sagen, dass ich eine Fehlbesetzung bin? Am liebsten wäre ich einfach wieder nur Vater eines Schülers. Dann könnte ich aussprechen, was ich denke, ohne diese Last tragen zu müssen. Ich werde ihnen einfach keine andere Wahl lassen, sie müssen meinen Rücktritt akzeptieren. Ich weiß eh, dass ich nicht gut genug für diese Aufgabe bin.«
Die Unsicherheit, weil wir uns früher nie ganz durchgesetzt haben, macht uns oft nervös. Wir können erkennen, dass dieser Kindheitsglaubenssatz bei uns ausgelöst wurde, wenn wir von Selbstbotschaften wie den folgenden heimgesucht werden:

NEGATIVE SELBSTBOTSCHAFTEN

Ich bin nicht sympathisch/aufmerksam/liebevoll/gut aussehend/klug genug.

Ich habe nicht genug Zeit, um alles zu tun, was ich tun muss.

Nur wenn ich wirklich hart arbeite, werde ich geschätzt.

Niemand darf wissen, dass ich der Aufgabe nicht gewachsen bin.

Ich gebe immer, was ich kann, aber es wird wahrscheinlich nicht ausreichen.

Niemand tut so viel für andere wie ich.

Ich muss immer alles allein machen.

Die Leute werden mich bis in alle Ewigkeit auf Unterstützung warten lassen.

Außer mir hält niemand seine Termine ein.

Ich verlasse mich besser auf niemanden.

Das werde ich nicht brauchen.

Ich werde nur enttäuscht sein.

Es gibt niemanden, der sich wirklich um mich sorgt.

Ich weigere mich, nach dem zu fragen, was ich brauche.

Wenn ich fragen muss, kann ich nie sicher sein, dass die Leute mich schätzen.

Ich bin wahrscheinlich selbst eine Enttäuschung.

Ich fühle mich einsam und traurig.

Ich werde es wohl einfach allein machen, wie immer.

Wenn ich das nur gut genug kann …

Die Augen werden traurig, Kopf und Schultern hängen, die Brust sinkt ein, die Schritte werden schwer. Wir haben dieses innere Stöhnen vielleicht nie mit jemandem geteilt, sondern das Geheimnis unserer Unzulänglichkeit für uns behalten. In Wahrheit denken aber unzählige Menschen von sich, dass sie nie genug tun können, schlechte Karten im Leben haben, sich auf niemanden verlassen können und alle Lasten allein tragen müssen. Und dass sie immer nur geben und nichts dafür zurückbekommen.
Diejenigen von uns, die sich von solchen andauernden Unzufriedenheitsgefühlen leiten lassen, nehmen Anerkennung und Wertschätzung durch andere gar nicht

richtig wahr. Wir gewöhnen uns an, uns ständig über alles und alle zu beklagen, bis unsere Mitmenschen dessen überdrüssig werden und sich von uns fernhalten. Dann seufzen wir und sagen uns: »Siehst du, niemand will etwas mit mir zu tun haben.«

Der »Nicht-genug«-Gedanke ist wie ein Stück Klettband, das überall festkleben kann. Wir tun nicht genug, wir haben nicht genug, wir werden nie genug sein. Das ist allerdings ein verzerrtes Selbstverständnis, das auf unglücklichen Erfahrungen in der Kindheit beruht, aber nichts mit der Wahrheit zu tun hat. Im Wesentlichen sind wir nämlich alle genug – und wir verfügen alle über eine Fülle von Begabungen, von denen uns die nicht »Nicht-genug«-Gedanken nur ablenken.

Unsere wichtigsten Gaben

Fülle oder Überfluss scheint eine seltsame Begabung für Menschen zu sein, die davon überzeugt sind, nicht genug zu haben oder zu sein. Aber genau diese Menschen können oft damit aufwarten. Wir reagieren nämlich genau deshalb so vehement auf den Mangel an Fürsorge und Trost in unseren ersten Lebensmonaten, weil gerade wir Geschöpfe sind, denen Leben, Licht und Liebe im Überfluss natürlich zufallen. Sobald wir uns hier auf der Erde in unserem Genugsein entspannen, werden wir so erfüllt von uns selbst sein, dass wir förmlich überlaufen. In einem als Auftakt zur Serie *Living Brave* im Fernsehen gezeigten Gespräch zwischen der Starpsychologin Brené Brown und Oprah Winfrey sagte Letztere: »Ich arbeite daran, erfüllt zu sein. Ich möchte so angefüllt sein, dass ich überlaufe und es ›dich stolz machen sollte, wenn ich an dir vorbeigehe‹, wie es Maya Angelou, diese phänomenale Frau, ausgedrückt hat. Und was Sie sehen, ist eine Frau, die so erfüllt ist, die mehr als genug hat, um es mit anderen Menschen teilen zu können. Ich möchte die Fülle ohne Ego besitzen, ohne Arroganz, aber mit einem wunderbaren Gefühl der Dankbarkeit.« Es berührt mich, wie diese fantastische Frau, Moderatorin und Schauspielerin nach all den Jahren immer noch daran arbeitet, vollkommen erfüllt zu sein, wie sie sagt. In der Natur ist grenzenlose Fülle völlig normal; wir aber müssen uns immer wieder daran erinnern. Es ist mit Arbeit verbunden, ein offener Kanal zu sein für Freundlichkeit, Einfühlungsvermögen und Liebe, einschließlich liebevoller Strenge. Das gilt auch für Menschen wie Oprah.

Unerschöpfliche Neugierde gehört ebenfalls zu unseren wichtigsten Gaben. Wir sind diejenigen, die ständig nachfragen. Es bereitet uns Freude, ein Thema gründlich zu erforschen, immer noch tiefer zu graben, besser zu verstehen, mehr zu wissen … und dann noch etwas mehr. Wir kennen keine Grenzen in unserem Wissensdurst und unserem Bestreben, der außergewöhnlichen menschlichen Existenz auf den Grund zu gehen. In dieser hektischen Welt mit all ihren Angeboten werden wir nie müde, noch mehr zu erfahren. Wir sind die Journalisten, die sich mit Leib und Seele jeden Tag wieder in die Welt der Nachrichten stürzen, nie mit dem zufrieden, was wir bereits recherchiert haben, am liebsten *Live dabei*, wie der Fernsehjournalist Wolf von Lojewski seine Erinnerungen betitelte.

Großzügigkeit ist unser zweiter Vorname. Unter dem Einfluss des Verknappungsdenkens, dem wir einst ausgeliefert waren, halten wir uns vielleicht erst einmal zurück, aber sobald wir uns aus diesem Denkmuster befreit

haben, wird uns schnell klar, wie gerne wir teilen. Erfahrungen und Erlebnisse mit anderen zu teilen vertieft Freundschaften und unsere Verbundenheit zu Menschen, die wir vielleicht noch nicht mal so lange kennen. Wir müssen uns nur entspannen und wissen, dass wir schon einfach dadurch geben, dass wir einfach wir selbst sind, ohne uns des Gebens bewusst zu sein. Großzügigkeit will nichts zurück und wird tausendfach belohnt.
Der unbedingte Lebenswille war es, der uns zur Verzweiflung trieb, als niemand kam, um uns zu füttern. Dieser Wille zu leben und immer weiter zu machen ist Teil unserer Munterkeit. Mit unseren breitgefächerten Interessen, unserem Engagement und unserem Eifer, viele Leute zu kennen und möglichst alles über sie zu wissen, sind wir auf natürliche Weise gesellig. Wir möchten den Kelch des Lebens bis zum letzten Tropfen leeren und freuen uns, unsere Erfolge mit anderen teilen zu können. Wir lieben es, immer wieder neue Leute kennenzulernen und sie in unseren lebendigen Freundschaftskreis aufzunehmen.

Stärken kultivieren

Ehrgeiz ist eine Eigenschaft, die sich daraus entwickelt, nicht zu wissen, wann genug genug ist. »Mein Erfolgsgeheimnis ist einfach, dass ich nie, nie zufrieden bin«, sagte einst der Pianist, Jazzkomponist und Bandleader Duke Ellington. Geboren als Enkel eines früheren Sklaven schrieb er über tausend Musikstücke, das letzte nur ein paar Tage vor seinem Tod. Weiter und weiter, über das hinaus, womit andere zufrieden sind, mehr zu tun, um mehr zu wissen, zu verstehen, zu erfahren – woher sollen wir wissen, wann genug genug ist? Es gibt keine Behörde, die uns ein Zertifikat ausstellt. Wir müssen unser eigener Messstab sein, und wenn wir aufmerksam sind, werden wir schnell merken, wie anders wir uns fühlen, wenn die Angst vor dem »Nicht-Genug« uns antreibt oder wenn wir von unserer angeborenen Neugierde und unserem Willen angetrieben werden, etwas zu bewegen.

Sensibilisiert durch unser eigenes Gefühl, nicht um Hilfe bitten zu können, entwickeln wir eine Antenne für Leute, die Hilfe benötigen. Wir wissen, wie es ist, sich selbst überlassen zu werden, und gehen deshalb mit anderen umso sorgfältiger um und werden aufmerksame Freunde, Kollegen und Lebenspartner. Wir vergessen nie einen Geburtstag und erkundigen uns, wie die Prüfung gelaufen ist. Dabei wissen wir aber nie, wann es genug ist, und übertreiben es manchmal mit unseren Fragen, mit denen wir sicherstellen wollen, dass die anderen wirklich, wirklich wissen, wie sehr sie uns am Herz liegen.

Redegewandtheit ist eine weitere Eigenschaft, die wir pflegen. Wir sind vielfach schlagfertig und überhaupt nicht auf den Mund gefallen; wir wissen, worum es geht, und können es gut vermitteln. Wir sind die Lehrer, die Jahr für Jahr den gleichen Unterrichtsstoff immer wieder neu und spannend präsentieren. Bei unserer Berufswahl spielt es eine Rolle, ob wir im Mittelpunkt stehen können – wir sind Schauspieler und andere darstellende Künstler, Autoren, Blogger und Vlogger, Politiker, Moderatoren, Motivations- oder Fußballtrainer und Dirigenten. Wenn unsere Sprache die Musik ist, spielen wir im Orchester auf jeden Fall die erste Geige.

Wir sind nie ganz sicher, ob wir wirklich genug für andere geleistet haben, und deshalb immer bereit, irgendwo mitzumachen und mitzuhelfen. Wir holen das Kind eines

Freundes von der Schule ab, vertreten einen abwesenden Kollegen oder kochen für einen kranken Nachbarn – auch so etwas können wir in unseren übervollen Terminkalender immer noch hineinquetschen. So mancher fragt sich, wie wir das alles schaffen. Wir sind generell fleißige Leute, richtige Schaffer. Wir tun einfach, was getan werden muss. Unsere Bereitschaft, jederzeit einzuspringen, zeugt von unserer angeborenen Gutmütigkeit.

Das Paradox der Bedürfnisse

Der Kindheitsglaubenssatz »Es gibt nicht genug, ich bin nicht genug« geht einher mit dem Paradox, bedürftig zu sein und gleichzeitig seine Bedürfnisse zu verleugnen. Wir sehnen uns nach Aufmerksamkeit, Zeit und Liebe, wollen aber nicht danach fragen, denn sonst ist das, was wir bekommen, für uns nicht echt. Der andere muss es bitteschön freiwillig und ohne Aufforderung geben. Aber andererseits haben wir auch Angst, leer auszugehen, wenn wir nicht darum bitten. Wir selbst geben gern, aber wenn wir es tun, um etwas dafür zurückzuerhalten, zermürbt uns das, denn dann kommt es uns immer so vor, dass wir mehr geben als wir bekommen. Mit anderen Worten:

DAS PARADOX

Ich möchte, dass jemand für mich da ist, aber wenn ich danach frage, ist es nicht real, und wenn ich nicht frage, wird mir dieser Wunsch wahrscheinlich nicht erfüllt.

Dieses Dilemma kann sich in allen menschlichen Beziehungen einstellen, da wir dazu neigen, das Leben mit »Ratespielen« zu verkomplizieren. Als Kind brüten wir Stunden über unseren Hausaufgaben, weil wir auf keinen Fall unsere Eltern oder älteren Geschwister um Hilfe bitten wollen. Die könnten es ja schließlich selbst merken, dass wir Unterstützung bräuchten! Die anderen denken wahrscheinlich einfach, dass wir intensiv lernen (oder sie denken gar nichts, weil sie mit eigenen Aufgaben beschäftigt sind), während wir uns selbst bemitleiden.

Bei der Arbeit schuften wir einfach weiter, anstatt unserem Chef oder unseren Kollegen zu sagen, dass wir überlastet sind. Zu Hause verzweifeln wir schier, weil schon wieder wir die ganze Hausarbeit erledigen müssen, während andere vergnügt ihrer Wege gehen. Um was es bei unserem inneren Stöhnen geht, ist nicht das Entscheidende – entscheidend ist, dass wir etwas von einer anderen Person möchten. Wir fragen aber nicht danach. Stattdessen senden wir subtile Signale aus und fangen an zu beobachten, ob diese beachtet werden. Wenn die andere Person, die überhaupt nichts von alldem bemerkt, nicht reagiert, werden wir immer unglücklicher und unsere innere Stimme jammert weiter. »Typisch – immer muss ich alles allein machen. Niemand hilft mir. Niemand sieht, was ich alles erledigen muss und niemand weiß es zu schätzen. So ist das immer und so wird es bleiben. Ich werde sicher nicht um Hilfe fragen, wer es merken will, merkt, dass ich Hilfe brauche, es ist ja ganz offensichtlich. Aber die anderen kommen mir überhaupt nicht entgegen.« Unser Gesichtsausdruck wird dabei immer mürrischer, während unser Partner oder Kollege keine Ahnung hat, was mit uns los ist. Die ganze Szene entfaltet sich auf der riesigen Bühne in unseren Köpfen.

Die Liebe ist ein großes Übungsfeld, wenn wir in diesem Paradox gefangen sind. In einer Liebesbeziehung müssen wir uns einander emotional ergeben. Und das ist genau das, was Menschen, die der Ansicht sind, dass Glück mit Unabhängigkeit gleichzusetzen ist, zu vermeiden trachten. Es mag heutzutage vernünftig anmuten, nicht (gleich) zu heiraten, sondern nur zusammenzuleben. Niemand wird es merkwürdig finden, wenn Lebenspartner kein gemeinsames Bankkonto eröffnen. Jeder verdient seinen eigenen Lebensunterhalt und die Ausgaben werden nach Absprache geteilt. Eine andere Betrachtungsweise könnte aber auch zu dem Schluss kommen, dass wir uns nur deshalb nicht voll und ganz einander verpflichten, weil wir es nicht wagen, noch einmal von einer anderen Person abhängig zu sein. Wenn das der Fall ist, ist die Wahl nicht annähernd so frei wie sie es scheint, und es wäre vielleicht gut, sich einmal mit dem zugrunde liegenden Kindheitsglaubenssatz auseinanderzusetzen. Werden wir immer noch von der Angst geleitet, dass wir uns auf den anderen nicht verlassen können, wenn es hart auf hart kommt? In diesem Fall könnte unsere Beziehung davon profitieren, dass wir herauszufinden versuchen, bei welchen Gelegenheiten wir als Erwachsene basierend auf unseren Erlebnissen als Kind vor weiterer Intimität zurückschrecken.

Die Heilungsreaktion

Dieser zweite Kindheitsglaubenssatz bleibt eine harte Nuss für mich. Das gilt zum Beispiel dann, wenn ich an einer Supermarktkasse anstehe und die Person vor mir, die mit Bezahlen dran ist, so unglaublich langsam ist. Warum fummelt sie ihren Geldbeutel erst jetzt aus der

Handtasche heraus, das hätte sie doch schon die ganze Zeit tun können. Ich habe meine Zeit schließlich nicht gestohlen! So in etwa fauchen meine inneren Gedanken, die meine Wichtigkeit gerne übertreiben und es am liebsten hätten, wenn sich nur noch alles um meine Bedürfnisse drehen würde. Schließlich habe ich heute noch wichtige Aufgaben zu erledigen.

Glücklicherweise bin ich inzwischen oft geistesgegenwärtig genug, bei mir selbst die Heilungsreaktion anzuwenden, bevor ich anfange, zu schnauben und wütend zu werden. Ich lege mir die rechte Hand auf die linke Schulter, wie um das hungrige Baby, das ich einst war, zu wiegen. Das ist eine unauffällige Bewegung, die niemand bemerkt, und sie ermöglicht mir, meine Achterbahn fahrenden Gedanken zu beruhigen und es sogar zu genießen, dass ich beim Warten einfach mal ein paar Minuten rein überhaupt nichts tun muss.

Gleichzeitig rezitiere ich innerlich das Mantra »Es gibt genug, ich habe genug, ich bin genug«. Ich rufe die Erinnerungen an Zeiten wach, als ich mich geschätzt und geliebt fühlte, als der Fluss des Lebens mich trug, anstatt dass ich Dinge durch die schiere Kraft meines zähen Durchhaltevermögens in die Tat umsetzte. Ich erinnere mich an die Augen meines Vaters, als wir vor seinem Tod das letzte Mal miteinander sprachen, an die Liebe, die zwischen uns strömte. Ich denke an die Verheißungen, die der Frühling bringt, an das Gefühl der unendlichen Weite beim Anblick des Meeres und an die herrliche Fülle der Produkte in dem Supermarkt, in dem ich gerade bin. Auf der körperlichen Ebene entspanne ich die Kiefermuskeln und fange an zu lächeln – das Lächeln, nach dem es mich als Kind dürstete, kann ich mir jetzt selbst schenken. Auch die Wertschätzung und grenzenlose Liebe,

wie ich sie mir als Kind ersehnt hatte, gebe ich mir jetzt selbst. Wir alle können das, auch während wir in einem Laden an der Kasse anstehen.
Jeder Moment, den wir erleben, ist ein Wunder, und kommt niemals mehr zurück. Danach folgt schon der nächste Wunder-Augenblick und dann wieder einer und noch einer. Das Universum ist ein einziges großes Wunder, in dem die Planeten so zusammenhängen, dass wir leben können. Eine Heilungsreaktion lässt mich von Bedürfnissen und Gier zu Großzügigkeit und Dankbarkeit übergehen.
»Großzügig auftragen« las ich einmal auf der Verpackung einer teuren Sonnencreme, die ich mir gekauft hatte. Mein misstrauischer Verstand dachte damals, dass der Hersteller das sicher nur schreibt, damit man bald schon wieder eine neue Creme kaufen muss (was nicht stimmt, wie ich inzwischen weiß). Auch ich empfehle nun, bei der Anwendung der Heilungsreaktion nicht zu geizen. Jedes Mal, wenn wir wieder von abwegigen »Nicht genug«-Gedanken heimgesucht werden, dürfen wir sie verschwenderisch anwenden. Wir wollen die Abwärtsspirale durch Gedanken ersetzen, dass jeder Mensch in seiner Essenz genug ist, nicht zu viel, nicht zu wenig, sondern genau richtig. Wir wollen uns gegenseitig voller Wohlwollen betrachten – so viele unter uns leiden an der Täuschung, traurigerweise ein Versager zu sein. Denken wir noch einmal an die hungrige Raupe und widmen ihr ein Zitat von Rabindranath Tagore: »Der Schmetterling zählt nicht Monate, sondern Momente, und hat Zeit genug.«

DEN KINDHEITSGLAUBENSSATZ UMFORMULIEREN

Wie würden wir anders sein, wenn wir um das bitten könnten, was wir brauchen, und es anstandslos erhalten würden? Könnten wir uns ein Leben ohne den Stress beim Warten in einer Schlange, einem Wartezimmer oder einem Verkehrsstau überhaupt vorstellen? Haben wir genug von den Gedanken, dass wir den Anforderungen unserer Mitmenschen nicht genügen oder dass auch wir endlich einmal etwas Aufmerksamkeit bekommen sollten? Das Umwandeln der hartnäckigen Gedanken, die aus einer aus der Kindheit stammenden Überzeugung herrühren, wird Schluss machen mit der eingeschränkten Wahrnehmung, die nur Mängel, Knappheit und Defizite sieht. Hier eine kurze Beschreibung der fünf Schritte, wie wir dabei vorgehen:

SCHRITT 1: Das Denkmuster erkennen

Wir sollten aufhorchen, wenn wir merken, dass wir wiederholt »Nicht genug« sagen, ob laut ausgesprochen oder in Gedanken. Der erste Schritt besteht darin, diese »Nicht genug«-Gedanken – dass es nicht genug gibt oder dass wir nicht genug sind – überhaupt wahrzunehmen und zu erkennen, dass sie einer Schlussfolgerung entspringen, die wir als ganz kleines Kind gezogen haben.

SCHRITT 2: Den Fokus verschieben

Wir erden uns bewusst hinein in diesen Moment, in den Menschen, zu dem wir herangewachsen sind. So können wir das bedürftige Kind in den Arm nehmen und es als eines der vielen Wunder des Lebens schätzen. Diese phänomenale Manifestation des Lebens selbst – wie könnte sie nicht genug sein?

SCHRITT 3: Uns selbst danken

Das Knappheitsdenken ist im Babyalter verwurzelt, als wir aus diesem oder jenem Grund einen Eindruck von Mangel und Unzulänglichkeit bekamen. Aus unserem Bedürfnis heraus, länger gefüttert oder gehalten zu werden, und aus unserer Todesangst heraus, dass niemand mehr kommen würde, wandelten wir die Abwesenheit von Aufmerksamkeit von außen in ein persönliches Defizit um. Jetzt können wir dem Teil von uns danken, der aus der Sicht eines Babys dies als einzige mögliche Erklärung ansah.

SCHRITT 4: Den Schrecken von damals einladen

Als Erwachsener können wir uns mit dem Entsetzen konfrontieren, das wir vor so langer Zeit verspürt haben. Wir werden wieder den Schrecken von damals spüren, die Verzweiflung, dass wir unserem Schicksal überlassen wurden. Wenn wir das ein paar Minuten aushalten, werden wir feststellen, dass die Angst von ganz allein wieder verschwindet und damit auch die Gedanken, dass wir nicht genug sind.

SCHRITT 5: Unser Leben leben, keine Grenzen setzen

Wir können unendlich viel Genuss und Freude im Leben schaffen. Dafür brauchen wir nichts und niemanden. Wir sind genug, wie wir sind, und haben viel zu geben. Von einem chronischen Gefühl des Mangels heraus bewegen wir uns zur Dankbarkeit als Grundlage unseres Daseins.

Die ersten drei Schritte

Wie beim im vorherigen Kapitel beschriebenen Kindheitsglaubenssatz können wir die ersten drei Schritte durchführen, wann wir wollen und wo auch immer wir sind. Das «Nicht genug»-Gefühl kann überall lauern und uns wie aus dem Nichts befallen. Niemand muss etwas merken, wenn wir uns darauf konzentrieren, wer wir jetzt sind, und die sich wiederholenden Gedanken, laut denen wir nicht genug haben oder sind, aufdecken und ihnen danken.

SCHRITT 1: Das Denkmuster erkennen

Gedanken kommen und gehen wie Katzen im Garten. Wenn wir sie füttern, kommen sie immer wieder; ignorieren wir sie, schenken sie uns keine Beachtung mehr und ziehen weiter.

In diesem ersten Schritt füttern wir unsere Gefühle von Unzulänglichkeit nicht, sondern sehen sie uns einfach an und checken die Fakten. Haben wir wirklich nicht genug Geld, Zeit, Kleider oder Gehirnzellen? Oder sind wir einem alten Muster verhaftet, das uns immer wieder vorgaukelt, dass nicht genug da ist, dass wir nicht genug sind? Wir können auch auf den inneren Tonfall der Stimme hören. Ist sie wimmernd und weinerlich? Wenn ja, dann können wir fast sicher sein, dass die Gedanken von diesem Kindheitsglaubenssatz erzeugt werden. Die kleinen Wörter »immer« und »nie« sollten uns genauso alarmieren wie penetrante Gefühle von Ungeduld. Der Kindheitsglaubenssatz kann sich statt in offenkundigen Gedanken aber auch in schlechten Gefühlen manifestieren, die unverhältnismäßig zu dem sind, was tatsächlich passiert (ist).

SCHRITT 2: Den Fokus verschieben

Wir sind nicht mehr das hungrige Baby, dessen Leben von der nächsten Fütterung abhängt. Wir haben das Säuglingsalter überstanden, in der Zwischenzeit viel erlebt und Erfahrungen gesammelt. Wir stopfen jetzt das Loch, das wir innerlich spüren und das durch nichts anderes gefüllt werden kann als durch unser Selbstwertgefühl. Wir können aus der Perspektive, wer wir geworden sind, auf unser Leben zurückblicken. Unser Kontext ist viel breiter als damals. Wir sind zu dem Menschen herangewachsen, der wir jetzt sind, haben Zeiten voller Selbstzweifel und Unsicherheit hinter uns gebracht, in denen wir dachten, alle um uns herum wüssten oder könnten alles besser. Wie jeder andere Mensch auch verfügen wir über einzigartige Gaben. Wir sind weder zu viel noch zu wenig. Wir wachsen jeden Tag durch Erfahrung und sind genug, genau richtig. Dieser Gedanke ist es wert, dass wir ihn uns zu eigen machen.

SCHRITT 3: Uns selbst danken

Jetzt denken Sie vielleicht: »Verquerer und verquerer! (*Anm.d.Übers.: Aus Alice im Wunderland*) Warum sollte ich diesem schrecklichen Gefühl denn auch noch *danken*?« Nun, ich weiß nicht, was Sie sonst schon ausprobiert haben, aber meine Erfahrung ist, dass Danken schneller und effektiver funktioniert als alles andere. Als wir diesen Kindheitsglaubenssatz entwickelten, war unsere Perspektive die eines ein paar Stunden, Tage oder Wochen alten Babys. Unsere Eltern taten, was sie konnten, sie tragen keine Schuld. Vielleicht waren die uns betreuenden Personen nicht wirklich für uns da, aber selbst, wenn dem so ist, bleibt es sinnlos, ihnen jetzt noch Vorwürfe zu machen.

Als Säugling haben wir die äußere Empfindung des Mangels nach innen projiziert. Wir entwickelten das Gefühl, dass es uns selbst an etwas fehlt, wir unzureichend sind oder irgendwelche Mängel aufweisen. Dieser Gedanke führte zu allen möglichen Unsicherheitsgefühlen und vielleicht sogar Versagensängsten. Das Gefühl des »Nicht genug« ist auch die Quelle unseres Ehrgeizes. Wir wissen nicht genug, also müssen wir mehr lernen. Wir verdienen nicht genug, also müssen wir die Karriereleiter hochsteigen. Dieser Antrieb hat uns auf alle möglichen Arten zu dem gemacht, was wir heute sind. Danken ist also durchaus angebracht, vielleicht in einer Form wie: »Ich schätze es sehr, dass ich so geworden bin. Danke, dass du mich so weit gebracht hast.«
Vielleicht fangen wir spontan an zu seufzen – weil uns endlich eine schwere Last von den Schultern genommen wurde. Endlich kann sich dieser Teil von uns, der uns ausdauernd zu einem »Höher, weiter, schneller« angetrieben hat, eine wohlverdiente Auszeit nehmen.

Roter Faden

Louis verkündet, dass er aus dem Schulausschuss wieder ausscheiden wird, weil er findet, dass er die Position nicht adäquat ausfüllen kann. Allerdings sind die anderen Ausschussmitglieder mit seinem schnellen Rücktritt nicht einverstanden. »Mach dir doch nicht solche Sorgen, wir waren alle am Anfang etwas desorientiert. Der Fachjargon, die ganzen Abkürzungen, die langen Geschichten mit einigen Lehrern, es dauert einfach ein bisschen, bis man den Dreh raus hat. Frag uns einfach, wenn du etwas nicht weißt. Wir sind schon so lange dabei – für uns ist es

gut, wenn wir uns in die Perspektive eines Neuen versetzen und beschreiben müssen, wie hier alles abläuft.«
Es ist Luis nie in den Sinn gekommen, dass sich auch andere zuerst einmal so unwissend gefühlt haben könnten wie er. Er ist ein wenig verlegen, nachdem er sich nun offenbart hat, sieht aber um sich herum nur freundliche Gesichter. Es wird ihm klar, dass er in seine eigene »Nicht genug«-Falle getreten ist. Er verlagert seinen Fokus zurück auf den Mann, der er geworden ist, die Person, die die Ausschussmitglieder ihm widerspiegeln. Im Stillen dankt er dem Teil von ihm, der ihn immer aufgefordert hat, sein Bestes zu geben, und ihn dorthin geführt hat, wo er sich jetzt befindet.
Die Fragen, die er in den nächsten Wochen stellt, führen zu interessanten Diskussionen und neuen Lösungen. Allmählich dämmert es Luis, dass er ein fähiger, beliebter Mann ist. Er braucht weniger Bestätigung von den Leuten um ihn herum. Er ist weiterhin bereit, Aufgaben zu übernehmen, kann aber besser unterscheiden, ob er irgendwo einspringt, um Anerkennung zu erhalten, oder ob er sich meldet, weil es ihm Freude bereitet zu helfen.
»Ich gebe nicht mehr aus einem Gefühl der Leere heraus«, erzählt er. »Jetzt gebe ich einfach, was ich beitragen kann. Ohne Hintergedanken. Ich hatte immer Angst davor, eine Enttäuschung für andere zu sein. Deshalb habe ich mich selbst runtergemacht oder versucht, mir etwas zu beweisen. Dank meiner Kollegen im Schulausschuss habe ich gemerkt, dass wir ja ein Team sind und nicht alles von mir abhängt. Das war nämlich mein großer Irrtum. Ich habe mich jetzt von solchen belastendenden Gedanken befreit, und es fühlt sich an, als sei ich aus dem dunklen Wald heraus auf eine herrliche Lichtung getreten.«

Vollständiges Umwandeln des Kindheitsglaubenssatzes

Das Portal zum Glück wird von dem geformt, was wir am meisten zu vermeiden trachten. Als Baby fühlten wir uns verängstigt, elend, vernachlässigt, verlassen, enttäuscht. Damals konnten wir das nicht in Worte fassen, aber wir hatten Todesangst: Wenn wir nicht bald gefüttert wurden, war das Spiel vorbei. Und dieses Gefühl haben wir immer noch regelmäßig. Jedes Mal wenn wir denken, wir seien unfähig, wenn wir zum Warten gezwungen werden, wenn wir uns zu viel aufladen, dann macht sich dieses Gefühl aus den Babytagen erneut bemerkbar. Das Umwandeln des Kindheitsglaubenssatzes hilft. Mithilfe der ersten drei Schritte erkennen wir Gedanken, die uns glauben machen wollen, dass es nicht genug gibt und wir nicht genug sind. Wir erkennen, dass wir kein verwundbares Baby mehr, sondern ein von seinen Mitmenschen geschätzter Erwachsener sind, und drücken unsere Dankbarkeit dafür aus, dass uns die Überzeugungen aus den frühesten Kindheitstagen letztendlich auf unseren ganz besonderen Weg gebracht haben. Dafür setzen oder legen wir uns an einem ruhigen warmen Ort bequem hin und entspannen uns. Als der Mensch, der wir jetzt sind, versetzen wir uns erneut in eine Situation, in der wir das Gefühl hatten, dass nicht genügend Zeit oder Aufmerksamkeit für uns da war oder dass wir nicht gut genug waren.

SCHRITT 4: Die Angst von damals einladen

Dieser Schritt ist eine Einladung, zu einer Situation zurückzukehren, in der wir von Gedanken und/oder Gefühlen überwältigt wurden, dass wir nicht genug Zeit oder Aufmerksamkeit erhalten oder ganz generell zu kurz kommen. Es geht nun nicht darum, wie wir die Situation damals gelöst haben, sondern darum, in dem Gefühl zu bleiben, nicht beachtet zu werden, nie an die Reihe zu kommen, nicht mithalten zu können.

Wir müssen vielleicht erst ein wenig üben, damit wir uns bewusst an solche Gefühle erinnern können. Wir könnten damit anfangen, das Gefühl, dass wir wahrscheinlich nicht einmal diese Übung schaffen, in uns ausbreiten zu lassen. Vielleicht kneifen wir unbewusst die Lippen zusammen, lassen die Schultern hängen oder spüren Schmerzen in der Brust. Es könnte helfen, einen solchen körperlichen Ausdruck bewusst noch zu verstärken. Können wir jetzt diese Grundangst wieder spüren, während wir uns daran erinnern, dass es einfach nicht genug für uns und von uns gibt?

Die Absicht ist nicht, in dieser Angst stecken zu bleiben. Es geht vielmehr darum, dieses schreckliche Gefühl, das uns so oft übermannt, loszulassen, indem wir die alte Agonie höflich einladen, dann aber nicht festhalten, sondern sie ein für allemal freigeben. Mit etwas Übung können wir die Gefühle von Mangel und Defiziten wachsen lassen, bis sich die Kehle zuschnürt, die Kraft aus den Armen entweicht und das Herz klopft – die Niedergeschlagenheit manifestiert sich im Körper. Der Trick ist, einfach zu fühlen, was wir fühlen, ohne etwas zu lenken oder verändern zu wollen.

Bei einem ersten Versuch wird es vielleicht noch nicht so leicht sein, mit dem Gefühl in Kontakt zu treten und es stärker werden zu lassen, damit der volle Heileffekt erreicht werden kann. Es bereitet uns in der Regel keine Probleme, über Minderwertigkeitsgefühle zu sprechen, wohl aber, noch einmal durch sie hindurchzugehen. Einfach mal probieren und abwarten, was passiert. So wie es dann ist, ist es gut. Wenn die Angst hochkommt, lassen wir die Gefühle der Unzulänglichkeit fließen. Wenn wir ihnen erlauben, über uns zu kommen, während wir in unserem erwachsenen Ich zentriert sind, werden sie wachsen und sich schließlich … auflösen. Dieser ganze Prozess dauert nicht mehr als ein paar Minuten. Sollte er länger dauern, haben wir uns wahrscheinlich von Kummer und Schmerz überwältigen lassen, und da es hier darum geht, Abschied von solchen Gefühlen zu nehmen, sollten wir uns dann wieder darauf konzentrieren, wer wir jetzt sind. Wir wollen den Prozess aus der Angst heraus, nicht genug getan oder uns nicht ausreichend tief eingelassen zu haben, aber auch nicht überstrapazieren. Sind wir im Erwachsenen-Ich geerdet, können wir wie eine Schüssel sein, die die alte Angst enthält, aber selbst keine Verbindung damit eingeht. Sobald wir es gewagt haben, die als Kind erlebte schreckliche Angst noch einmal zu spüren, wird sie sich verflüchtigen und alte Gedanken können allmählich durch neue ersetzt werden: »Ich bin genug, genau richtig. Was ich noch nicht weiß, werde ich lernen, aber als Mensch bin ich genug. Ich bin so angenehm, wie ich in diesem Moment sein kann, so attraktiv, wie ich sein kann, und so lustig, wie ich sein kann. Und das ist ausreichend. Nicht zu sehr, nicht zu wenig, genau richtig.«

SCHRITT 5: Unser Leben leben, keine Grenzen setzen

Erkannt zu haben, dass ich die perfekte Version meiner selbst bin, bewegt mich immer noch. Manchmal piepst leise eine Stimme in mir und fragt: »Kann das wirklich wahr sein?« Die Antwort lautet: Ja! Ich verfüge über so viel Ehrgeiz und Antrieb wie eh und je, aber jetzt, da ich völlig mit mir zufrieden bin, kommt meine Energie aus einer anderen Quelle. Bei all den Gelegenheiten, bei denen ich früher immer dachte, ich müsse mich beweisen und müsse etwas leisten, um eine Gegenleistung in Form von Anerkennung oder Lob zu erhalten oder einfach nur wahrgenommen zu werden, handle ich heute aus einem inneren Antrieb. Ich werde durch meine Tat selbst belohnt, nicht von dem, was sie mir vielleicht bringen könnte.

Wir mit diesem Kindheitsglaubenssatz sind neugierige Leute. Wir wollen immer mehr wissen und sehen und das bringt ganz eigene Befriedigungen. Wir können der Welt die Qualitäten anbieten, die wir dank dieses Kindheitsglaubenssatzes entwickelt haben. Wir stellen großzügig unsere Zeit und Energie zur Verfügung. Es kann gar nicht oft genug (!) wiederholt werden: Wir wissen genug, wir können genug, wir sind genug.

Die positive Gegenwart

Sobald ein »Nicht genug«-Gedanke aufkommt, sobald wir das Gefühl haben, wir werden ignoriert oder seien eine Enttäuschung für andere, können wir uns einen großen Gefallen tun, indem wir uns die Heilungsreaktion zuteilwerden lassen. Mit den ersten drei Schritten wandeln wir gewohnheitsmäßige Kindheitsglaubenssätze um. Das ist eine relativ schnell durchzuführende Methode. Wenn wir uns dann ab und zu auch noch alle fünf Schritte gönnen, bekommen wir allmählich mehr Abstand von den Gefühlen von Enttäuschung und Unzulänglichkeit. Und unsere Gedanken werden ganz natürlich in die folgende Richtung gehen:

POSITIVE SELBSTBOTSCHAFTEN

Es ist genug da.

Es gibt genug Zeit, genug Aufmerksamkeit, genug Freundschaft.

Es gibt genug von all den wirklich wichtigen Dingen im Leben.

Ich bin gut genug.

Ich bin weder zu viel noch zu wenig, sondern genau richtig.

Ich bin, wie ich bin, und das ist genug.

Ich bin sympathisch/aufmerksam/liebevoll/gut aussehend/klug genug.

Wenn nicht, dann lerne ich meine Lektion und mache weiter.

Ich lerne zu fragen, was ich will und was ich brauche.

Ich muss es nicht allein machen.

Ich muss nicht die ganze Aufmerksamkeit auf mich ziehen.

Ich gebe nicht mehr, um etwas zu bekommen.

Ich gebe gerne.

Ich schaffe Zulänglichkeit im Leben.

Ich bin genug.

Wenn wir uns als »genug« empfinden, dann hängt unser Selbstbewusstsein nicht mehr von Anerkennung von außen ab. Das Verrückte an der ganzen Sache ist, dass wir plötzlich viel mehr Zeit haben, sobald sich dieses Genug-Gefühl mal eingestellt hat. All die Zeit, als wir leise lamentiert haben, welch jämmerliches Bild wir abgeben, oder uns überlegten, was wir von einer anderen Person erwarten können, die uns ja wahrscheinlich dann doch im Stich lässt, steht uns jetzt zur freien Verfügung. Wir müssen alle lernen, das zu werden, was wir in diesem Leben sind. Wir sind genau richtig.

Nachdenkpause

Über den Unterschied zwischen Reflexion und Besessenheit, Überreaktion und Unterreaktion, das Geschenk der Heilungsreaktion und wie die nächsten drei Kindheitsglaubenssätze auf den ersten beiden aufbauen.

Die Ängste aus der Kindheit zu spüren, um sie in eine positive Gegenwart umzuwandeln, ist Schwerstarbeit. Wir wollen kurz innehalten und den Unterschied zwischen Gedanken, die aus Kindheitsglaubenssätzen und solchen, die aus erwachsenen Reflexionen herrühren, betrachten. Natürlich hat nicht jeder Gedanke, wegzugehen und woanders hinzugehen, seinen Ursprung im ersten Kindheitsglaubenssatz. Wenn in einem angesagten Restaurant der Geräuschpegel so hoch ist, dass wir am Tisch unseren Gesprächspartner anschreien müssen, ist das ein hinreichender Grund, das Restaurant zu wechseln. Wir kommen gerne ein anderes Mal wieder, wenn wir einfach exquisit essen möchten und weniger Wert auf ein gutes Gespräch legen.
Und es ist auch nicht so, dass sich jedes Mal, wenn wir glauben, nicht genug Zeit zu haben oder die Dinge nicht unter Kontrolle zu haben, der zweite Kindheitsglaubenssatz bemerkbar macht. Das Nachdenken auf dem Nachhauseweg, ob eine Präsentation gut verlaufen ist oder nicht, ist eine wertvolle erwachsene Fähigkeit. Wenn wir ehrlich analysieren, was wir gut gemacht haben und was wir besser hätten machen können, wird uns vielleicht klar, dass wir bei bestimmten Punkten nicht ausreichend vorbereitet waren. Diese Art der Selbsteinschätzung ist etwas ganz anderes, als wenn unsere Gedanken einen Kindheitsglaubenssatz aufwärmen und unsere unablässigen Selbstbotschaften dazu führen, dass Ängste aus der Kindheit wieder aufleben.
In ihrem aufschlussreichen Buch *Die Lust am Leben wiederentdecken* hat die Psychotherapeutin Jean Jenson gute Anhaltspunkte gegeben, wie man diese Unterscheidung treffen kann. Sie beschreibt, wie Überreaktionen und Unterreaktionen darauf hindeuten, dass ein

Kindheitsglaubenssatz abgerufen wurde. *[Taschenbuch, Beltz, 2012; Seite 36:]* »Wann immer wir überreagieren oder uns vermeidend verhalten, wechseln wir geistig vom erwachsenen zum kindlichen Bewusstseinszustand und erleben die Welt vorübergehend aus der abhängigen Position des Kindes«, schreibt sie. »Entweder sind wir von Gefühlen überwältigt, die in keinem Verhältnis zur aktuellen Situation stehen, oder aber wir verschließen uns emotional und verteidigen uns automatisch gegen einen potenziellen Angriff. Im letzteren Fall ist uns nicht einmal bewusst, dass wir Gefühle haben.«

Wenn wir Jensons Feststellungen auf die zwei ersten Kindheitsglaubenssätze anwenden, hilft uns das beim Erkennen, ob wir vom Erwachsenen- ins Kindheitsbewusstsein gewechselt haben. Eine Überreaktion in einer Situation, die den ersten Kindheitsglaubenssatz auslöst, dass wir nicht willkommen sind und nicht wirklich hierher gehören, drückt sich in Hyperaktivität aus, darin, dass wir an allen möglichen Orten gleichzeitig sein wollen, aber nicht hier. Bei einer vermeidenden Unterreaktion entfernen wir uns einfach und begeben uns in andere Sphären. Im Falle des zweiten Kindheitsglaubenssatzes (es gibt nicht genug, wir sind nicht genug) zeigt sich eine Unterreaktion, indem wir leugnen, von irgendwem irgendetwas zu brauchen. Wir spüren unsere Bedürfnisse gar nicht und verstehen auch nicht, worüber Leute, die sie haben, eigentlich reden. Überreaktionen bei diesem Kindheitsglaubenssatz machen uns ungeduldig und forsch bis hin zu aggressiv. Wir fordern lauthals Aufmerksamkeit ein, jeder soll hören, dass wir jetzt das Wort haben.

Mindestens einer

Es heißt, dass jeder Mensch mindestens einen, wenn nicht beide der beiden ersten Kindheitsglaubenssätze entwickelt hat. Jeder. Das bedeutet, mindestens die Hälfte aller Menschen leiden unter der Annahme, nicht hierher auf die Welt zu gehören, und leben nicht voll in ihrem Körper. Und es bedeutet, dass diejenigen mit dem ersten Glaubenssatz sich vielleicht auch den zweiten angeeignet haben. Dies führt zu der erschütternden Erkenntnis, dass mehr als die Hälfte von uns mit Selbstbotschaften kämpft, die uns einreden, dass es nicht genug gibt und wir nicht genug sind.

Als ich mir dies zum ersten Mal klarmachte, konnte ich es kaum glauben. Aber dann dachte ich an die Patienten in meiner Privatpraxis und musste zugestehen, dass es wohl wahr ist. Vielleicht waren diese Patienten nicht repräsentativ, weil sie alle mit einer Grundsatzfrage über das Leben zu mir kamen. Aber eigentlich muss man sich nur im Freundeskreis umsehen, sich überlegen, über welche Begabungen die Einzelnen verfügen, die sie nicht voll ausleben, und dann nachfragen, welche Selbstbotschaften ihnen im Kopf herumschwirren. Ich kann Ihnen versprechen, dass Sie so überrascht sein werden wie ich, wenn Sie dabei herausfinden, dass die meisten von sich selbst annehmen, nicht ganz auf der Höhe zu sein. Wir versuchen im täglichen Leben, unsere von uns als solche wahrgenommene Inkompetenz zu verbergen, aber wenn man dieses Thema anspricht, werden viele zugeben, dass sie sich regelmäßig damit herumquälen, nicht das Zeug für was auch immer zu haben.

Umprogrammierung ins Glück

Anderen Menschen Freude zu bereiten und das Beste aus ihnen herauszuholen ist der sicherste Weg zum persönlichen Glück. Stellen Sie sich einen Moment vor, wie viel Gutes wir uns tun könnten einfach dadurch, dass wir uns, bevor wir morgens das Haus verlassen, einimpfen, genug und willkommen zu sein. Das würden wir ausstrahlen und dadurch auch anderen das Gefühl des Genug- und Willkommenseins vermitteln. Diese Botschaften mit Augen und Worten energisch zu transportieren könnte unsere tägliche gute Tat sein.
Ein Bonus, wenn wir Zugehörigkeit und Genugsein ausstrahlen, ist das fantastische Gefühl, das wir dadurch selbst erfahren. Wie Bruce Lipton in seinem Buch *Intelligente Zellen* (KOHA Verlag, 2016) aufzeigt, formen sich unsere Zellen vor allem durch die soziale Interaktion mit der Umwelt und nicht aufgrund eines genetischen Codes. Wenn wir uns ganz bewusst für eine positive geistige Einstellung entscheiden, werden wir unsere Umwelt als freundlich, wenn nicht sogar schön wahrnehmen. Forschungen haben bestätigt, dass unsere Gehirnzellen subjektive mentale Wahrnehmungen in chemische Profile übersetzen, die in das Blut ausgeschüttet werden und bestimmen, wie wir uns fühlen. »Das erklärt, warum meine Gesundheit und meine Lebensenergie so stark zunahmen, nachdem ich meine alte, depressive, fatalistische Weltsicht aufgegeben hatte.« Lipton zitiert mehrere Studien, laut denen eine positive Mentalität sogar die Auswirkungen des Alters rückgängig machen kann. Mit unserer Heilungsreaktion nutzen wir also nicht nur anderen Menschen, sondern können den Alterungsprozess unserer Zellen effektiver als jede teure Kosmetik umkehren.

»Erfahrung formt unser Gehirn«, bestätigen Dr. Daniel Siegel und Tina Payne Bryson in ihrem Buch *Achtsame Kommunikation mit Kindern: Zwölf revolutionäre Strategien aus der Hirnforschung für die gesunde Entwicklung Ihres Kindes*. »Bis ins hohe Alter verändern unsere Erfahrungen die physische Struktur des Gehirns. Das sind unglaublich aufregende Neuigkeiten. Es bedeutet, dass wir nicht Gefangene unseres Gehirns sind, wie es in diesem Moment arbeitet, sondern es umprogrammieren können, um uns gesünder und glücklicher zu machen.«

Die nächsten drei

Weitere Gaben warten darauf, entdeckt zu werden. Bereiten wir uns also auf noch mehr Umwandlungen des Negativen ins Positive vor. Die in den folgenden drei Kapiteln beschriebenen Kindheitsglaubenssätze erlernen wir etwas später, in einem Alter, in dem wir bereits unglaubliche Mengen an Informationen »heruntergeladen« haben, die es uns erlauben, zu sprechen, ein Ich-Bewusstsein zu entwickeln und die Rolle zu kennen, die wir in der Familienkonstellation spielen.

Wir wagen uns aber in diesem Kleinkindalter noch nicht sehr weit hinaus, weshalb wir ganz natürlich annehmen, dass es in allen Familien so läuft wie in unserer.

Als Kind handeln wir von einem relativ kleinen Bezugsrahmen aus. Unsere innere Welt entwickeln wir weiter, indem wir die relativ wenigen Menschen um uns herum beobachten. Wir erfassen, was in unserer unmittelbaren Umgebung vor sich geht, ohne zwischen Meinung und Tatsachen zu unterscheiden. Alles sind Informationen für uns, und alle tragen zu unserer Formung bei. Wenn die

Mitglieder unserer Kernfamilie etwas nicht mögen, was wir tun, nehmen wir schnell an, dass sie *uns* nicht mögen. Das trifft uns hart. In einem unwillkürlichen Versuch, erneut geliebt und geschätzt zu werden, reagieren wir darauf durch Verstecken, Bestimmen oder Anpassen. Diese drei Strategien bilden den Kern der nächsten drei Kindheitsglaubenssätze: Wir verstecken unsere innere Kreativität, dominieren, um die Kontrolle zu behalten, und passen uns an, um nicht aufzufallen.

Die drei späteren Kindheitsglaubenssätze basieren auf den ersten beiden. Allmählich können sich die von den einzelnen Glaubenssätzen produzierten Gedanken auch gegenseitig bekräftigen. So kann es passieren, dass die Neigung, aus dem Körper auszusteigen, weil man sich nicht willkommen fühlt, sich verstärkt, wenn Menschen in der Umgebung als grenzverletzend wahrgenommen werden. Das frühe Glaubensmuster, dass wir nicht gut genug sind, kann mit voller Kraft zurückkommen, wenn unsere Liebe von den Eltern abgelehnt wird (wir werden später sehen, dass dies in den vierten Kindheitsglaubenssatz mündet – alles unter Kontrolle behalten). Der fünfte Kindheitsglaubenssatz sagt uns, dass wir uns anständig benehmen müssen, worauf der zweite fragt, wann wir denn eigentlich anständig genug sind.

Ein paar Töne können eine eingängige Melodie bilden, und die Existenz von Liedern in Hülle und Fülle ist ein Beweis für den endlosen kreativen Ausdruck, den wir mit den gleichen begrenzten Mitteln erreichen können. Mit den Gefühlen und Gedanken, die sich aus den fünf Kindheitsglaubenssätzen ergeben, gestalten wir alle einen einzigartigen Lebensweg der Wiedererlangung und der bewussten Pflege der Gaben, die wir mitbringen.

Wir sind bereit, etwas zu erschaffen

KINDHEITSGLAUBENSSATZ

»Mir egal – wie du willst.«

NEGATIVE SELBSTBOTSCHAFTEN

»Wer bin ich, dass ich rede? Die Leute werden meine Grenzen links und rechts überschreiten. Ich kann nichts dagegen tun, außer ein lustiges Gesicht zu zeigen und dafür zu sorgen, dass ich meine rauchende Wut im Zaum halte.«

NATÜRLICHE GABEN

Kreativität, Mitgefühl, Verspieltheit, Freude

Ein kleines Mädchen summt fröhlich beim Zeichnen einer Katze. Sie taucht völlig ein in die Fantasiewelt, in der sie teilweise noch lebt, und so wird die Zeichnung lebendig. Das Kind erlebt Abenteuer zusammen mit der Katze, nur sie beide. Die Mutter kommt vorbei und kommentiert: »Was für einen lustigen kleinen Fuchs du da gemalt hast.« »Es ist eine Katze«, murmelt das Mädchen, immer noch ganz in sein Spiel vertieft.

»Nein, mein Schatz«, erklärt ihr die Mutter. »Die Schnauze ist zu spitz und dann schau mal den Schwanz an. Nein, das hier ist ein ganz wunderbarer kleiner Fuchs. Wie lieb von dir, mir so ein schönes Bild zu malen.«
Das Kind ist erstaunt. Für seine Mama? Aber das ist doch seine Katze, mit der es gerade so herrliche Abenteuer durchlebt.
»Komm, gib es mir, dann hänge ich es an den Kühlschrank, damit alle es sehen können«, fährt die Mutter fort.
Die Mutter lässt das Kind in einem Zustand der Verwirrung zurück. Gerade noch hat es mit der Katze gespielt, und schon im nächsten Augenblick wurde gesagt, dies sei gar keine Katze und die Zeichnung wurde konfisziert. Das Kind versteht nicht, wie das so plötzlich passieren konnte, und ist im Zwiespalt. Eigentlich würde es am liebsten mit der Katze weiterspielen, will aber das Bild auch nicht vom Kühlschrank nehmen, weil es die Mutter nicht enttäuschen oder ihr widersprechen möchte. Die Lösung für diese Zwangslage findet es, indem es sich in der Fantasie eine neue Katze zum Spielen erschafft, die es aber sicherheitshalber nicht mehr zeichnet, um sie dieses Mal behalten zu können.
Als der Vater abends das Bild sieht und von der Mutter gesagt bekommt, dass dies ein Fuchs sei, lächelt er seinem Wunderkind zu. Was soll es nun tun? Wenn es ihm sagt, dass es aber eine Katze gezeichnet hat, wird ihn das verwirren und die Mutter wird sowieso darauf bestehen, dass es sich um einen Fuchs handelt. Gleichzeitig spürt das Kind aber auch, dass es unehrlich ist, wenn es sich dafür loben lässt, einen Fuchs gemalt zu haben. Und so murmelt es nur ganz leise vor sich hin: »Es war eine Katze«. Wie jedes andere Kind möchte auch dieses kleine

Mädchen seinen Eltern gefallen und sie stolz machen, aber gleichzeitig ist es wütend auf seine Mutter, weil sie die Katze weggenommen hat. Gegenüber dem Vater fühlt es sich wie eine Betrügerin, weil es ihm unmöglich die ganze Geschichte erzählen kann, wie sie sich nachmittags zugetragen hat. Und darüber hinaus muss es seine Traurigkeit über den Verlust des fiktiven Spielkameraden vor den Eltern verbergen.

Das Mädchen ist verwirrt. Es beschließt, die Katze zu »begraben«. Tief im Inneren. Seine unausweichliche Schlussfolgerung lautet, dass es am sichersten ist, nicht zu zeigen, was in uns lebt, und unseren Groll darüber, was uns genommen wird, herunterzuschlucken. Als Folge von Vorfällen dieser Art, bei denen unsere Privatsphäre verletzt wird, beginnen wir, unsere natürliche Kreativität und unsere Lebenskraft zu verbergen. Wir zeigen der Welt ein glückliches Gesicht, sodass niemand fragen wird, was sich dahinter versteckt. Wir pflegen einen Sinn für Humor, der von unseren verborgenen Schätzen ablenken soll. Wir begraben unsere Verwirrung, unseren Unmut und unseren Zorn tief in uns.

Kreativität verkümmert

Der Kindheitsglaubenssatz »Mir egal – wie du willst« kann sich auch in der Zeit einstellen, wenn das Kind lernt, aufs Töpfchen zu gehen. Unter dem kritischen Blick eines oder beider Elternteile produzieren wir als kleines Kind dann eben doch noch ab und zu Ausscheidungen, die wir nicht vorherplanen können. Stellen wir uns einen kleinen Jungen vor, wie er voller Freude einfach irgendwohin pinkelt, anstatt sich vorher aufs Töpfchen zu setzen. »So war das nicht abgemacht«, seufzen die Eltern enttäuscht. »Was? Aber so etwas kann man doch gar nicht abmachen«, denkt das Kind. »Was kommt, das kommt. So war es immer und bisher nie ein Problem.«

Der Junge versteht nicht, was sich plötzlich geändert hat. Bis dahin hat er einfach losgelassen, wenn er einen Druck verspürte, jetzt plötzlich jedoch scheint das nicht mehr erwünscht zu sein. Wie verwirrend – er hat das produziert, was seine Eltern erwarteten, aber irgendwas muss schiefgelaufen sein. Mit einem wachsenden Gefühl der Verzweiflung versucht der Kleine, die Wünsche seiner Eltern zu erfüllen. Er ist ratlos, was eigentlich von ihm erwartet wird, tut offensichtlich nicht das Richtige, ohne zu verstehen, warum, und schämt sich, dass er es nicht schafft, auf Abruf zu liefern. Er versucht jetzt, alles so lange wie möglich bei sich zu behalten, um ja nicht wieder etwas falsch zu machen. Aber unvermeidlicherweise kann er es dann irgendwann doch nicht mehr halten, was zur Folge hat, dass es erst recht im unpassenden Moment kommt. Worauf die Eltern die Hände ringen und sich seufzend fragen, ob ihr Kind es wohl jemals lernen wird.

Nicht jedes Kind entwickelt beim Übergang von der Windel zum Töpfchen diesen Kindheitsglaubenssatz. Trotzdem kann dies eine Zeit der Verwirrung und öffentlichen Scham sein, weil sich vielleicht nicht nur die Eltern, sondern auch noch andere – ältere – Kinder einschalten und sich darüber auslassen, was man wann und wann nicht produzieren darf. Um solchen Demütigungen in Zukunft zu entgehen, würden wir am liebsten gar nichts mehr hervorbringen, aber so funktioniert das Leben eben nicht. Wie alle anderen Menschen müssen auch wir weiterhin Beiträge leisten.

Wenn dieser Kindheitsglaubenssatz, dass wir keine Macht über unser Leben haben, uns übermannt, zaudern wir, schieben Dinge auf die lange Bank und zermartern uns über dieses und jenes den Kopf. Bei diesem Glaubenssatz geht es um Autonomie, darum, dass wir uns gut fühlen, wenn wir die Welt auf eigene Faust erforschen und uns dabei exponieren.

Grenzüberschreitungen

Der Kindheitsglaubenssatz, laut dem es besser ist, die Produkte unserer Kreativität bei uns zu behalten, entwickelt sich auch bei Menschen, deren Grenzen im Kindheitsalter überschritten wurden. Die übergriffigen Handlungen erfolgten durch Erwachsene, die sie kannten, denen sie vertrauten. Kleine Jungs werden vom Nachbarn begrapscht, der doch so gut mit den Eltern befreundet ist. Was tut das Kind dann? Was kann es denn tun? Mädchen bleiben stumm und erzählen niemand, dass der Vater nachts ins Zimmer kommt und sie auf eine Weise anfasst, die sie nicht gern haben. Die Mutter schaut weg. Was soll die Kleine denn machen?

Wenn die Erwachsenen so tun, als sei alles in Ordnung, fügt sich das Kind und weiß doch tief im Inneren, dass etwas völlig falsch läuft. Statt die Schuld bei den Erwachsenen zu suchen, suchen wir sie als Kind aber bei uns selbst; wir haben das Gefühl, dass wir die furchtbaren Taten, die wir nicht verhindern konnten und weiterhin nicht können, irgendwie provoziert haben. Wenn wir Nein zu den unerwünschten »Liebes«-Bezeugungen sagen, hört man nicht auf uns. Wir werden zur Kooperation verführt oder mit roher Gewalt dazu gebracht. Wenn wir nicht gegen das ankämpfen (können), was man uns antut, verachten wir uns wegen unserer Schwäche. Wir fühlen uns leichtgläubig, übertölpelt und völlig machtlos. Wir belasten uns mit Schuld und Scham und wagen es nicht, unser Geheimnis preiszugeben. Die einzige Möglichkeit, die schmerzhafte Situation zu ertragen, scheint uns, die Gefühle von Angst, Furcht und Erniedrigung zu unterdrücken und unseren innersten Kern zu schützen, damit wir wenigstens dort rein bleiben, wo es am wichtigsten ist. Aus dem, was geschieht, ziehen wir den Schluss, dass wir bei unserem eigenen Leben kein Mitspracherecht haben und besser schweigen, sodass niemand von unserem schrecklichen Geheimnis erfährt.

Die Weltgesundheitsorganisation (WHO) stuft Kindesmisshandlung als globales Problem ein, das bei den Betroffenen lebenslang beträchtliche gesundheitliche Konsequenzen hat. Definiert wird Kindesmisshandlung als Missbrauch an und Vernachlässigung von Personen unter 18 Jahren im Kontext einer Beziehung von Vertrauen, Verantwortung und Macht. Darunter fallen alle Arten von physischen und psychischen Gewaltakten, sexueller Missbrauch, Vernachlässigung sowie kommerzielle oder andere Ausbeutung, die zu einer möglichen Beeinträchtigung der Gesundheit, des Überlebens, der Entwicklung und der Würde des Kindes führen.

Die grausame Tatsache ist, dass ein Viertel aller Erwachsenen berichten, als Kind körperlich misshandelt worden zu sein. Eine von fünf Frauen und einer von dreizehn Männern sagen aus, im Kindesalter sexuell missbraucht worden zu sein. Darüber hinaus sind viele Kinder Opfer emotionaler (psychischer) Gewalt und von Vernachlässigung. Laut der WHO gehört zu den Folgen von Kindesmisshandlung eine lebenslange Beeinträchtigung der körperlichen und geistigen Gesundheit. Kindesmisshandlung, so die WHO, ist ein Risikofaktor für die Entwicklung von physischen und psychischen Störungen im Erwachsenenalter. Dazu gehören posttraumatische Verhaltensstörungen, Angststörungen, Substanzmissbrauch und Essstörungen ebenso wie risikoreiches Sexualverhalten und ungewollte Schwangerschaften. Außerdem besteht ein erhöhtes Risiko, sowohl Täter als auch Opfer von Gewalt zu sein.

Opfer – Überlebende – Überfliegerin

Als angesehenes und geliebtes Mitglied der Findhorn Foundation Community in Schottland wird Lesley Quilty im Jahr 2015 gebeten, beim ersten TEDx Event der Community über ihre Lebensgeschichte zu sprechen. Als sie auf die Bühne tritt, gibt sie eine lebhafte Darstellung, wie ihre Familie zusammenbrach, als ihr Vater nach einem Herzinfarkt plötzlich starb. Dann fährt sie fort zu erzählen, wie ein netter Mann ihr, dem 11-jährigen verzweifelten Mädchen, die Liebe und den Halt anbot, nach dem sie sich so sehnte, aber dass dies letztendlich die Form einer sexuell missbräuchlichen Beziehung annahm. Es wird sehr still in der Universal Hall, als sie spricht. Wenn die erschreckenden Statistiken wahr sind, so haben wohl schon zahlreiche der Anwesenden selbst irgendeine Form von Missbrauch erlebt oder mindestens jemanden gut gekannt, der solchen Missbrauch erfahren hat. Lesley arbeitet seit vielen Jahren als Personal Coach und auch als Clown. Sie weiß, dass ihr offenes Erzählen von Dingen, die die meisten am liebsten unter dem Deckel halten würden, Gefühle von Wut, Entsetzen, Scham oder

Benommenheit hervorrufen kann. Sie lädt das Publikum ein, sie als lebendes Beispiel dafür zu nehmen, dass die innere Stimme, die einem einredet, man käme niemals darüber hinweg, vielleicht falsch ist. »Wir können das alles überwinden!«, ruft Quilty. »Auch ich befinde mich noch auf dem Weg vom Opfer zur Überlebenden und noch weiter – vielleicht werde ich das letzte Ziel nie erreichen, aber zumindest habe ich mich auf den Weg gemacht.« Sie zeichnet die virtuellen Wegschilder in die Luft: Opfer – Überlebenskünstlerin – Überfliegerin.

Die sich selbst bewahrheitende Angst

Mit seinem strahlend runden Gesicht sieht Harry für sein Alter sehr jung aus. Er leitet die Personalabteilung der Firma, in die er vor rund zwanzig Jahren eingetreten ist. Sein Führungsstil lautet, Zeit für alle zu haben und keinen Unterschied zwischen dem CEO und der Empfangsdame zu machen. Auf seinem Schreibtisch liegt nun schon eine ganze Weile der Auftrag zur Überarbeitung der Firmenrichtlinie für Chancengleichheit.

Jeden Freitag sagt er sich: »Ich muss nur noch ein paar Sachen abchecken, nächste Woche habe ich Zeit dafür.« Der Abgabetermin ist längst vorbei und dieser Arbeitsauftrag wird allmählich zu etwas, wofür er sich schämen muss. Selbst seine Mitarbeiter reißen schon Witze darüber. Harry zuckt förmlich zusammen, wenn die Richtlinie auf der Tagesordnung einer Besprechung steht, er leidet unter dem Druck der Arbeitskollegen, quält sich wegen seines Gefühls zu versagen. Aber nichtsdestotrotz schafft er es nicht, seine Vorschläge für die Neufassung seinen Kollegen vorzulegen, weil er sich fürchtet, sie

könnten diese lächerlich finden und sie ihm wieder auf den Tisch legen. Wie ein Pferd, das sich weigert, über ein Hindernis zu springen, tut er einfach weiterhin nichts.
Er hat das schon einmal erlebt, aber es scheint noch schlimmer zu werden. Er sei nur auf dem Papier ein leitender Manager, redet er sich immer und immer wieder ein; in Wahrheit bestimmten seine Kollegen und Chefs seinen Terminplan. Er zeigt es nicht, aber im Geheimen ist er wütend auf seine Vorgesetzten, die ein schönes Leben haben, während er als pflichtbewusster Esel die eigentliche Arbeit macht. Er bewundert Menschen, die die Zügel ihres Lebens fest in der Hand halten, aber wenn er einmal innehält und nachdenkt, muss er zugeben, dass auch Leute in hohen Positionen bei ihrer Arbeit von den täglich neuen Ereignissen getrieben werden.
Vielleicht hat ja niemand wirklich ein eigenes Leben, tröstet er sich. Auf dem Weg nach Hause hält er zum Tanken an und kauft dann gleich noch drei Schokoladenriegel und eine große Packung Eiscreme. Sein zunehmendes Körpergewicht ist ein weiteres Stigma, da es seinen Mangel an Selbstbeherrschung für alle sichtbar macht. Sicherlich grinsen alle hinter seinem Rücken über ihn. Er nimmt sich fest vor, die verdammte Richtlinie nächste Woche endgültig abzuschließen und ab morgen weniger zu essen. Im Grunde aber weiß er jetzt schon, dass er beides nicht hinbekommen wird. »Was um Himmels willen ist eigentlich los mit mir?«, denkt er bedrückt.
Hier kommen die Schamgefühle und das Bedürfnis ins Spiel, öffentliche Bloßstellung zu vermeiden, beides resultierend aus diesem Kindheitsglaubenssatz. Wenn die Weigerung, etwas Verlangtes zu liefern, so stark ist, sollten wir vielleicht die zugrunde liegenden Denkmuster untersuchen, die uns paralysieren – und nachsichtig

sein, da sie aus einer Phase in unserer Kindheit herrühren, als unsere Grenzen verletzt wurden, als ein »Nein« nicht respektiert wurde und wir das Gefühl hatten, keine andere Wahl zu haben als die Wünsche der Erwachsenen zu erfüllen. Wir schluckten unseren Ärger herunter, weil wir die Liebe unserer Eltern oder anderer Autoritätspersonen nicht aufs Spiel setzen wollten. Gleichzeitig waren wir aber verwirrt, weil wir offensichtlich nicht die Macht hatten, die übergriffige oder demütigende Handlung zu stoppen. Wir ließen die schreckliche Erfahrung geschehen, mimten nach außen den Gleichgültigen/die Gleichgültige und zogen uns tief nach innen zurück. »Also gut, was weiß ich, wie du willst – ich werde es aushalten und schweigen«, so in etwa lauteten unsere sich überschlagenden Gedanken und Gefühle in jener Zeit, auch wenn wir noch zu jung waren, das Rätsel zu beschreiben, das uns all dies aufgab.

Aufwachsen mit diesem Kindheitsglaubenssatz

Die Psychotherapeutin Jean Jenson schreibt in ihrem schon erwähnten Buch: *[Seite 9]* Zu Beginn »muss die Erkenntnis stehen, dass manche Erfahrungen für Kinder so schmerzhaft sind, dass sie sie nicht fühlen können. Auch manche Realitäten, manche Wahrheiten über unsere Eltern oder unser Familien sind so schmerzhaft, dass Kinder kein Wissen darüber bewahren.« Und weiter: »Kinder, die ja nicht in der Lage sind, solche Situationen zu verändern, verlassen sich schließlich auf die ihr Selbst schützenden Abwehrmechanismen der Verdrängung (sie zwingen die Erinnerung an bestimmte Vorfälle in ihr Unbewusstes) und der Verleugnung (sie weigern sich, das Erlebte zu akzeptieren).« Eine Unterreaktion bei diesem dritten Kindheitsglaubenssatz zeigt sich in der Form emotionaler Abschaltung und innerlicher Erstarrung. Und wenn wir Angst haben, dass das, was wir sagen, falsch sein könnte, stellen wir uns dumm. Eine Überreaktion zeigt sich darin, dass wir auf die Entmachtung anderer übermäßig emotional reagieren; übermäßig deshalb, weil sich diese Reaktion von uns nicht wirklich auf deren Zwangslage, sondern auf die schrecklichen Erfahrungen in unserer eigenen Vergangenheit bezieht.

Im täglichen Leben kommt es öfters vor, dass wir als die Kinder, die von Gedanken heimgesucht werden, dass sie ihre Lebenskraft gering halten und ihre Kreativität verbergen sollten, anderen Menschen auf die Nerven gehen. Wir stellen ihre Geduld mit unserem endlosen Zaudern und der Unfähigkeit, Entscheidungen zu treffen, auf die Probe. Wir versuchen verzweifelt abzuschätzen, was die Menschen um uns herum wollen, um einen Bezugspunkt zu haben, aber das ist ein komplizierter und zeitraubender Prozess, der dazu führt, dass wir selbst bei Kleinigkeiten ewig zögern, bis wir uns mal entscheiden. »Kannst du dich vielleicht heute noch zu einem Entschluss durchringen?«, fragen uns Väter, Mütter, Freunde und Lehrer. »Mach mal vorwärts!«

Als Jugendliche werden wir als passiv-aggressiv bezeichnet, weil wir »ja« sagen, aber wie »nein« handeln. Es ist nicht so, dass wir nicht bereit wären, Versprochenes auszuführen. Es ist einfach so, dass wir Zeit brauchen, herauszufinden, wie wir eine Aufgabe erledigen sollen, um alles richtig zu machen, und aber unsicher sind, was denn »richtig« eigentlich heißt. Wir lassen andere warten. Sie fangen an, sich zu fragen, ob sie den Job vielleicht besser selbst übernehmen sollten – das kann etwas ganz

Triviales sein wie den Tisch abzuräumen, die Pflanzen zu gießen oder die Fische im Aquarium zu füttern –, dann sind sie zumindest sicher, dass er erledigt wird. Tun sie das schließlich, ist uns das auch nicht recht, denn man hat uns damit einer Möglichkeit beraubt, uns auf unsere ganz eigene Art auszudrücken.

Mit schlurfendem Schritt schaffen wir in der Außenwelt eine Verwirrung, die das innere Labyrinth widerspiegelt, das wir uns auf der Basis dieses Kindheitsglaubenssatzes geschaffen haben. Nachdem wir Wut über Wut, Frustration über Frustration angehäuft und dabei unsere kreativen Impulse im Zaum gehalten haben, sind wir irgendwann wie eine Schatzkammer mit tausend Schubladen ohne Beschriftungen, wo was zu finden ist. Unser endloses Hinhalten und Zögern bei der Entscheidungsfindung ist auch dadurch bedingt, dass wir keine Ahnung haben, wo unter den vielen Schichten angehäuften Grolls wir unsere Wünsche und Bedürfnisse suchen sollen.

Manche von uns werden zu großen Schweigern, denn nur wer nichts sagt, sagt mit Sicherheit nichts Falsches. Andere spielen ihren Kummer und ihre Einsamkeit herunter: »Kopf hoch. Es gibt Menschen, denen geht es viel schlechter als mir.« Diese Art von Schönrednerei fließt in den Sinn für Humor ein, den wir entwickeln, um die Aufmerksamkeit von uns weg zu lenken und somit unsere Unsichtbarkeit zu verstärken. Unsere Witze sind oft voller Selbstironie. »Ah, da kommt er ja wieder, der tollpatschige Clown, der auf einer Bananenschale ausrutscht«, sagen wir, wenn wir versehentlich eine Tasse mit Kaffee umstoßen. Wir lachen unser Gefühl der Blamage weg.

Innerhalb der Familie sind wir diejenigen, die mit ihrer guten Laune etwaige Spannungen entschärfen. Wir sind beliebt, weil wir zu allen Partys leckeren Kuchen mitbringen und Gästen zu Hause aufwendige und köstliche Menüs auftischen. Und weil wir anderen Menschen auf jede erdenkliche Weise zu verstehen geben, dass ihre Wünsche Vorrang vor den unseren haben. »Ist schon okay«, ist unsere Standardantwort, wenn der große Bruder einfach umschaltet, obwohl wir im Fernsehen gerade unsere Lieblingsserie ansehen. »Macht nichts«, murmeln wir in unseren Bart, wenn wir bei der Mannschaftswahl im Sportunterricht als Letzter ausgewählt werden. Wir zucken mit den Schultern und lächeln, obwohl wir innerlich schäumen.

Wir wagen es nicht, unsere Wut zu zeigen. Offen gesagt, wissen wir gar nicht wirklich, wie das geht. Wir verfügen über ein Sammelbecken mit Groll und Wut, das sich jedes Mal weiter füllt, wenn wir uns wieder einmal nicht wehren und für unsere eigenen Bedürfnisse einstehen. Je mehr Zorn wir aufstauen, desto stärker wird unsere Überzeugung, dass wir selbst schuld sind. Es kann ja schließlich einfach nicht richtig sein, seine Eltern, Geschwister, Chefs und Kollegen, Autoritätspersonen, Politiker oder alle dünnen Menschen zu hassen. Solche Gefühle darf man nicht haben. Was uns als Kind zugestoßen ist, hätte ebenfalls nicht passieren dürfen, aber darüber haben alle geschwiegen, und so halten wir es jetzt eben auch. Jean Jenson weist darauf hin, dass das Ausmaß, in dem jeder Missbrauch ein Kind verletzt, immer noch erheblich unterschätzt wird. Das zeige sich selbst bei Menschen, deren Einsicht sie dazu geführt habe, sich als »erwachsene Kinder« zu verstehen.

Dick und unsichtbar

Mit einem Seufzer, einem demonstrativen Erheben vom Stuhl oder einem gequälten Gesichtsausdruck geben wir gerne anderen zu verstehen, dass sie etwas falsch gemacht haben. Wenn sie uns dann fragen, was denn los sei, schütteln wir den Kopf und sagen, dass alles in Ordnung ist. Wir haben unser Geheimnis schließlich schon zu lange bewahrt, um es jetzt noch preiszugeben. Wir würden sowieso nicht wissen, wo in unserem verwirrten inneren Inferno wir überhaupt beginnen sollten.

Für viele ist Essen ein Weg, um die Wut gering zu halten, das Gefühl der Ohnmacht zu dämpfen und Kreativität zu verbergen. Jedes Mal, wenn wir unsere Grenzen nicht gewahrt haben, wenn wir spüren, wie der Zorn in uns aufsteigt oder wenn wir überfordert und nicht in der Lage sind, damit umzugehen, stecken wir uns etwas in den Mund. Wir unterdrücken unser Gefühl des Scheiterns mit kalorienreichen Snacks. Wir trösten uns mit Süßigkeiten, die uns bremsen. Wir essen mehr, sagen weniger, lassen unsere Körper dicker werden und lächeln weiter, während wir versuchen, uns unsichtbar zu machen.

Manchmal jedoch können wir das alles plötzlich nicht mehr ertragen und explodieren aus einem nichtigen Grund. Wie ein Vulkan, der Lava spuckt, spucken wir aus, was sich in vielen Jahren der brennenden Frustration und der höllischen Empörung angesammelt hat. Freunde oder Feinde sind in so einem Augenblick völlig überrascht, da sie uns ja eigentlich nur gut gelaunt kennen. Wir schlagen ihnen dann vielleicht die Türe vor der Nase zu und besänftigen uns anschließend selbst mit einer Cola, einer Tüte Chips und/oder einer Sitcom.

Nach so einem Anfall kommen dann die Scham- und Schuldzuweisungen. Wir sind wegen der anderen explodiert. Gerade wir wollen ganz sicher nicht die Harmonie gefährden. Diese Denkwirren bringen uns am Ende wieder dazu, alle Schuld auf uns zu nehmen. »Jetzt sieh mal, was du getan hast«, rügen wir uns selbst und beschließen, dass uns so etwas nie wieder passiert. Dementsprechend schrauben wir den Deckel noch fester zu. Während wir uns mehr und mehr in uns zurückziehen und die letzten Reste unserer Selbstachtung verspeisen, können wir in eine Depression abrutschen.

Negative Selbstbotschaften

Wenn uns die Gedanken dieses Kindheitsglaubenssatzes überwältigen, fühlen wir uns gleichzeitig verängstigt, frustriert, wütend und traurig. Wir fürchten, als Fußabtreter benutzt zu werden. Wir sind frustriert, weil wir uns nicht darüber im Klaren sind, was wir eigentlich wollen, und nicht in der Lage zu sein scheinen, auch nur die einfachsten Entscheidungen zu treffen. Wir versuchen, anderen zu gefallen und allem Ärger aus dem Weg zu gehen, aber geraten dadurch erst recht immer wieder in missliche Situationen, weil es unmöglich ist, es allen recht zu machen. Wir zeigen der Außenwelt ein fröhliches Gesicht, während Verzweiflung und Zorn in uns brodeln und wir Angst davor haben, Dampf abzulassen. Während wir einerseits versuchen, unsichtbar zu bleiben, weitet sich der Körper immer mehr aus, ohne dass wir in der Lage zu sein scheinen, etwas dagegen zu tun.
Woran *können* wir etwas ändern? Wenn dieses tiefe Gefühl, machtlos zu sein, uns packt, zucken wir mit den

Schultern, seufzen und quälen uns irgendwie durch den Tag. Wir machen weiter und hoffen auf bessere Zeiten. Das innere Tonband läuft in einer Endlosschleife mit selbstzerstörerischen Gedanken wie:

NEGATIVE SELBSTBOTSCHAFTEN

Wer auch immer für mein Leben verantwortlich ist, ich bin es nicht.

Wenn ich anderen Menschen gegenüber nachgebe, sind sie wenigstens glücklich.

Was kann ich sonst noch tun?

Wenn ich etwas will, wette ich, dass es nicht erlaubt ist.

Wenn ich etwas sage, wird es im Allgemeinen missverstanden.

Ich sollte besser meinen Mund halten.

Ich werde weiter lächeln, damit ich einen gut gelaunten Eindruck mache.

Sie hören mir sowieso nicht zu.

Ich sollte nicht durchblicken lassen, was ich fühle.

Ich bin besser dran, wenn ich meine Gefühle verberge.

Ich bin wütend, aber ich muss meine Wut in mir behalten.

Ich hasse sie, aber ich tue so, als wäre alles in Ordnung.

Ich kann ihnen nicht widerstehen – oder?

Ich spiele besser den Kasper, oder ich werde explodieren.

Ich schätze, es ist mein Schicksal, die ganze Zeit nachzugeben.

Ich sollte einfach tun, was andere für gut für mich halten.

Aber es ist so frustrierend, nicht meinen eigenen Weg gehen zu können.

Wenn ich nur wüsste, was mein eigener Weg ist.

Ich fühle mich verloren.

Ich nehme es ihnen allen übel.

Ich hasse sie, ich hasse mein Leben, ich hasse es, ich selbst zu sein.

Ich will frei sein von allen und ihren dummen Wünschen.

Ich muss mich verstecken, mich unsichtbar machen.

Lass mich etwas essen – das hilft immer.

Wenn ich esse, fühle ich mich gut.

Oder weiß ich wirklich, wie ich mich fühle?

Ich bin mir nicht sicher.

Ich kann nichts dafür, oder?

Die Angewohnheit, Widerstand und Groll herunterzuschlucken und einfach weiter mitzumachen, stellt sich schnell ein. »So ist es halt«, denken wir, wenn wir von diesem Kindheitsglaubenssatz, der die Opferrolle perpetuiert, niedergedrückt werden. Es scheint unmöglich zu sein, unser Leben und die Situationen, in denen wir nicht sein wollen, zu ändern. Es wird uns sowieso niemand

zuhören … und so nehmen wir einen weiteren Bissen und schelten uns selbst dafür, dass wir ein Schwächling sind und die Dinge einfach schleifen lassen.
Vielleicht haben wir irgendwann die Nase voll von dem Kampf und der Opferrolle, in der man sich schnell heimisch fühlt. Dann machen wir uns auf, die tausend Schubladen unserer Schatzkammer zu durchstöbern und unseren ursprünglichen schöpferischen Zustand aufzuspüren.

Unsere wichtigsten Gaben

So wie jeder Mensch wurden wir mit einer Fülle von Talenten und Begabungen geboren. Wir haben sie eingesperrt, um sie sicher und unbeeinträchtigt von dem zu bewahren, was uns als Kind widerfuhr. Wenn wir damit beginnen, diesen Kindheitsglaubenssatz umzuformulieren, werden uns unsere Gaben dabei helfen, die Kontrolle über unser Leben wiederzuerlangen.
Kreativität ist das Werkzeug des laufenden Schaffensprozesses. Unser natürlicher kreativer Impuls war für uns im Kindesalter so wertvoll, dass wir ihn tief in uns eingruben, wenn er missverstanden, gestoppt oder verletzt wurde. Er befindet sich jetzt immer noch in unserem Inneren, unversehrt, unberührt, unbeschädigt. Wenn wir in kleinen Schritten die Last der Selbstvorwürfe ablegen, werden wir merken, wie unsere natürliche Kreativität wieder zu fließen anfängt. Bei der Arbeit, in der Küche, mit Freunden, dadurch, dass wir Verbindungen zwischen Menschen herstellen, die sich ohne uns kaum begegnet wären. Wir müssen aufhören, anderen Macht über unser Leben einzuräumen, und können dann beginnen, den

Fäden unserer kreativen Impulse zu folgen und unseren ganz eigenen Teppich zu weben.
Vielleicht hat uns unsere Empathie in Schwierigkeiten gebracht. Seine Heiligkeit der Dalai Lama sagt häufig, dass der sicherste Weg zum wahren Glück darin liegt, sich intensiv um das Wohlergehen anderer zu kümmern. Neben Liebe, anteilnehmender Freude und Gelassenheit ist Mitgefühl eine der Kernqualitäten all jener, die auf dem Pfad des Buddha wandeln. Einfühlungsvermögen bedeutet, dass wir uns vorstellen, wie wir uns in den Schuhen eines anderen fühlen würden. Mitgefühl lässt uns nach diesem Bewusstsein handeln. Nachdem wir damit vertraut sind, wie es sich anfühlt, als Fußabtreter behandelt zu werden, können wir sehr gut mit anderen mitempfinden. Mit dieser Gabe arbeiten viele von uns in sozialen Berufen, im Gesundheitswesen, im Dienstleistungsbereich und in anderen Berufen, bei denen Aufmerksamkeit für andere ein zentraler Faktor ist. Wir sind in der Lage, brenzlige Situationen zu entschärfen, weil alle Beteiligten unseren Respekt für jeden von ihnen spüren. Wenn man uns Dankbarkeit für unsere Bemühungen zeigt, wäre ein erster Schritt für uns, nicht abzuwinken. Stattdessen können wir durch die Wertschätzung erkennen, dass die zarte Flamme des Wunsches, andere Menschen glücklich machen zu wollen, immer noch in uns brennt, auch wenn sie uns im Kindesalter in Schwierigkeiten gebracht hat.
Wir sehen vielfach jünger aus als wir sind, weil wir im Herzen jung bleiben. Jung und verspielt. Wenn wir aus unserem Versteck herauskommen, kann unsere Verspieltheit blühen und gedeihen. Wir verfügen über eine uns innewohnende Unschuld, wir nehmen die Dinge leicht, auch wenn sie schwer sind; wir spüren, dass wir Spaß haben können, wenn wir in Bewegung bleiben und den

Ball im Spiel halten. Das Spiel selbst ist das Ziel, wir müssen uns keines setzen. Spielen beinhaltet Fantasie und Imagination, geht mit Fröhlichkeit und Gelächter einher – und hält uns jung.
Alles, was wir jemals wollten, war, die in uns aufsteigende Freude zu teilen. Wir können uns über ein Gänseblümchen freuen, das Lächeln eines alten Freundes, das langsame Tanzen der Wellen auf dem Meer. Die Schöpfung kann nicht anders als zu erschaffen, und es gibt eine grenzenlose Freude an allen entstehenden Formen, immer wieder und neu und frisch wie eine Frühlingsbrise. Die Freude braucht keinen ersichtlichen Grund. Sie ist, wie sie ist, und fließt und breitet sich aus, wo auch immer sie hingeht. *Wir* verbreiten sie, wohin wir auch gehen.

Stärken kultivieren

»Warmherzig« ist eine der Eigenschaften, die man uns zuschreibt. Unsere Mitmenschen wissen, dass sie immer an unsere Tür klopfen können und in unser gemütliches Wohnzimmer eingelassen werden. Wir sind fürsorglich, machen ihnen Tee oder eine heiße Suppe oder teilen den frisch gebackenen Apfelkuchen mit ihnen. Wir sind die Kolleginnen, die eine große Schachtel Pralinen mit in eine schwierige Sitzung bringen, um die Stimmung zu versüßen. Wir sind die Trainer der Jugendmannschaft, die für jedes Kind ein freundliches Wort übrig haben. Je mehr wir mit unserer angeborenen Kreativität in Verbindung stehen, desto besser können wir zwischen Parteien vermitteln, und zwar so, dass am Ende alle zufrieden sind.
Lachen ist die beste Medizin und davon können wir reichlich verteilen. Bis jetzt haben wir mit Heiterkeit und

Scherzhaftigkeit vor allem von uns selbst abgelenkt. Gute Laune wird eine unserer großen Gaben bleiben, auch wenn wir uns nicht mehr selbst zur Zielscheibe unserer eigenen Witze machen. Dass wir albern sein können, die Leute zum Lachen bringen und ein sehr umgänglicher Mensch sind, werden auch weiterhin Gründe sein, warum andere gerne in unserer Gesellschaft sind.

Wir waren lange genug in der Rolle des Opfers und wissen deshalb genau, wie es sich anfühlt, machtlos zu sein oder abgelehnt zu werden. Der Lauf unseres Lebens hat unser angeborenes Gerechtigkeitsempfinden geschärft. Vielleicht haben wir uns schon lange von all dem Leid auf der Welt überwältigt gefühlt, aber indem wir unsere Selbstvorwürfe hinter uns lassen, treten wir in kraftvolles Handeln ein, selbst, wenn es nur wenig ist. Wir tun, was wir können, denn wir sitzen alle im selben Boot.

Das Paradox der eigenen Entmachtung

Die Grundlage jedes Kindheitsglaubenssatzes ist ein Paradox, eines der Rätsel, wie sie im Leben unvermeidlich sind. Bei denen von uns, die sich regelmäßig träge, festgefahren und verwirrt fühlen; die gerne Versprechungen machen, von denen sie bereits wissen, dass sie sie nicht erfüllen werden; die Grenzen setzen und diese von anderen übertreten lassen; die nur schwer Nein sagen können, auch zu etwas, das ihnen schadet; die an Selbstverachtung leiden; die bewusst Dinge schleifen und schiefgehen lassen; und die Groll und Wut unter Massen von Essen in sich begraben, könnte dieser zugrunde liegende Widerspruch in etwa wie folgt lauten:

DAS PARADOX

Wenn ich für mich selbst eintrete, werde ich abgelehnt. Wenn ich es aber zulasse, dass ich benutzt und gedemütigt werde, fühle ich mich schlecht, *weil ich so schwach bin und meinen Groll, meine Vorwürfe und meinen Hass zurückhalte.*

Der einzige Ausweg aus dem Paradox ist das mitfühlende Bewusstsein darüber, wie wir unsere eigene Opferrolle verewigen, uns an unsere Geschichte, unsere Negativität, unsere Vergangenheit klammern. Als Kind mögen uns schreckliche Dinge widerfahren sein, und auch wenn wir dieses Kind schon lange nicht mehr sind, können wir diesen Teil von uns mit aller Kraft, fast zärtlich und fürsorglich festhalten, sodass er unter unserer liebevollen Pflegschaft heranwächst.
In ihrem TEDx-Vortrag spricht Lesley Quilty über die schreckliche Zeit, als sie ihren Ehemann, den Vater ihres Sohnes, ihren Freund verlor. Als sie im Zustand der kompletten Verzweiflung im Garten herumlief, hörte sie eine innere Stimme, die ihr freundlich, aber bestimmt sagte: »Sag ja. Sag einfach ja – das alles mag sich wie das Schlimmstmögliche anfühlen, aber sag trotzdem ja.« Als sie dies dann auch laut tat, spürte sie, wie sie sich damit dem Leben hingab, nicht nur dem Leben, wie sie es sich erträumte, sondern dem, wie es war. Durch das Ja-Sagen standen ihr plötzlich so viel mehr Optionen offen als in der Zeit, als sie in einem fortwährenden inneren Monolog zu allem Nein sagte, das in dieser schwierigen Welt besser nicht passieren sollte. Sie kam so weit, Ja zu ihrer Vergangenheit sagen zu können, auch zu dem sexuellen Missbrauch, den sie nicht hätte erleiden dürfen. Es hatte Jahre

gedauert, bis sie begriff, dass dies alles nicht ihr Fehler gewesen war, dass sie keine Schuld trug. »Da es nun mal passiert ist«, begann sie sich zu fragen, »wie hat es mir geholfen? Wie hat es mir geholfen, so zu werden, wie ich bin und mein Mitgefühl als Teil alles Lebendigen zu vertiefen?« In ihrem »Werkzeugkasten«, so beschreibt sie es, leben in einer beabsichtigten Gemeinschaft Freundschaft, eine Beziehung zur Natur und eine Meditationspraxis, bei der sie gelernt hat, still zu sitzen, auf alles zu achten, was in ihr hochsteigt, und Mitgefühl darauf anzuwenden. Sie hat Hunderte und Aberhunderte Stunden Therapie absolviert, sagt sie, viele Zeremonien, viele Rituale.
Im Gegensatz zu vielen anderen Menschen hat Lesley Quilty mit ihren Meinungen nie hinter dem Berg gehalten und es auch nie als notwendig erachtet, ihre ausgeprägte Kreativität zu verbergen. Ganz im Gegenteil: Sie verdient ihren Lebensunterhalt damit, kreativ zu sein. Mit ihrer übergroßen gestreiften Hose, die sie über einem bunten Badeanzug trägt, und ihrem Helm mit Schutzbrille bringt sie bei ihren Auftritten die Menschen zum Lachen, indem sie sich über Dinge lustig macht, die für die meisten von uns ein Tabu sind. Heute sagt sie über sich: »Ich verstehe mich in der Kunst, auch in wirklich schwierige Situationen Freude und Lachen zu bringen, und das Unsagbare auszusprechen.«

Heraus aus der Opferrolle

Der Arzt Stephen Karpman beschrieb vor rund fünfzig Jahren das Modell des Dramadreiecks als eine Möglichkeit, konfliktreiche und intensive menschliche Interaktionen zu erklären. Das Opfer, mit seiner Haltung »Ich

Ärmste(r)« wird beschrieben als unterdrückt, hilflos, hoffnungslos, machtlos, beschämt und unfähig, Entscheidungen zu treffen, Probleme zu lösen oder Freude am Leben zu haben. Wenn wir diese Haltung einnehmen, so besagt die Theorie, laden wir andere energisch ein, in die Rolle des Verfolgers oder des Retters (Helfers) zu schlüpfen. Diese drei Rollen bilden das Dramadreieck.

Wir wissen wahrscheinlich alle, wie gut es sich anfühlt, jemandem zu Hilfe zu kommen. Es besteht jedoch die Gefahr, dass der Retter dem Opfer zu viel Unterstützung gibt, sodass es nicht lernt, sich selbst beizustehen und die Schuld an seinem Unglück nur immer bei anderen sucht. Durch die Rettung wird das negative Selbstgefühl des Opfers gestärkt, da diese Person sich ja offensichtlich nicht selbst helfen kann. Die Co-Abhängigkeit lauert hier förmlich um die Ecke. Die dritte Rolle ist die des Verfolgers (Täters), der mit einem gewissen Maß an strenger Autorität darauf beharrt, dass das Geschehene die Schuld des Opfers sei und dass dieses einfach die Zähne zusammenbeißen und darüber hinwegkommen solle.

Das Dramadreieck beschreibt ein Grundmuster menschlicher Aktionen und Reaktionen. Ehe wir uns versehen, sind wir Teil eines solchen Dreiecks. Und sie kommen auch nicht nur in der Außenwelt vor, sondern ebenso im Innenleben. Unsere inneren Stimmen können im Nu von einer Rolle in die andere wechseln. Wenn wir uns dieser archetypischen Rollen mal bewusst sind, müssen wir nicht mehr in ihnen verharren. Der Ausweg besteht darin, die zuletzt eingenommene Position wieder zu verändern. Wenn wir uns in die Mitte des Dreiecks bewegen, sind wir weder in der Opferrolle noch nehmen wir die überlegene Position eines Retters oder Täters ein. Von

der Mitte aus können wir neutrale Beobachter dessen sein, was in den drei Ecken vor sich geht.
Die östlichen Weisheitstraditionen empfehlen Mitgefühl als einen Ausweg aus der Opferrolle. Bei der Meditationsform des Tonglen zum Beispiel atmen wir die Angst, den Schmerz und das Leiden anderer ein und senden ihnen beim Ausatmen Erleichterung und Glück. Wie Pema Schödrön, eine buddhistische Nonne und Lehrerin, in ihrem wunderbaren Buch *Wenn alles zusammenbricht* beschreibt, umfasst die fortgeschrittene Praxis des Arbeitens mit mitfühlendem Handeln die Arbeit mit uns selbst ebenso wie mit anderen. (Goldmann Tb, 2001, S. 119) »Für jemanden wirklich da zu sein«, so schreibt sie, »bedeutet, sich diesem Menschen nicht zu verschließen, und das wiederum setzt voraus, dass wir uns zuallererst nicht vor uns selbst verschließen. [...] Das verlangt vor allem Offenheit, im Buddhismus gelegentlich Leerheit genannt, was bedeutet, an nichts festzuhalten, nichts zu fixieren. Nur in offenem, urteilsfreiem Raum können wir uns unsere Gefühle eingestehen.« Im Grunde beschreibt sie hier das Zentrum des Dramadreiecks. Aus diesem offenen Raum können wir uns mit unserem Wesenskern verbinden. Wir können beobachten, was passiert, anstatt selbst im Drama mitzuspielen, und nehmen somit nicht mehr daran teil. Der bloße Akt des Zusehens, was innen passiert, und des anteilnehmenden Haltens von Gefühlen, wenn sie aufsteigen, sich zuspitzen und wieder abflauen, reinigt die Atmosphäre.

Die Heilungsreaktion

Harry, mit seiner unfertigen Richtline zur Chancengleichheit, befürchtet negative Reaktionen, wenn er anderen Menschen zeigt, was er bisher geschrieben hat. Das lässt ihm keine andere Wahl, als zu verzögern und zu verschieben und damit einhergehend genau die Blamage zu erleben, die er gerade vermeiden wollte.

Wenn wir merken, dass diese Art von Verhalten durch einen Kindheitsglaubenssatz hervorgerufen wird, können wir anfangen, die Macht über unser Leben zurückzugewinnen. Wenn wir feststellen, dass wir uns nach außen hin freundlich zeigen, während wir innerlich vor Ohnmacht und Wut brodeln – und zum Trost eine Tafel Schokolade futtern – können wir einen Moment innehalten. Wir können tief durchatmen und, anstatt uns auf eine kommende Demütigung vorzubereiten, das Kind in uns mit all seinen Ängsten und Beklemmungen umarmen. Als der Erwachsene, der wir jetzt sind, können wir uns größer als unsere Gefühle machen, und damit die Identifizierung loslassen. Sobald wir über die Geistesgegenwart verfügen, unsere Gefühle zu betrachten, können wir die Gefühle haben, ohne sie zu sein.

Da Erlaubnis in diesem Kindheitsglaubenssatz ein zentrales Thema ist, können wir beginnen, indem wir uns fragen, ob es für uns stimmig ist, einen anderen Weg zu gehen – und dann unsere Reaktion beobachten, die vielleicht die Angst vor dem Unbekannten sein wird oder eine unerwartete Bindung an die Hölle, die wir kennen. Indem wir auf die Reaktion achtgeben, machen wir uns bereits ein schönes Geschenk. Wir geben uns Raum und Zeit, ohne eine Erwartung zu haben, was dabei herauskommen wird. Wir sind einfach nur für uns da.

Beobachten wir doch mit der geduldigen Zärtlichkeit, mit der wir zum Beispiel einem kleinen Welpen zusehen, wie er unsicher herumtapst, unsere eigenen Gedanken und Gefühle. Wir können leicht in die Knie gehen und uns bewusst mit der Erde verbinden, der Mutter, die uns nährt. Indem wir ihr unseren Respekt erweisen, respektieren wir auch uns selbst in diesem Moment mit dem ganzen Durcheinander an Gedanken und Gefühlen. Wir atmen, wir sind.

Die 2014 verstorbene Amerikanerin Maya Angelou, Schriftstellerin und Bürgerrechtlerin, war zu Lebzeiten ein Rollenvorbild für viele. Im Alter von nur acht Jahren war sie vom Freund ihrer Mutter vergewaltigt worden. Ihre 1969 erschienene Autobiografie *Ich weiß, warum der gefangene Vogel singt* (Suhrkamp Verlag) wurde in den USA zum ersten Sachbuch-Bestseller einer Afroamerikanerin. Auf den letzten Seiten dieses fesselnden Buches beschreibt sie, wie sie mit 16 Jahren ein Baby zur Welt brachte. Sie saß stundenlang an seiner Wiege, vertieft in seine geheimnisvolle Vollkommenheit, aber traute sich nicht, ihren kleinen Sohn zu berühren. Denn war sie nicht bekanntermaßen sehr ungeschickt?

Eines Abends trat ihre Mutter hinzu. Sie legte das drei Wochen alte Baby in die Arme ihrer Tochter und sagte ihr, dass es mit ihr in einem Bett schlafen werde. »Ich wollte das auf keinen Fall. Ich war mir sicher, dass ich es im Schlaf versehentlich erdrücken würde«, so Angelou in ihrer Biografie. Sie war ganz starr vor Angst und schwor sich, wach zu bleiben, aber schlief dann nach einer Weile natürlich doch ein. Da ihre Mutter sie etwas lehren wollte, weckte sie sie nachts sanft auf und bat sie, hinzuschauen. Die junge Mutter Angelou lag auf dem Rücken und hatte den Arm nach oben abgewinkelt, um das Betttuch als Zelt für ihr Baby hochzuhalten. Ihre Mutter flüsterte ihr zu: »Sichst du, du musst gar nicht darüber nachdenken, ob du es richtig machst. Du machst nämlich ganz automatisch das Richtige.«

Das Anwenden der Heilungsreaktion, auf unsere Innenwelt zu achten, uns selbst genügend Zeit und Raum zu geben und den Mut zu fassen, unsere Kreativität zu zeigen, ohne jemandem gefallen zu wollen, wird uns helfen zu verstehen, dass wir im Endeffekt unseren eigenen Weg gehen müssen. Ralph Waldo Emerson hat dies einst so ausgedrückt: »Was hinter uns liegt und was vor uns liegt, sind Kleinigkeiten im Vergleich zu dem, was in uns liegt.«

Wir können die Hilfe von Familie und Freunden in Anspruch nehmen, die uns die Augen öffnen, wenn wir im Trott der alten Machtlosigkeit gefangen sind. Wenn sie uns sagen, dass sie unser Kasper-Gehabe, mit dem wir uns dem Spott anderer Menschen aussetzen, als unangenehm empfinden, fühlen wir uns vielleicht zuerst ertappt. An so einem Punkt können wir dann bewusst eine Entscheidung treffen zwischen der Fortsetzung unseres gewohnten Verhaltens oder dem Einschlagen eines neuen Weges. Wir sind nicht mehr das Kind, das nicht in der Lage war, sich gegen Handlungen von Erwachsenen zu wehren und sich auch noch selbst die Schuld an der unerwünschten Aufmerksamkeit gab. Wir sind jetzt fähig, selbst zu entscheiden, wie wir auf Rückmeldungen zu unserem Verhalten reagieren. Entweder wir ziehen uns wieder in unser Versteck zurück oder wir kommen in kleinen Schritten heraus, stellen uns der Tatsache unserer gewohnheitsmäßigen Selbstherabsetzung und versuchen, eine Änderung herbeizuführen. Es wird etwas Zeit dauern, bis wir erkennen, dass wir in der Tat nicht sehr freundlich zu uns waren, und neue, gesündere

Verhaltensweisen erlernen. Vertraute Menschen können uns auch sanft darauf hinweisen, dass es in Ordnung ist, Nein zu sagen, etwas zu verweigern, uns nicht anzupassen. Eine Möglichkeit wäre, unsere neuen Gewohnheiten eine Weile spielerisch zu praktizieren, um Zuversicht zu fassen, dass wir Grenzen setzen können.

Wenn wir erst einmal Erfahrung damit haben, an uns selbst eine Heilungsreaktion zu vollziehen, können wir dies auch auf andere Menschen mit diesem Kindheitsglaubenssatz ausstrahlen, die sich überwältigt, frustriert und machtlos fühlen, die essen, um ihre Wut herunterzuschlucken, die immer scheinbar gut gelaunt um andere herumscharwenzeln, wie ein Hund mit wedelndem Schwanz, egal wie sie behandelt werden. Indem wir uns zuerst mit uns selbst verbinden, können wir geduldig Interesse zeigen, ohne etwas zu erwarten. Wir wissen ganz genau, dass so ein Kind oder Erwachsener mehr Zeit als andere braucht, bis es/er in der Lage ist, sich zu erklären oder zu entscheiden, und oft seinen ganzen Mut zusammennehmen muss, um überhaupt irgendetwas zu sagen.

Solche Menschen wissen, nachdem sie ihren kreativen Ausdruck und ihre reine Liebe so lange in sich verborgen gehalten haben, schon lange nicht mehr, was sie eigentlich wollen, und werden deshalb von uns erwarten, dass wir sie führen. Einem Kind können wir vermitteln, dass wir voll hinter ihm stehen, egal, wofür es sich entscheidet. Um eine typische holländische Analogie zu verwenden, können wir es behandeln wie eine Tulpe im Frühling, die den ganzen Winter über in der Erde versteckt war und erst herauskommt, wenn die Sonne stark genug ist. Wir können die Tulpe nicht schneller wachsen lassen, aber wir können uns an jedem Zentimeter erfreuen, den sie wächst. Das ist das Thema von uns allen, die wir un-

seren Stolz, unsere Selbstachtung und unsere Wut heruntergeschluckt haben – aus unserem Versteck zu kommen und uns zu zeigen.
Nachdem wir heute wissen, wie viele Menschen in ihrer Kindheit unter allen möglichen Formen von Missbrauch gelitten haben, können wir diese Heilungsreaktion immer dann praktizieren, wenn wir irgendwo sind, wo sich zahlreiche Leute aufhalten. Im Bus oder Supermarkt können wir uns innerlich mit unserem kreativen Kern verbinden und im Stillen die folgenden ehrwürdigen Sätze wiederholen – an niemanden im Besonderen und an alle gleichzeitig gerichtet: »Mögest du glücklich sein. Mögest du in Sicherheit sein. Mögest du dich wohlfühlen. Mögest du frei von Leiden sein.«

DEN KINDHEITSGLAUBENSSATZ UMFORMULIEREN

Wenn wir den Kindheitsglaubenssatz umwandeln, hilft uns dies dabei, der verwirrenden Mischung aus Gedanken und Gefühlen Einhalt zu gebieten, die uns sagen, dass wir uns anderen auf Kosten von uns selbst hingeben und ruhig bleiben sollen. Nachstehend sind die fünf Schritte kurz beschrieben:

SCHRITT 1: Das Denkmuster erkennen

Das Erkennen beginnt damit, dass wir es merken, wenn wir einer Sache zustimmen, nur um es einer anderen Person recht zu machen. Wenn wir signalisieren, dass wir Groll empfinden, wenn wir immer wieder das Gefühl haben, machtlos zu sein, oder wenn wir versuchen, uns unsichtbar zu machen, dann ist die Zeit da, aufmerksam zu sein. Der erste Schritt besteht darin, die negativen Gefühle und Gedanken zu beobachten, da sie aus einer Schlussfolgerung resultieren, die wir als kleines Kind gezogen haben.

SCHRITT 2: Den Fokus verschieben

Wir können den Fokus auf die jetzige Zeit verlagern, auf die Person, die wir geworden sind. Wir können unseren inneren Zorn und die Frustration spüren und erkennen, dass dies eigentlich unsere Lebenskraft ist. Das ist genau die Kraft, die wir einsetzen können, um uns davon zu befreien, immer nach der Pfeife anderer tanzen zu müssen. Wir sind freie Menschen und damit auch frei, uns selbst und unsere Wünsche wertzuschätzen.

SCHRITT 3: Uns selbst danken

Die wiederkehrenden Gefühle und Gedanken, dass wir machtlos sind, lassen sich mit Erfahrungen verknüpfen, bei denen unsere Grenzen und unsere Privatsphäre verletzt wurden. Damals wurden wir von Menschen überwältigt, denen wir (körperlich) unterlegen waren. Die Absicht hinter dem Kindheitsglaubenssatz war, dass uns so etwas nie wieder passieren sollte. Jetzt können wir diesem Teil von uns danken, der aus der Kinderperspektive Unterwerfung und Passivität als einzige Möglichkeit erachtete, unversehrt durchs Leben zu kommen. Es schadet nicht, uns selbst für den Weg zu danken, den wir gegangen sind.

SCHRITT 4: Die Wut von damals einladen

Nachdem wir jetzt durch Ehrerweisung unserer selbst stabiler geworden sind, handeln wir als Gefäß für das Ohnmachtsgefühl von damals. Es gab einmal eine Zeit, in der wir es zugelassen haben, dass uns Dinge zugestoßen sind, weil wir es nicht wagten, uns zu wehren (oder nicht wussten, wie wir uns hätten wehren können). Wir nehmen uns jetzt etwas Zeit, um mit unserer Angst von damals wieder in Kontakt zu treten. Wenn wir das einige Minuten durchhalten können, werden sich Wut, Frustration und Angst auflösen. Auf diese Weise können wir die Macht zurückgewinnen, zu sein, wer wir sind.

SCHRITT 5: Kreativ sein, das eigene Leben leben

Unser Leben gehört uns und niemandem sonst. Wir können die Richtung und den Kurs unseres Lebensschiffes bestimmen. Wir dürfen unsere eigenen kreativen Entscheidungen treffen, gute und schlechte, so wie jeder sonst auch. Indem wir uns unseren Aufgaben gegenüber öffnen, können wir kreative Beiträge leisten.

Die ersten drei Schritte

Auch wenn unsere Gedanken versuchen sollten, uns etwas Gegenteiliges weiszumachen, sind wir der Kapitän oder die Kapitänin unseres Schiffes. Wir sind verantwortlich und können tun – und nicht tun – was wir wollen. Wir brauchen keine Erlaubnis, um unseren eigenen Weg zu gehen. Indem wir unsere Gedanken und Gefühle der Ohnmacht umwandeln, können wir unsere Autonomie wiedererlangen.

Dies erfordert etwas Übung, aber sobald uns bewusst wird, dass wir an der Gefallkrankheit leiden, bekommen wir einen besseren Zugang zu unserer Kreativität, die unter den vielen Schichten, in die wir sie einbetoniert haben, noch intakt ist. Wir nehmen uns alle Zeit, die wir brauchen, und lernen, die spezifischen Gedanken und Neigungen zu erkennen, die aus diesem Kindheitsglaubenssatz herrühren. Vielleicht manifestieren sie sich eher in einem bestimmten Gefühl als in ausformulierten Sätzen. Vielleicht bemerken wir, dass uns immer Essensgelüste überkommen, wenn wir mal etwas lauter sprechen und kein Blatt vor den Mund nehmen wollen. Der dritte Kindheitsglaubenssatz kann sich auch in dem Wunsch äußern, in Anwesenheit anderer am liebsten unsichtbar zu sein. Oder darin, dass wir uns gewohnheitsmäßig den Zorn von Kollegen zuziehen, so wie in Harrys Fall, anstatt ihnen zu präsentieren, was wir bisher schon geleistet haben.

Diese drei Schritte werden uns nicht leichtfallen, weil wir es uns bereits zur Gewohnheit gemacht haben, Gefühle herunterzuschlucken, bevor sie sich bemerkbar machen. Als Allererstes sollten wir uns selbst Zeit geben, Wir haben alle Zeit der Welt, und es gibt keinen Grund, entmutigt zu sein, wenn sich der Prozess länger hinzieht als erwartet. Es könnte eine gute Idee sein, eine Art Tagebuch zu führen und jeden Abend aufzuschreiben, welche Emotionen uns an dem Tag in Hilflosigkeit und Schuldgefühle abgleiten ließen. Indem wir ehrlich zu uns selbst sind, können wir ohne Einschränkung aufschreiben, was wir über Leute denken, die uns nicht ernst nehmen oder uns gegen unseren Willen zu etwas zwingen. Auf den Tagebuchseiten können wir schimpfen wie wir wollen, weil sie niemand sonst lesen wird. Unser Ticket zur Freiheit ist nur für unsere Augen bestimmt.

SCHRITT 1: Das Denkmuster erkennen

Sobald wir die Angewohnheit entwickelt haben, zu erkennen, was uns stört, werden wir feststellen, dass wir uns oft mit einem Dilemma herumschlagen: Wir wollen mitspielen, weil wir uns nach der Wärme der Gesellschaft anderer sehnen, aber gleichzeitig auch nicht, weil es nicht wirklich unser Spiel ist. Was tun? Wenn wir nur mitspielen, weil wir kein Spielverderber sein wollen, tun wir uns damit nichts Gutes. Sagen wir aber nein, schämen wir uns vor den anderen.

Der erste Schritt, um diesen Kindheitsglaubenssatz umzuformulieren, ist die Erkenntnis, dass wir diese Art von Gedanken wahrnehmen können. Wir können sie sehen, aufschreiben, uns ihrer bewusst werden. Ja, es gibt ein Dilemma, und das Beobachten allein wird uns nicht helfen, ist aber ein guter Anfang. Wir sollten es bewusst wahrnehmen, wenn wir den Zwang verspüren, etwas zu tun, weil wir denken, dass es anderen gefallen wird. Oder wenn wir uns mal wieder zur Schublade mit den Süßigkeiten schleichen – warum tun wir das? Bevor wir uns etwas in den Mund schieben, sollten wir uns fragen, welche Gefühle wir damit zu verdecken versuchen. Warum seufzen wir, warum lassen wir bei unserer Arbeit die Zügel schleifen? Sich all dieser Dinge bewusst zu werden, ist ein erster Schritt.

SCHRITT 2: Den Fokus verschieben

Im zweiten Schritt konzentrieren wir uns auf den Erwachsenen, der wir heute sind. Wir sind nicht mehr das Kind, das sich in Bezug auf die Eltern und andere Erwachsene machtlos fühlte. Wir sind kreative Menschen mit einem Herzen voller Mitgefühl. Wir sind gut darin, andere zu trösten. Wir sind in der Lage, Spaß am Leben

zu haben, und wir sind frei, das Leben auf unsere Weise zu führen.
Wenn entmutigende Gedanken in uns aufsteigen, die sagen, dass dies sicher nicht helfen wird und wir sowieso nicht in der Lage sein werden, etwas zu verändern, dann lassen wir sie kommen und gehen, wie Flugzeuge am Flughafen. Wer eine Flugreise machen will, wird sich nicht einfach zum ersten Gate begeben und das dort wartende Flugzeug besteigen, egal welches Ziel es hat, sondern wird sich vorher erkundigen, an welchem Gate das Flugzeug zum gewünschten Zielort abfliegt. Mit Gedanken funktioniert es genauso. Wir müssen nicht in den erstbesten Gedanken einsteigen, der vorbeikommt, sondern wir nehmen den, der uns dahin führt, wohin wir wollen. Im Moment möchten wir uns darauf konzentrieren, wer wir geworden sind. Wir haben Qualen überlebt. Wir haben unsere angeborene Güte bewahrt. Wir sind jemand, der sich sorgt. Wir wollen uns fest in der Wertschätzung dessen, was wir trotz unserer Vorgeschichte geworden sind, verankern.

SCHRITT 3: Uns selbst danken

Sie mögen es vielleicht lächerlich finden, Gedanken oder Gefühlen zu danken, und es steht Ihnen frei zu glauben, was Sie möchten. Andererseits müssen Sie aber wohl auch einräumen, dass es nicht wirklich viel gebracht hat, Ihre Wut, Ihren Groll und Ihre Verachtung zu unterdrücken. Mit diesem Kindheitsglaubenssatz haben wir Ohnmachts- und Wutgefühle angehäuft und unser Selbstwertgefühl gleich mit abgegeben. Wir haben unsere Lebenskraft unterdrückt. Das haben wir alles um des lieben Friedens willen getan. Ob wir damit erfolgreich waren, ist jetzt nicht wichtig. Als Kind war unsere

Absicht, die Sicherheit der Familie zu bewahren, bei der Schaffung einer stabilen Umgebung zu helfen und den Menschen, denen wir vertrauten und die wir liebten, zu gefallen.
Für diesen Zweck haben wir uns geopfert. Niemand hat uns dafür gedankt, dass wir geheim gehalten gehaben, was ans Tageslicht hätte kommen müssen. Wahrscheinlich ist es niemandem aufgefallen. Und auch heute weiß es vielleicht noch niemand, aber wir sehen jetzt klar und wollen uns selbst danken. In unseren eigenen Worten oder mit einer Geste können wir dem Teil von uns danken, der nicht in der Lage war, sich gegen unsere Eltern oder andere Erwachsene zu behaupten. Wir können den Hut vor uns ziehen, dass wir den Schmerz ausgehalten und ihn für uns behalten haben, weil wir dachten, das sei unsere Pflicht. Deshalb können wir sogar unserer Wut und unserem Groll danken, denn diese Emotionen haben uns ständig daran erinnert, dass etwas nicht in Ordnung war.
Vielleicht möchten wir uns auch für unsere Standhaftigkeit bedanken, denn wir haben alles überlebt und sind zu dem geworden, wer wir heute sind. In all den Jahren haben wir immer unser Bestes gegeben, um andere glücklich zu machen. Das ist keine kleine Leistung und sie verdient Dankbarkeit. Wir haben jetzt die Gelegenheit, die Worte zu finden, um dieser Dankbarkeit Ausdruck zu verleihen. »Ich danke mir, dass ich immer tat, was andere wollten, und meinen Mund hielt. Ich sehe jetzt, wie stark ich eigentlich war, sogar dann, als ich mich selbst wegen meiner Schwäche ausschimpfte. Ich schätze meine Leistung im Rückblick sehr und danke mir für das alles.« Mit solchen und ähnlichen Sätzen könnten wir beginnen und dann noch eigene Worte für die jeweilige individuelle Situation finden.

Das mag auf den ersten Blick alles etwas merkwürdig erscheinen und die Angst hervorrufen, einen weiteren Fehler zu machen, indem wir dem Weg folgen, den uns eine andere Person vorschlägt. Mein Vorschlag bleibt, es einfach mal zu versuchen. Wir können klein anfangen und uns beim Duschen auf die Schulter klopfen und dann sehen, was passiert. »Gut gemacht hast du das!« In der Privatsphäre unseres Badezimmers, wenn uns niemand sieht. Das ist eine Sache, die nur uns selbst etwas angeht. Ich wette mit Ihnen, dass dieses einfache kleine Schulterklopfen aus Dankbarkeit für das, was Sie über all die Jahre ertragen haben, Ihren Start in den Tag sofort verändern wird. Uns selbst zu danken ist ein erster Schritt, unsere Selbstachtung wiederzuerlangen und uns wieder selbst zu lieben.

Diese drei Schritte immer wieder zu üben, wird uns dabei helfen, Stück für Stück aus dem Versteck herauszukommen, das wir uns selbst geschaffen haben. Es schien für uns zur jeweiligen Zeit zwar die einzige mögliche Vorgehensweise zu sein, aber die meisten von uns werden sich trotzdem wie inhaftiert vorkommen. Wir haben uns eingeschlossen und den Schlüssel weggeworfen, obwohl wir in Wahrheit autonom und selbstbestimmt sind, frei unser Leben zu gestalten, so wie alle anderen auch. Aus der Sicht des Erwachsenen, zu dem wir uns entwickelt haben, können wir das jetzt wahrnehmen. Wir wollen die innere Freiheit, die wir spüren, nähren und wachsen lassen. Wir wollen uns gut fühlen, dass wir einer Leckerei widerstehen konnten, eine Aufgabe zu Ende gebracht haben – was auch immer wir heute für wichtig halten. Wir können eine positive Entscheidung treffen und dieses Gefühl erweitern. Wir können eine Zufriedenheitsstimmung durch unseren Körper fließen lassen und, soweit es uns eben möglich ist, dieses Selbstwertfühl und vielleicht sogar, wer weiß, Eigenliebe genießen.

Wut als Lebenskraft

Ich habe noch nie einen Menschen getroffen, dem als Kind wirklich beigebracht wurde, wie man mit seiner Wut umgeht. »Geh auf dein Zimmer und komm wieder, wenn du dich beruhigt hast«, ist die Standardantwort, die einem Eltern geben, wenn man einen Wutanfall hat. Wie also hätten wir lernen können, die Wut zuzulassen und dann durch den Körper fließen zu lassen, damit sie sich auflöst? In meiner Privatpraxis war Wut ein häufiges Thema. Meine Patienten staunten, als ich mit den Füßen stampfte, pantomimisch schwere Rollläden herunterließ und dabei laut »Nein« rief. Viele waren hochgradig verblüfft zu erleben, wie eine weißhaarige Frau mit Perlenohrringen ihnen vormachte, tief aus dem Bauch »Nein« zu brüllen. Nachdem sie die Übung dann selbst ein paar Mal ausgeführt hatten, fühlten sie sich ausnahmslos besser, stärker, befreit. Das Herauslassen der Wut ist sehr hilfreich, um nicht im Opfermodus stecken zu bleiben, um Grenzen zu setzen und daran festzuhalten und vor allem um zu merken, dass Wut deformierte Lebenskraft ist. Sobald wir uns von der Zorneslast befreit haben, kann die Lebenskraft ungehindert fließen und das Leben eine andere Gestalt annehmen.

Ein häufiges Missverständnis bei Menschen, die »an sich arbeiten«, besteht darin, dass sie meinen, jeden, der ihnen im Leben Schlechtes getan hat, mit seinen früheren Missetaten konfrontieren zu müssen. Ja, wir wurden verletzt, gedemütigt, missbraucht oder auf andere Weise sehr schlecht behandelt, ob bewusst oder unbewusst. Das heißt aber nicht unbedingt, dass wir jetzt mit den Täter-Menschen darüber sprechen müssen. Oft haben solche Gespräche sowieso nicht das gewünschte Resultat. Die andere Person könnte zum Beispiel in einem Maß ihre Scham über das Geschehene zum Ausdruck bringen, dass wir uns am Ende wie der Verfolger im Dramadreieck fühlen. Oder sie lacht über uns und beschuldigt uns, das alles erfunden zu haben, wodurch wir erneut verletzt werden. Vermittlung und Versöhnung können zwar heilend sein, aber letztendlich geht es beim Reinen-Tisch-Machen nicht um den anderen Menschen, sondern um uns. Können wir uns selbst vergeben? Können wir würdigen, lieben und respektieren, wer wir sind und wer wir geworden sind?

Vollständiges Umwandeln des Kindheitsglaubenssatzes

Überwinden wir diesen Kindheitsglaubenssatz, indem wir die alte Beklommenheit, den Groll und die Wut aufspüren und sie dann loslassen, damit wir, wo auch immer wir sind, mit breiter Brust Nein sagen können. Dieser ganze Prozess ist oft mit noch tiefergehender Arbeit verbunden, aber das Umwandeln des Kindheitsglaubenssatzes ist ein guter Ausgangspunkt. Wir können den neuen Glaubenssatz anwenden, wann immer wir in die alten Muster der Machtlosigkeit zurückfallen.

Wir können Schritt 4 theoretisch allein durchführen, aber es ist nicht so einfach, tiefsitzende Wut abzubauen. Freunde oder gegebenenfalls der Lebenspartner bzw. die Partnerin könnten eine gute Unterstützung sein, vor allem, wenn sie bereit sind, mit uns zusammen auf den Boden zu stampfen, sodass das Feuer der Wut im Bauch nach oben steigt. Sollten Sie sich aber unwohl fühlen, jemanden zu bitten, Sie bei dieser für Außenstehende vielleicht etwas seltsam anmutenden Aktivität zu begleiten, führen Sie sie erst einmal allein durch. Nach einer Weile haben Sie dann schon eine gewisse Routine und können andere zu so einer »Wut-Sitzung« einladen. Formulieren Sie Ihre Einladung ganz einfach, wie zum Beispiel: »Ich muss mal etwas Dampf ablassen. Bist du dabei?« In Sportstadien lassen Tausende von Menschen zusammen ihren Emotionen freien Lauf, warum sollte das also in viel kleinerem Rahmen nicht auch bei Ihnen zu Hause möglich sein? Sich auf diese Weise mit seiner Wut zu befassen ist sicherlich gesünder als Süßigkeiten zu verschlingen, mürrisch zu sein oder einer anderen Person gegenüber zu explodieren, nur weil diese ganz unbeabsichtigt einen empfindlichen Punkt bei Ihnen getroffen hat. Ob allein oder mit Freunden, stellen Sie auf jeden Fall sicher, dass Sie nicht gestört werden können und Sie sonst niemand hören kann.

Das ultimative Ziel der gesamten Übung ist es, unser »NEIN!« zu finden. Nicht so ein klitzekleines und bescheidenes, fast unhörbar ausgesprochenes »Nein«, sondern unser »NEIN!« Nicht das »Lieber nicht, aber wenn du darauf bestehst«, sondern ein »Bis hierher und nicht weiter!«. Unser klares, deutliches, kompromissloses, unnachgiebiges »NEIN!«.

SCHRITT 4: Die Wut von damals einladen

In Schritt 3 haben wir die Gefühle von Selbstwert und vielleicht sogar Selbstliebe erweitert. Sobald die guten Gefühle, dass wir rundum mit uns zufrieden sein dürfen,

im Fluss sind, können wir an eine Situation zurückdenken, bei der wir uns in unser Schicksal ergaben, uns mit Essen trösteten oder uns in etwas fügten, was wir eigentlich nicht wollten. Dieses Ereignis kann als Portal dienen, über das wir mit unseren Gefühlen von Machtlosigkeit, Hilflosigkeit, Verzweiflung und Selbstverachtung in Kontakt treten können. Als der Erwachsene, der wir jetzt sind, können wir den Schmerz aus all den Zeiten hochsteigen lassen, in denen wir herumkommandiert wurden, von anderen gesagt bekamen, was gut für uns ist, als jemand ohne Anklopfen in unser Zimmer kam und wir uns dies gefallen ließen; die vielen Anlässe, bei denen wir unsere eigenen Bedürfnisse hintanstellten und uns nach anderen richteten. Jetzt sind wir erwachsen und können als Gefäß für all diese Gefühle von Resignation, Ohnmacht, Lethargie, Selbsthass, Wut und Hass dienen.
Wir nehmen nun den Deckel von der Grube, in der wir all unseren Ingrimm vergraben haben. Wir müssen ihn nicht gleich vollständig entfernen, es reicht für den Anfang, ihn ein wenig beiseite zu schieben. Wir erlauben, dass ein Teil der Galle entweichen kann, so wie Dampf von einem Topf mit kochendem Wasser. Dampf hat einst die Motoren von Fabriken, Zügen und Schiffen angetrieben, die sich überall auf der Erde verbreitet haben; jetzt ist es an der Zeit, die Kraft unseres Zorns zu spüren. Mit einem Handtuch oder auch einem alten Tennisschläger können wir mit aller Macht auf den Arm eines Sessels oder einen Stapel Kissen einhauen. Gehen Sie etwas in die Knie, führen Sie das verdrehte Handtuch über den Kopf, halten Sie es mit beiden Händen und bearbeiten Sie das gewählte Ziel. Alles ist erlaubt – schlagen, hauen, eindreschen, klatschen, knallen, eins überziehen, prügeln, versohlen. Seien Sie jetzt nicht halbherzig, sondern

bearbeiten, hauen, demolieren und malträtieren Sie den Gegenstand mit all der Kraft, die nicht nur Ihr Oberkörper, sondern Ihr ganzer Körper hergibt. Lassen Sie die Empörung aus dem Bauch hochsteigen, reißen Sie den Mund weit auf und schreien Sie: »NEIN!«
Eine lange zum Schweigen gebrachte Stimme braucht Zeit, um Kraft zu gewinnen. Niemand, mit dem ich bisher gearbeitet habe, hat diesen Prozess am Anfang als einfach oder bequem empfunden. Beim Vorschlag, dem Zorn freien Lauf zu lassen, beginnen alle Alarmglocken der gesellschaftlichen Konditionierung zu läuten. Die »Geh in dein Zimmer und komm zurück, wenn du dich beruhigt hast«-Konditionierung spiegelt sich wider in der gesellschaftlichen Norm des Stirnrunzelns über Menschen, die die Fassung verlieren. Die Stimmen der Konditionierung halten uns gerne da fest, wo wir sind. Wenn sie jetzt anfangen, in uns zu protestieren, ist das eigentlich ein gutes Zeichen, da dies bedeutet, dass wir über das hinausgehen, was wir uns bisher getraut haben. Der Trick besteht wieder darin, diese Gedanken anzusehen, aber ihnen nicht zu folgen. Wir könnten ihnen sogar ganz Einhalt gebieten, denn das ist es, was wir sowieso tun: eine Linie in den Sand zeichnen, an unseren Grenzen bleiben und nicht zulassen, dass uns etwas oder jemand daran hindert, unsere Stimme zu finden. Wir lassen die Gewohnheit hinter uns, dass andere, und unsere eigenen Gedanken, unser Leben bestimmen. Unser Leben gehört uns!

SCHRITT 5: Kreativ sein, das eigene Leben leben

Sobald wir in der Lage sind, unser »Ja« und »Nein« laut und deutlich zu sagen, wird das Leben sofort einfacher für uns. Leute wie Harry werden merken, wie ihre Fähigkeit, sich mit Kollegen zu beraten, wächst. Er bekommt

die vielen Stunden, die er früher mit unentschlossenem Schwanken verbracht hat, zurück und wird zu der Art von zugänglichem Vorgesetzten, der er immer sein wollte, mit einem ausgeprägten Gespür für die Bedürfnisse, Wünsche und Talente seiner Mitarbeiter.
Wenn wir destruktiven Zorn in konstruktive Lebenskraft verwandeln, werden wir bemerken, dass sich die ständigen Dilemmata aufzulösen beginnen. Unsere Lebenskraft wird uns helfen, alles zu tun, was in unserer Macht steht, um das Leiden von anderen zu lindern. Von einem geliebten Menschen werden wir zu einem Menschen, der es wagt zu lieben. Unsere Kreativität, unser Mitgefühl und die Fähigkeit, Menschen zu verbinden, kann jetzt vollständig zum Leben erweckt werden. Wir haben ein großes Herz und sind in der Lage, Menschen so zu akzeptieren, wie sie sind und unter allen Umständen das Positive zu sehen. Wir genießen das Leben in vollen Zügen. Wir haben die Macht über unser eigenes Leben. Wir sind souverän, wir sind autonom, wir sind frei.

Die positive Gegenwart

Wut in Lebenskraft zu verwandeln kann auf viele konstruktive und kreative Weisen geschehen, nicht nur in der Form, auf Kissen zu schlagen. Auch Sport kann dazu beitragen, Ärger und Aggressionen nicht aufstauen zu lassen, sondern in Bewegung zu halten. Gut geeignete Sportarten hierfür sind zum Beispiel Schwimmen, Joggen oder alle Ballsportarten. Tanzen oder lange Spaziergänge in der Natur können ebenfalls Wunder wirken. Alle Tätigkeiten, bei denen viel körperliche Energie aufgewendet werden muss, helfen, da uns die Bewegung in

Kontakt mit dem Körper und der durch uns hindurchfließenden Lebenskraft bringt. Wir sollten bewusst üben, die alten, resignierten Gedanken durch neue, ermutigende und motivierende, zu ersetzen:

POSITIVE SELBSTBOTSCHAFTEN

Ich nehme das Leben selbst in die Hand.

Ich weiß vielleicht nicht genau, wie ich vorankommen soll, aber ich werde es herausfinden.

Ich brauche oft mehr Zeit als andere, um mich zu entscheiden.

Jetzt erkenne ich, dass mein Leben mein Leben ist, um zu leben, ich gönne mir diese Zeit.

Ich muss nichts gegen meinen Willen tun.

Ich schätze mich selbst für das, was ich bin.

Ich bin autonom und kann meinen eigenen Kurs bestimmen.

Genau wie alle anderen habe ich meine Grenzen.

Ich wage es, »nein« zu sagen.

Es gibt nichts, was ich ertragen muss.

Es gibt nichts, was ich tun muss, um anderen zu gefallen, wenn ich es nicht will oder wenn es mir zu viel abverlangt.

Ich muss nur ausdrücken, was in mir lebt.

Ich bin ein souveränes Wesen, ein freier Mensch.

Ich bin sichtbar.

Ich gestalte mein Leben so, wie ich es für richtig halte.

Ich gefalle anderen Menschen – und mir selbst –, indem ich bin, wer ich bin.

Ich kann das Leben in vollen Zügen genießen.

Ich bin in der Lage, meine angeborene Freude mit anderen Menschen zu teilen.

Ich fühle mich frei.

Je mehr Einblicke wir in die Reaktionen und Verhaltensmuster gewinnen, die aus diesem dritten Kindheitsglaubenssatz resultieren, desto mehr werden wir in der Lage sein, unsere Kreativität zur Entfaltung zur bringen. Die Angst vor Ablehnung wird nicht über Nacht verschwinden, aber zumindest sind wir uns jetzt bewusst, dass dies eine Angst ist, die ihre Wurzeln in der Vergangenheit hat. Wir sind erwachsen geworden und es ist an der Zeit, unser Selbstbild entsprechend anzupassen. Jedes Mal, wenn wir der Angst vor Ablehnung und Erniedrigung trotzen, werden die innere Verwirrung und der innere Groll abnehmen. Ich habe viele Menschen erlebt, die auf diese Weise die Zügel ihres Lebens wieder in die Hand genommen und sich darüber hinaus ohne strenge Diät von ihren überflüssigen Pfunden befreit haben. Wenn wir Angst und Frustration nicht mehr niederhalten müssen, schwindet unser Verlangen, uns den Bauch vollzuschlagen und viel Essen hinunterzuschlingen. Wenn wir nicht mehr das Bedürfnis haben, uns unsichtbar zu machen, ist es auch nicht länger nötig, dass wir unseren kreativen Kern verhüllen.

Heute ist ein neuer Tag, an dem wir uns befreien und der Welt zeigen können, wer wir wirklich sind. Wir sind frei.

So wie es der englische Schriftsteller William Ernest Henley (1849-1903) in seinen vielzitierten Gedichtzeilen auf den Punkt gebracht hat: »Ich bin der Herr meines Schicksals. Ich bin der Hauptmann meiner Seele.« (Dies sind die letzten beiden Zeilen des 1875 entstandenen Gedichtes »Invictus«: *I am the master of my fate: I am the captain of my soul;* Anm. d. Übers.)

Ein edles Herz

KINDHEITSGLAUBENSSATZ

»Ich muss die Kontrolle haben.«

NEGATIVE SELBSTBOTSCHAFTEN

»Ich weiß, was richtig ist, aber es könnte sein, dass mir jemand, dem ich bisher vorbehaltlos vertraut habe, in den Rücken fällt, deshalb sollte ich besser niemandem vertrauen. Ich muss Situationen und Menschen unter Kontrolle halten.«

NATÜRLICHE GABEN

Leidenschaft, Ritterlichkeit, Charisma, Integrität

»Nennen Sie mir ein x-beliebiges Top-Restaurant in der Stadt und ich kann Ihnen sagen, welches dort der beste Platz ist«, erzählt mir Samuel. »Wenn ich in das jeweilige Restaurant komme, sage ich dann auch immer, dass ich genau dort sitzen möchte. Es ist mir egal, ob der Tisch vielleicht bereits reserviert ist, das ist dann das Problem des Personals. Sollte ich den gewünschten Tisch nicht bekommen, bitte sehr, dann gehe ich eben woandershin.«

Samuel lebt in einer Welt, in der es nur Gewinner und Verlierer gibt, und er selbst tut alles dafür, um immer auf der Gewinnerseite zu sein. Aber wie wir noch sehen werden, gibt es für ihn eigentlich nur einen Feind zu besiegen, und der befindet sich in ihm selbst.

Nicole hatte schon eine ganze Reihe von Liebhabern und ist wieder mal verliebt. Vielleicht ist es ja dieses Mal der Mann fürs Leben. Nachdem die erste Euphorie etwas nachgelassen hat, schleicht sich wie schon so oft Misstrauen bei ihr ein. Sie wartet förmlich auf den Augenblick, an dem der neu Auserwählte sie darum bittet, seine Hemden zu bügeln oder sonst eine Aufgabe im Haushalt zu übernehmen. Eine Spur von Verachtung kriecht in ihre Stimme. Sie beginnt ein Spiel mit Zuckerbrot und Peitsche und attackiert ihren Freund dann scharf, um ihm anzudeuten, dass sie fertig mit ihm ist. Dieser jedoch tappt nicht in ihre Falle. Seine aufmerksame Reaktion hilft ihr zu erkennen, dass Manipulationsversuche ihr nicht die erwünschte dauerhafte Liebe bringen werden.

Menschen wie Samuel und Nicole pflegen sorgfältig das Bild des erfolgsverwöhnten Siegertyps. Die meisten glauben wirklich daran, dass es im Leben vor allem darum geht, die Kontrolle zu behalten und zu wissen, was als Nächstes geschieht. Diese Ansicht führt dazu, dass viele von uns mit diesem Kindheitsglaubenssatz beruflich sehr erfolgreich sind, aber mit ihrem Liebesleben Probleme haben. Eine Beziehung erfordert Vertrauen und Hingabe – und das ist genau das, was der vierte Kindheitsglaubenssatz zu vermeiden trachtet. Wir sind in unserer Jugend so tief verletzt worden, fühlten uns so verraten, als wir einem Elternteil vergeblich unsere bedingungslose Liebe anboten, dass wir beschlossen, nie mehr das Risiko einzugehen, dass uns jemand das Herz brechen kann. »Ich muss die Kontrolle haben und wissen, beziehungsweise besser noch selbst bestimmen, was als Nächstes passiert« ist die daraus resultierende Schlussfolgerung. Wenn wir unseren Eltern unsere Liebe nicht anvertrauen können, wem dann?

Liebe und Vertrauen sind die Themen vieler Mythen und Sagen. Sie erzählen im Grunde alle die Geschichte eines Helden (oder einer Heldin) auf der Suche nach dem Heiligen Gral. »Jeder betrat den Abenteuerwald an einem selbst gewählten Punkt, wo es am dunkelsten war und es keinen Weg oder Pfad gab.« Der Mythologieprofessor, Dozent und Schriftsteller Joseph Campell hat in seinen Büchern oft Gawain erwähnt, einen der edlen Ritter der berühmten Tafelrunde des König Artus. Bis zum heutigen Tag ist die Geschichte, wie ein ungestümer junger Mann auf der Suche nach der Wahrheit sein Zuhause verlässt, ein häufiges Thema in Büchern, Theaterstücken und Filmen.

Wir mit diesem Kindheitsglaubenssatz lieben solche Geschichten von der Heimkehr zu uns selbst, da sie uns an unsere eigene Suche nach dem Weg erinnern, den nur wir allein gehen. Auch wenn das Erwachen aus den Fantasien unserer heroischen Jugendspiele manchmal hart sein kann, führt uns der Glaubenssatz in ein Abenteuer, in dem wir herausfinden, wie wir unseren Kindheitstraum von Ritterlichkeit und Tapferkeit wahr werden lassen können.

Die klassische Geschichte

Eine solche Geschichte geht so: Ein kleines Mädchen bewundert sich im Spiegel. In diesem Moment kommt ihr Vater ins Zimmer. »Ich wünschte, deine Mutter würde so wunderschön aussehen wie du, meine kleine Prinzessin«, sagt er bestätigend und streicht ihr übers Haar. Das Mädchen fühlt sich als die Frau wahrgenommen, die sie einmal sein wird. Sie fühlt sich umworben, bewundert und geliebt, der Liebling ihres Vaters. Wie eine Blüte, die sich öffnet, schenkt sie sich in ihrer Fantasie ganz ihm. Dadurch aber hat sie ein Problem, weil sie nicht mehr so recht weiß, wie sie sich ihrer Mutter gegenüber verhalten soll. Sie liebt ja beide Eltern und fühlt sich dementsprechend wie eine Verräterin, die noch dazu den Verdacht hegt, dass ihr Vater bezüglich seiner Absichten nicht ganz ehrlich zu ihr ist.

Genauso wie viele Mädchen ihre Rolle im Leben des Vaters gerne größer machen, als sie ist, neigen Buben dazu, dies in Bezug auf ihre Mutter zu tun. »Wenn ich groß bin, werde ich dich heiraten«, sagt der kleine Junge zu seiner Mutter. Sie lächelt und antwortet, ob er jetzt aber erst mal eine Zeit lang auf die kleine Schwester aufpassen könne. Der Junge interpretiert diese Bitte als Bestätigung. Er ist derjenige, der die Verantwortung trägt, dass seine Mutter ein paar Stunden in Ruhe arbeiten kann. Sie zählt auf ihn, weil der Vater viel unterwegs ist. In seinem noch jungen Geist sieht er sich bereits, wie er zusammen mit seiner Mutter den Haushalt führt. Er weiß genau, wann sie gerne eine Tasse Tee hätte. Sie blickt von ihrem Laptop hoch und sagt mit zärtlicher Stimme: »Vielen Dank. Es ist so schön, wie du für mich sorgst.« Der Junge wächst innerlich um ein paar Zentimeter und fühlt sich schon richtig groß, wie ein richtiger Mann, der weiß, wie man sich um eine Frau kümmert. Nicht wie sein Vater, der viel zu selten da ist, um ihr das Gefühl geben zu können, geschätzt zu werden. Nein, er ist derjenige, der sie wirklich gern hat, und er nimmt das liebevolle Lächeln seiner Mutter als Bestätigung ihrer geheimen Bindung.

Eines Nachts wird der Junge von Geräuschen aus dem Elternschlafzimmer geweckt. Er hört, dass seine Mutter laut stöhnt und versteht nicht, was vor sich geht. So etwas war schon einmal vorgekommen, und damals rannte er ins Schlafzimmer, um seine Mama zu retten. Er erinnert sich noch an den überraschten Blick der Eltern und dass sie sagten, er solle wieder ins Bett gehen. Ganz offensichtlich war er unerwünscht. Nachdem er unter die Decke geschlüpft war, hörte er, wie die Eltern leise redeten und sogar kicherten. Dieses Mal wählt er eine andere Taktik und geht ins Bad, um durch das Spülen der Toilette deutlich zu machen, dass er wach ist. Wieder in seinem Zimmer, fühlt er sich verraten. Wenn er sich so gut um die Mutter kümmert, warum schließt sie ihn dann aus, wenn sie mit dem Vater zusammen ist?

Kinder werden auf alle möglichen Arten in die elterliche Beziehung mit hineingezogen. In instabilen Partnerschaften binden Eltern wissentlich oder unwissentlich ihre Kinder in das Spiel um Liebe und Macht ein. So kuschelt vielleicht eine Mutter übertrieben mit ihrem Sohn, um dessen Vater zu signalisieren, dass es durchaus Menschen gibt, die ihre Zuneigung zu schätzen wissen. Auch wenn der Kleine spürt, dass die Zärtlichkeiten nicht eigentlich ihm gelten, akzeptiert er sie trotzdem dankbar. Ein Vater wendet sich nach einem Streit mit seiner Frau an die Tochter, und sagt ihr, nur sie verstehe ihn wirklich. Da in einem so jungen Alter die Grenzen zwischen Fantasie

und Realität noch fließend sind, freut sich die Tochter darüber, im Leben des Vaters eine so wichtige Rolle zu spielen. Sie gewinnt den Eindruck, dass ihre Mutter nicht wirklich zählt und sie die wahre Liebe ihres Papas ist.
Unsere jungen Herzen, die vor Liebe überströmen, werden gebrochen, wenn unsere Hingabe nicht so erwünscht ist, wie wir uns das vorgestellt haben. Wir werden auf dem falschen Fuß erwischt, lernen aber schnell aus den grausamen Lektionen des Lebens. Von nun an werden wir aufpassen und nicht wieder so schnell den Kürzeren ziehen.

Feindbilder

Viele Leute fühlen sich von Samuel eingeschüchtert, aber seine derzeitige Freundin zählt nicht dazu. Sie sieht durch seine Angeberei hindurch auf das große Herz, in das sie sich schon bei ihrer ersten Begegnung verliebt hat. Sie mag den Mann, der Sam sein könnte, wenn er sich mehr von seinen Gefühlen leiten ließe, anstatt das Leben als einen andauernden Konkurrenzkampf anzusehen. »Er ist ganz schnell dabei, andere Menschen nur als Feinde zu betrachten«, sagt sie, »und dann wird er innerlich zu einem Krieger, der in die Schlacht ziehen muss. Das ist auf die Dauer ziemlich anstrengend und ohne blauäugig sein zu wollen muss ich sagen, dass mir dieses ständige Verfeinden nicht wirklich nötig zu sein scheint.«
Ihr Kindheitsglaubenssatz ist nicht der gleiche wie der ihres gewählten Partners. Samuel denkt zwar manchmal, sie sei ein wenig ahnungslos, wie es in der Welt wirklich zugeht, hat sie aber so gern, dass er sich zum ersten Mal im Leben fragt, ob er sich manche Feindschaften

vielleicht nur einbildet. Dieser völlig neue Gedanke verwirrt ihn seit einer Weile. Er kann ihn keiner der klaren Kategorien zuordnen, in die er Ideen und Menschen normalerweise einteilt, und was er nicht versteht, das mag er nicht. Er muss aber zugeben, dass er die ständige Spannung, unter der er steht und die ihn wie der Außenbordmotor eines Schnellbootes durch das Leben rasen lässt, eigentlich gerne loswerden würde.

Aufwachsen mit diesem Kindheitsglaubenssatz

In ihre Spiele versunken weisen Kinder sich und ihren Freunden die grandiosesten Rollen zu.

Ich war ein Feuerwehrmann, der Kinder in Gefahr rettete.

Ich war ein Arzt, der jeden Kranken geheilt hat.

Ich war so berühmt, dass ich alle glücklich machen konnte.

Ich war der Präsident der ganzen Welt!

In dieser Fantasiewelt unserer Kindheit unterscheiden wir ganz klar zwischen den Guten und den Bösen. Mit unseren Spielkameraden erwecken wir Tote zum Leben, retten Prinzessinnen und Präsidenten und bewahren die Welt vor einer drohenden Katastrophe. Wir sind eigentlich ein Königskind, das irrtümlich in einer normalen Familie aufwächst. Eines Tages aber werden wir allen verkünden, wer wir wirklich sind. Wenn wir erwachsen sind, heiraten wir unsere schöne Mutter oder unseren fantastischen Vater, die in unserer kindlichen Perspektive noch nichts von ihrem Glanz verloren haben. All dies liegt für uns problemlos im Bereich des Möglichen, unsere Fan tasie ist unermesslich. Wir verfügen über keine klare Abgrenzungsmöglichkeit zwischen dem Wahren und Falschen, und so kommt es dann schnell mal zu Missverständnissen im realen Leben.

Im Kindesalter fühlten wir uns komplett eins mit unseren Eltern. Wir vertrauten ihnen unser Leben an. Als dieses Vertrauen zerstört wurde, weil sich unsere unschuldige Annahme, wir seien die wahre Liebe eines Elternteils, als Trugschluss entpuppte, waren wir wie vor den Kopf gestoßen. Anscheinend kann man niemand trauen, schlussfolgert das kleine Kind mit dem gebrochenen Herz. Von einem Moment zum nächsten sind wir in unserer eigenen Wahrnehmung vom Helden zum Verlierer geworden. Das tut weh. Wir waren doch immer überzeugt gewesen, eine ganz besondere Rolle im Leben von Mutter oder Vater zu spielen. Wir hatten gedacht, wir hätten die Situation richtig interpretiert und wären die Rettung für den jeweiligen Elternteil. Und plötzlich, wie aus heiterem Himmel, soll das alles nicht mehr stimmen? Aus diesem Gefühlswirrwarr heraus beschließen wir, dass wir ein solches Missverständnis nicht noch einmal zulassen dürfen. Einen Herzschmerz wie diesen würden wir kein zweites Mal überleben. Solche Vorfälle, wenn wir uns als Kind in der Beziehung mit unseren Eltern verraten fühlen, bilden die Grundlage für all das Misstrauen, das wir in der Zukunft gegenüber anderen Menschen hegen werden. Dass wir selbst das Heft in der Hand behalten und bestimmen, was geschieht, wird zum Leitmotiv unseres Lebens.

Typische Merkmale für diejenigen, bei denen sich dieser Sieg-oder-Niederlage-Glaubenssatz gebildet hat, sind Kontrollsucht, zwanghaftes Konkurrenzdenken und ein unbedingter Siegeswille. Das Verlangen, selbst die Fäden zu ziehen und immer zu wissen, was als Nächstes passiert. Wir wollen jederzeit das letzte Wort behalten. Gelingt das nicht, überreden und schmeicheln wir, manipulieren und manövrieren wir, täuschen auch mal etwas vor, und setzen generell alle Hebel in Bewegung, damit wir die Gelegenheit bekommen, uns zu äußern und zu beweisen, dass wir von Anfang an recht hatten. Wir sind selbstgefällig in unserem Triumph, und erst wenn endlich alle sehen, dass wir die Oberhand haben, können wir etwas entspannen – aber der Kampf um den ersten Platz kann jederzeit wieder aufflammen.

Normalerweise sind wir nicht gerne allein und schließen leicht Freundschaften. In der Schulklasse, der Sportmannschaft oder im Freundeskreis sind wir die natürlichen Anführer und bestimmen, welches Spiel in der großen Pause gespielt wird oder später, in welchem Lokal wir uns zum Abendessen treffen. Wir geben den Ton an – wenn es sein muss, indem wir resolut unseren Willen durchsetzen, aber meistens gehen wir so sanft vor, dass die anderen erst im Nachhinein erkennen, wie sie wieder mal nach unserer Pfeife getanzt haben, ohne es überhaupt zu merken.

Als Kind oder Jugendlicher scheinen wir nach außen hin keine Angst zu kennen. Wir lassen uns auf Auseinandersetzungen ein, auf dem Pausenplatz auf körperliche, später auf verbale. Wir glauben, dass eine durchsetzungsstarke bis hin zu einer aggressiven Vorgehensweise der Normalfall sein sollte. Wir schätzen es, wenn andere für sich selbst einstehen, und fackeln nicht lange, sollte jemand weniger entscheidungsfreudig als wir sein. Als echte Draufgänger reagieren wir trotzig, wenn wir bei einem Regelverstoß erwischt werden. Eltern, Lehrer und andere Erzieher schaffen es deshalb kaum, dafür zu sorgen, dass wir nicht aus der Reihe tanzen. Wir wählen die Version der Wahrheit, die uns nützt, und stellen sie überzeugend und charmant dar. Sollten wir aber alleine durch Überzeugungsarbeit nicht erfolgreich sein, zeigen wir eben unsere eher schroffe Seite. Wir können nämlich auch einfach kurzen Prozess machen und uns über andere hinwegsetzen, die unserer Meinung nach überkorrekt handeln. Gutmenschen können uns mal. Die Welt ist ein Dschungel, so argumentieren wir, und *wir* werden ganz sicher niemals mehr an eine Märchenwelt glauben, in der Menschen ehrlich und vertrauenswürdig sind.

Bei so einem Kind müssen die Eltern alle Register ziehen, um nicht ganz die Kontrolle zu verlieren. Wenn sie der Ungehorsam ihres Sohnes oder ihrer Tochter wütend macht, erweist sich dies als kontraproduktiv, da das Kind darüber einfach grinsen wird. Seine Einstellung ist nämlich, dass wer einen Tobsuchtsanfall bekommt, die Schlacht schon verloren hat. Zorn ist ein Zeichen von Schwäche, und Schwächlinge gibt es schon genug auf der Welt. Wir tun alles, um an die Spitze zu kommen, ganz egal, ob uns das Punkte im Popularitätswettbewerb einbringt oder nicht.

Gleichaltrige lassen sich von solchen jungen Anführern oft einschüchtern und schließen sich ihnen lieber an, anstatt sich mit ihnen anzulegen. Die jugendlichen Alphatiere sind mitunter unbeständig und können schon mal die Regeln von einem Tag auf den anderen ändern oder sich plötzlich mit jemandem befreunden, den sie vorher ignoriert oder gar verhöhnt haben. Das ist eine Möglichkeit, ihre Kumpels auf die Probe zu stellen – werden sie loyal bleiben? Wenn Freunde brav unserem Kurs folgen, haben sie kein Rückgrat und sind deshalb nicht wirklich

vertrauenswürdig. Sollten sie sich aber wehren, kann man ihnen erst recht nicht trauen. Das alles beweist letztendlich nur, dass man sich im Grunde auf niemanden verlassen kann, wenn es hart auf hart kommt.
Bei Bedarf können wir richtig viel Charme entwickeln. Man kann die Menschen schließlich auch mittels Charisma nach seiner Pfeife tanzen lassen. Der Junge wird sich bei jemandem, den er ausgelacht hat, auf eine so entwaffnende Weise entschuldigen, dass ihm sofortige Vergebung sicher ist. Das Mädchen wickelt seine Eltern, Lehrer und den jeweiligen Freund um den kleinen Finger. Der Freund bewundert seine Angebetete so sehr, dass er all ihre Wünsche blind erfüllt. Ihr ist vollkommen klar, dass ihr kleines Manipulationsspiel eine echte Beziehung verunmöglicht, aber sie hat sowieso gar keine Ahnung, wie eine Beziehung auf Augenhöhe aussehen könnte.
Es ist ja nichts falsch an Kindern, die gewinnen wollen, und in unserer heutigen Wettbewerbsgesellschaft haben sie voraussichtlich eine gute Zukunft. Wenn aber das Gewinnen-Wollen quasi zu einer Angelegenheit von Leben und Tod wird, dann sind wir diesem Kindheitsglaubenssatz von Herzschmerz und enttäuschtem Vertrauen ausgeliefert. Eine Unterreaktion lässt uns arrogant erscheinen, da wir scheinbar nur an unserem eigenen Erfolg interessiert sind, ohne uns um andere zu kümmern. Jeder denkt sowieso nur an sich, ist unsere Überzeugung. Eine Überreaktion bei diesem Glaubenssatz zeigt sich, indem wir immer vorwärtspreschen und mit aller Macht die Kontrolle über Vorschläge, Projekte und sogar Beziehungen behalten wollen. Wir werden mit allem fertig, was sich uns in den Weg stellt – so lautet das Bild, das wir anderen gerne vermitteln.

Körperliche Anzeichen

Unser Schmerz war einmal so stark, dass wir einen heiligen Eid geschworen haben, so etwas nicht noch einmal zuzulassen. Wir haben unser Herz in eine Festung verwandelt, die nicht leicht zu erobern ist. Wir laufen nicht buchstäblich in Kettenhemden herum, wie die galanten Ritter der Tafelrunde, aber wir tragen einen energetischen Schild über dem Herzen. Männer entwickeln oft einen starken Nacken, breite Schultern und einen muskulösen Oberkörper. Bei Frauen zeigt sich die Abschirmung weniger in der Muskulatur als in einer allgemeinen Anspannung im Oberkörper und Gesicht. Wir senden Signale einer zurückgehaltenen Sexualität aus und genießen die Verunsicherung, die dies bei Frauen und Männern auslöst.

Das Leben mit dem Misstrauen, wie es sich aus diesem Kindheitsglaubenssatz ergibt, bringt uns dazu, ständig auf der Hut vor unerwarteten Gefahren zu sein. Um uns sicher fühlen zu können, wollen wir immer wissen oder besser noch bestimmen, was als Nächstes passiert. Wenn wir nicht um die nächste Ecke sehen können, verstärkt das unseren Stress. Die Spannung aufgrund dieses durchdringenden körperlichen Gefühls der Unruhe äußert sich darin, dass wir fast ständig nervös mit einem Fuß wippen oder mit den Fingern auf dem Tisch trommeln.

Wir brennen vor Intensität, in allen Lebensbereichen. Wir starren andere Menschen mit durchdringenden Augen an. Wir gehen voraus wie ein Truppenführer. Wir haben es eilig, sind gehetzt, wollen als Erste ankommen. Wir schaffen es kaum je, stillzusitzen. Wenn wir uns hinsetzen, dann möglichst mit dem Rücken zur Wand, sodass wir einen strategischen Überblick über den Raum haben,

in dem wir uns befinden. Wir hassen es, die Kontrolle abzugeben, und sind deshalb nervös, wenn wir ins Flugzeug steigen. Nach der Landung gehören wir zu den Ersten, die das Flugzeug verlassen.
Stellen wir uns die Situation vor, dass wir zusammen mit Freunden in Urlaub fahren, in ein angemietetes Ferienhaus. Wir übernehmen die Organisation und sichern uns damit das beste Zimmer mit dem größten Bett und den besten Platz am Tisch – wenn möglich am Kopfende. Wenn wir mit Kochen dran sind, zelebrieren wir das und spielen uns ein wenig auf. Kocht jemand anders, schenken wir jovial am Tisch den Wein ein und bestimmen mit unserer lauten Stimme und dem herzhaften Lachen die Gesprächsthemen. Wir lieben Geschichten über Erfolg und Heldentum, über Gewinnen und Gewinner. Dabei lassen wir ins Gespräch einfließen, dass wir über gute Kontakte zu den richtigen Leuten verfügen. Wir sind auch dann darauf aus, die erste Geige zu spielen, wenn eigentlich gar keine erste Geige erforderlich ist. Wir provozieren gerne mit kontroversen Aussagen und schaffen es so, dass sich aus einer anfangs ganz harmonischen Runde heraus plötzlich zwei Lager bilden. Solche Diskussionen sind wie ein Wettkampf für uns, wir argumentieren und versuchen, andere in unser Lager herüberzuziehen. Früh am nächsten Morgen gehen wir dann zum Bäcker, um frische Brötchen für die Truppe zu kaufen. Wir fragen die Verkäuferin, ob sie uns angesichts der großen Menge, die wir mitnehmen, nicht einen Rabatt gewährt. Einen einfachen Einkauf zu einer Preisverhandlung zu machen, ist für uns eine altbewährte Methode, mit anderen Menschen in Kontakt zu treten. Wenn sie nicht mitspielen, können wir recht barsch werden. Kommen sie uns aber entgegen, herrscht schnell rundum gute Laune.

Ein riesiges Schachbrett

Nun möchte ich Sie mit Andrew bekannt machen, einem Unternehmer, der es weit gebracht hat. Er und seine Frau fahren beide ein Cabrio, tragen teure Designerkleidung und Uhren, die den Jahreslohn eines Arbeiters gekostet haben. Seine erwachsenen Kinder erzählen ihm gerne, wie gut im Sport und wie erfolgreich im Studium beziehungsweise bei der Arbeit sie sind. Ihre kleinen und großen Sorgen vertrauen sie lieber in der Küche ihrer Mutter an. Wenn Andrew zufällig zu so einem Gespräch dazukommt, hat er für alles eine schnelle Lösung. Für ihn ist die Welt wie ein riesiges Schachbrett, auf dem man sich mit möglichst raffinierten Zügen bewegt und die gegnerischen Figuren schlägt, wenn die Zeit reif ist. Er ist ein Meister in dieser Vorgehensweise und erwartet Ähnliches auch von seinen Sprösslingen. Deshalb erträgt er es kaum, wenn diese unschlüssig sind und klare Entscheidungen hinsichtlich ihrer zweifelsohne brillanten Zukunft hinauszögern. »Wäge deine Optionen ab und lass dir einige offen, und dann Volldampf voraus!« Nach diesem Motto hat er immer gelebt, und das Ergebnis kann sich ja schließlich auch sehen lassen. Erfolg muss organisiert werden.

Wer an die Spitze kommen will, muss wissen, wo er steht, wo er hin will und welche Fäden er ziehen muss, um dorthin zu gelangen. Manchmal muss man sich bei jemandem einschmeicheln, manchmal muss man den Chef raushängen lassen. Man soll großzügig sein, aber nie vergessen, wem man einen Gefallen getan hat, denn dann kann man ihn bei Gelegenheit wieder einfordern. Dieser Spielplan hat Andrew an seine heutige Position gebracht. Er ist kein Niemand. Er weiß, wo er steht. Leute, bei denen das nicht der Fall ist, enden vielleicht wie sein Bruder, der als Künstler von der Hand in den Mund lebt. Andrew schaudert es bei dem Gedanken an eine solche gescheiterte Existenz – und der Himmel bewahre ihn davor, dass dies auch das Schicksal seiner Kinder sein könnte!

Glänzende Rüstung

Männer mit diesem Kindheitsglaubenssatz grüßen ihre Freunde oft mit einem herzhaften Klaps auf den Rücken und den Worten »Alles im Griff?« Diese scheinbar simple Frage zeigt ihr Denkmuster. Sie wollen um jeden Preis unliebsame Überraschungen vermeiden und deshalb ist ihr Ziel genau das – alles im Griff haben. Sie nehmen einfach an, dass dies für alle anderen ebenfalls gilt, und dass jeder auf der Hut vor unehrlichen Menschen sein sollte. Aufgrund des Kindheitsglaubenssatzes entwickeln viele von uns feine Antennen dafür, wer jeweils die Macht hat und wie man andere beeinflussen und manipulieren kann. Sobald wir einmal unsere eigenen Antennen für diesen Teil von uns ausgefahren haben, der im Leben die Oberhand behalten will, erkennen wir, dass dieser Ansatz vor allem in Lebensbereichen zum Tragen kommt, in denen es um Macht geht: in der Politik, in der Industrie, in den Medien – einfach immer, wenn derjenige den Sieg davonträgt, der andere austrickst.

Solange wir uns nicht bewusst sind, wie stark diese Identifikation damit, dass man gewinnen und alles im Griff haben muss, unsere Weltsicht bestimmt, werden wir hier und da auch Grenzen überschreiten, manchmal sogar die Grenzen des Erlaubten. Wir nehmen es vielleicht nicht so genau mit der Wahrheit und legen Regeln und Vorschriften immer zu unseren Gunsten aus. Wir profitieren vom Fehler eines Kassierers oder von Insiderinformationen über einen Mitbewerber. Wir überzeugen uns selbst, dass wir recht haben, und machen eine Gratwanderung zwischen dem, was rechtlich oder moralisch akzeptabel ist und was nicht. Einige von uns fühlen sich zutiefst verraten und nehmen dies als Rechtfertigung, zurückzubekommen, was uns zusteht, oder Rache zu nehmen. Die Panzerung um unser Herz dient dann dazu, alle Gefühle für andere Menschen abzuschirmen, und nur unseren eigenen Gewinn, unsere Position und unsere Ziele im Blick zu haben. In Spielfilmen werden diese Extreme durch Mafiabosse und Drogenkönige verkörpert, die ein luxuriöses Leben führen, aber im Grunde genommen Gefangene in ihren luxuriösen Villen sind, nur mit Leibwächtern nach draußen gehen und nie sicher sind, wem sie vertrauen können. Selbst ihren Familienmitgliedern trauen sie nicht über den Weg. Ein Leben wie in einem Kartenhaus.

Apropos Spielfilm: Das Kind sah sich selbst als Helden und Wohltäter, und die hehre Absicht, die Welt zu retten und das Leben für andere besser zu machen, ist auch im Erwachsenenalter durchaus noch vorhanden. Alle Geschichten, in denen ein Durchschnittsmensch hervortritt und sich durch mutige Taten als Held erweist, oder in denen eine Heldin allen Bösewichten trotzt, um ihre wahre Liebe zu finden, sprechen unsere Fantasie an. Wir verstehen diesen Impuls, die Lage zu retten. In Wahrheit ist das unser kostbarster Traum. Wir trauen vielleicht niemandem, sind ständig am Planen und am Entwerfen von Strategien und wollen um jeden Preis recht behalten, aber tief im Herzen möchten wir eigentlich nichts anderes, als den Menschen, die wir lieben, Gutes zu tun.

Negative Selbstbotschaften

Trotz unseres nach außen getragenen Selbstvertrauens können wir nicht umhin, festzustellen, dass wir angespannt wie eine Bogensehne sind, einfach deshalb, weil das Leben gerne immer mal wieder unerwartete Wendungen nimmt. Es können Unfälle, Krankheiten oder andere Katastrophen eintreten, und unsere Mitmenschen marschieren nicht immer in die von uns gewünschte Richtung. Das Ziel, alles unter Kontrolle zu haben, ist also nur schwer zu erreichen, wenn überhaupt. Menschen mit diesem Kindheitsglaubenssatz werden deshalb von negativen Selbstbotschaften heimgesucht, die in etwa wie folgt lauten:

NEGATIVE SELBSTBOTSCHAFTEN

Die Leute scheinen freundlich zu sein, bis sie sich plötzlich gegen mich wenden.

Ich vertraue niemandem.

Anderen zu vertrauen, ist etwas für die Verlierer, die Naiven.

Meine Erfahrung sagt mir, dass wir uns nie wirklich auf jemanden verlassen können.

Ich lasse mir besser nicht in die Karten schauen.

Ich muss in der Lage sein, eine Situation zu kontrollieren.

Mein Platz ist auf dem Fahrersitz; ich habe das Sagen.

Ich werde ein Gewinner im Leben sein.

Ich werde die Lage retten und beschützen, was mir gehört.

Wenn ich nicht alle Fäden in der Hand halte, weiß ich nicht, wo ich stehe.

Das lässt mich exponiert und verletzlich erscheinen – sogar wehrlos.

Angriff ist die beste Verteidigung.

Ich muss sicherstellen, dass ich immer abgesichert bin.

Ich muss dafür sorgen, dass ich mich durchsetze und die Oberhand behalte.

Im Leben geht es darum, alles unter Kontrolle zu haben.

Ich versuche immer, in einer Position der Macht zu sein.

Das hilft mir, immer einen Schritt voraus zu sein und auf unerwartete Veränderungen reagieren zu können.

Außerdem hilft mir das, andere vor Schaden zu bewahren.

Solange ich das Sagen habe, wird nichts schiefgehen.

Ich habe mein Leben in Griff, und das ist etwas, was nicht jeder von sich sagen kann.

Ich hasse es zu verlieren.

Wer nicht gewinnt, zählt nicht.

Verlierer sind Außenseiter.

Ich würde lieber die Kontrolle behalten.

Wenn andere die Dinge nicht auf meine Weise sehen, überzeuge ich sie eben davon.

Wenn mir Leute im Weg stehen, werde ich mich dafür rächen.

Diejenigen, die nicht wollen, was gut für mich ist, sind raus – dafür werde ich sorgen.

Ich muss die Schlacht gewinnen, oder ich gehe weg.

Ich bemerke, dass die Leute mich als anmaßend und herrisch empfinden.

Was ich mehr als alles andere will, ist, Menschen zu lieben und sie zu beschützen.

Für die Liebe muss ich großmütig sein.

Ich spiele gerne die Rolle des Helden, aber fürchte mich davor, mein Herz zu öffnen.

Unsere wichtigsten Gaben

In unseren fantasievollen Kinderspielen retteten wir mit Leidenschaft hungernde Tiere, kranke Kinder und überhaupt die ganze Welt. Wir waren glühend in einen Elternteil verliebt. Hinter unserem schroffen oder verführerischen erwachsenen Verhalten verbirgt sich dieser wilde Eifer noch heute. Er lässt uns Partys veranstalten, zu denen jeder eingeladen werden möchte, strategische Geschäftsabschlüsse tätigen und Teams zu vorher unvorstellbaren Leistungen treiben, indem wir ein inspirierendes Beispiel geben, wie man bis ans Limit geht. Wenn wir einmal so weit sind, dass wir uns selbst nicht mehr ständig etwas beweisen müssen, können wir mit viel Engagement für eine gute Sache Berge versetzen. Wir glauben unbeirrbar an die Menschen, die wir lieben, und das sind

nicht wenige. Wir wollen von ganzem Herzen nur das Beste für sie.
In dem Begriff Courage verbirgt sich das französische Wort für Herz, *coeur*, und genau diese Qualität, dass wir das Herz in die Hand nehmen, begleitet unsere Leidenschaft. Wir hatten schon als Kind keine Angst und das ist jetzt immer noch so. Wir fassen uns ein Herz und haben den Mut, uns für das einzusetzen, woran wir glauben. Das ist für uns selbstverständlich, und wir können uns gar nicht vorstellen, dass andere Menschen nicht über die natürliche Stärke verfügen, wie sie uns immer zu eigen war.
Wir wissen, wie wir Menschen dazu bringen, Dinge genauso zu tun, wie wir es gerne hätten. Wir sehen gut aus, kleiden uns stilvoll und halten als guter Kavalier den Damen die Tür auf. Mit unserem strahlenden Lächeln erobern wir die Herzen im Sturm und natürlich hören die Menschen dann auf uns und akzeptieren unsere Führungsrolle. Diejenigen, die es bis in hohe Positionen in der Gesellschaft schaffen, verfügen über beträchtliches Charisma. Das versetzt sie in die Lage, Kollegen oder Wähler von ihrer Vertrauenswürdigkeit zu überzeugen, auch wenn alle wissen, dass sie bei komplexen Sachverhalten Kompromisse eingehen müssen und dann nicht alle Versprechen halten können.
Integrität ist letztendlich unser höchstes Gut. Mit unserer Leidenschaft, mit unserem Mut und Charisma, können wir etwas bewegen, aber Rechtschaffenheit ist das, was uns ein gutes Gefühl von uns selbst gibt. Wir können Handlungsverläufe und Vorgehensweisen beeinflussen – unauffällig, wenn nötig, oder durch offenes Ausüben von Macht. Wenn wir jedoch ganz ehrlich zu uns sind, wollen wir nichts anderes, als unseren Werten gemäß zu leben.

Wir haben die schwarz-weiße Kindheitsbetrachtung, laut der die Guten gegen die Bösen kämpfen, hinter uns gelassen, und wissen, dass sich Gutes manchmal nur mithilfe von Schlechtem erreichen lässt. Wir haben im Laufe unseres Lebens Hingabe mit Liebe verwechselt und zurückgewiesene erotische Avancen mit Ablehnung. In jungen Jahren waren wir Ritter, Helden und Königskinder, und diese Archetypen sind in uns noch sehr lebendig. Unsere Integrität ist wie ein Kompass, der uns zeigt, wo wir unsere beeindruckenden Fähigkeiten einsetzen können, um für eine gute Sache zu kämpfen.

Stärken kultivieren

Da wir nie wieder auf dem falschen Fuß erwischt werden wollen, haben wir ein ausgefeiltes strategisches Verständnis entwickelt und erstellen damit mehrere Szenarien für eventuell kommende Ereignisse. Wir brauchen kein Flipchart, um vor Augen zu haben, was in der Zukunft auf uns zukommen könnte. Alle sich potenziell entfaltenden Optionen sind in unserem Kopf genauso lebendig und real wie die Person, die neben uns steht. Wenn sich Dinge in der äußeren Welt ändern, verändern wir unsere inneren strategischen Bilder und planen unsere Vorgehensweise entsprechend.
Wir sind die besten Projektmanager, Führungskräfte, Unternehmer und Strategieverantwortlichen, die mit Menschen auf allen Ebenen der Gesellschaft umgehen können. Wir wissen, wie man eine Atmosphäre schafft, die der Leistung förderlich ist. Wir sind aufs Gewinnen konditioniert, und sobald wir den Zugang zu unserem Herzen wiedererlangt haben, sind wir in der Lage, die

Perspektive zu wechseln und anderen ihre Siege nicht mehr zu missgönnen. Wir genießen das Zusammenspiel von Kräften, von Entschlossenheit, von cleveren Argumenten.
Sobald wir nicht mehr unbedingt immer recht haben müssen, ziehen wir den Hut vor allen, die auf verlorenem Posten kämpfen, huldigen, wenn sich Huldigung geziemt, und lernen ein oder zwei Tricks, die beim nächsten Mal nützlich sein könnten.

Das Paradox des Vertrauens

Menschen wie Samuel, Nicole und Andrew sind meisterhafte Machtspieler, aber eigentlich, tief im Innern, sind sie verkrampft und ängstlich. Sie haben Angst, dass eines Tages jemand kommt, der schneller, klüger und geschickter ist als sie und ihnen den Platz an der Sonne wegnimmt. Sie fürchten, dass sie letzten Endes trotz allem, das sie mit ihrem Charme und ihrem strategischen Verständnis im Leben erreicht haben, doch diejenigen sein werden, denen man nicht trauen kann. Es stimmt, dass sie oft aus Kalkül handeln, opportunistisch sind und andere die Schmutzarbeit für sie erledigen lassen. Sie lieben ihren Lebenspartner leidenschaftlich und aufrichtig – und begehen doch den einen oder anderen Seitensprung. Sie wissen, wie man Wiedergutmachung leistet, sodass ihnen schnell vergeben wird, aber im Wesentlichen geht es nicht darum. Das Paradox, das diesem Kindheitsglaubenssatz zugrunde liegt, ist die Liebe:

DAS PARADOX

Da meine reine Liebe einmal verraten wurde, schütze ich mich jetzt, indem ich voraussehe, was passieren kann, und kontrolliere, was passiert. So zu leben hindert mich aber daran, wieder wirklich zu lieben.

Das Kämpfen einzustellen ist die große Herausforderung, vor der diese Menschen stehen. Der zu besiegende Feind ist niemand anders als wir selbst. Die Liebe kann wieder frei fließen, wenn wir lernen, den Kopf vor dem Geheimnis des Lebens, vor der Unvorhersehbarkeit der Menschen und der Liebe, die wir im Herzen spüren, zu beugen. Das Paradox besteht hier darin, dass es den Mut eines Helden braucht, sich zu ergeben, und dass genau dieses Wagnis uns zu der edlen und ritterlichen Person macht, die wir immer sein wollten.

Der innere Feind

William »Bill« Ury hat schon auf der ganzen Welt als Mediator gearbeitet, in Kriegs- und Krisengebieten, bei Vorstandssitzungen und bei Auseinandersetzungen im Arbeitskampf. Seine Leidenschaft ist es, Menschen in komplizierten geschäftlichen Verhandlungen oder internationalen kriegsähnlichen Situationen zu einer Einigung zu bringen. In den 1980er-Jahren – Ury hatte damals gerade zusammen mit ein paar Kollegen das *Harvard Negotiaton Project* gegründet – las ich sein erstes Buch *Das Harvard-Konzept*. Bis heute blättere ich ab und zu in dieser eleganten Beschreibung der tieferen Schichten unserer offensichtlichen Verhandlungsforderungen. Laut dem Harvard Negotiaton Project gehört es zu den wichtigsten Prinzipien bei einer Verhandlung, dass die Sach- und die Beziehungsebene getrennt werden, weil diese sich oft ins Gehege kommen. Sich in die Lage des anderen zu versetzen und aktiv zuzuhören ist ein Rezept für Verhandlungslösungen, von denen alle profitieren.

Autorität ist nicht mehr, was sie in den alten Zeiten war, als Eltern, Lehrer und Chefs ihren Kindern, Schülern und Angestellten Befehle gaben, die diese widerspruchslos auszuführen hatten. Heute wird viel mehr Zeit dafür aufgewendet, sich zu einigen und abzustimmen. Wenn Menschen gefragt werden, welche Art von Verhandlungen sie am herausforderndsten finden, die mit Personen von außen, wie Kunden, oder interne Verhandlungen mit Ehepartner, Kindern oder Kollegen, so entscheiden sich die meisten für das Letztere. Je interner, desto schwieriger, hat Ury in 30 Jahren Studieren, Lehren und Anwendung von Verhandlungstechniken festgestellt. Sein neuestes Buch heißt *Wissen, was ich will, und erfolgreich verhandeln: Der Einstieg ins Harvard-Konzept*. Die Idee dazu kam Ury, weil ihm in der Zwischenzeit klar geworden war, dass unser schwierigster Gegner in jeder Verhandlung wir selbst sind.

Als Beispiel erzählte Ury bei einem Vortrag im Jahr 2015, wie Hugo Chávez, der frühere Präsident von Venezuela, sich ihm gegenüber stundenlang mit lauter Stimme über die Probleme in seinem Land und die Verräter, die ihn absetzen wollten, ausließ. Ury hörte aufmerksam zu und versuchte, sich in die Lage des Präsidenten zu versetzen. Er ging innerlich durch all die Gefühle von Wut und Angst hindurch, dass zwei Jahre Arbeit für dieses Land sich als vergeblich erweisen könnten. Am Ende fragte ihn Chávez nach seiner Meinung. Ury erwiderte: »Rufen Sie einen Weihnachtsfrieden aus! Alle sollen mal eine Pause einlegen und mit ihren Familien in Ruhe Weihnachten feiern. Dann kehren sie vielleicht in einer anderen Stimmung an den Verhandlungstisch zurück.« Nachdem Ury dem Präsidenten verständnisvoll zugehört hatte, hörte dieser nun auch ihm zu.

Ein weiteres Beispiel, das Ury bei seinem Vortrag anführte, war das des brasilianischen Milliardärs, der quasi aus dem Nichts ein Vermögen angehäuft hatte und nun in einen erbitterten Streit mit seinem früheren Geschäftspartner geraten war. Ury fragte den schon alten, mächtigen Geschäftsmann, was er denn wirklich wolle, worauf dieser vielleicht zu seiner eigenen Überraschung antwortete, dass er sich vor allem nach Freiheit sehne, um mehr Zeit mit seiner Familie verbringen und seinen unternehmerischen Träumen nachgehen zu können. Das sei ihm viel wichtiger, als den schwierigen Rechtsstreit zu gewinnen.

»Wer kann Ihnen diese Freiheit geben?«, fragte der versierte Mediator nach. »Sind Sie eine komplette Geisel Ihres Geschäftspartners oder können Sie sich selbst zu dieser Freiheit verhelfen?« Die vierzig internationalen Top-Anwälte, die zum Schiedsverfahren des Jahrhunderts zwischen den beiden Titanen angereist waren, konnten wieder nach Hause fliegen, nachdem der jahrelange erbitterte Streit in nur vier Tagen mit einer für beide befriedigenden Lösung beigelegt worden war.

Ury nennt die Fähigkeit, sich nicht auf einen Kampf einzulassen, auf Wutausbrüche oder Anschuldigungen nicht zu reagieren und darauf zu verzichten, mit jemandem in einem aufgewühlten Zustand der Emotionen zu kommunizieren, »Auf den Balkon gehen«. »Vom Theaterbalkon«, so sagt er, »bekommen Sie einen distanzierteren Blick auf sich selbst. Sie blicken sozusagen auf die Bühne und können Ihren Einsatz erst einmal verschieben. Manche tun dies, indem sie eine wütende E Mail schreiben und sie als Entwurf speichern, andere, indem sie einen Spaziergang machen oder mit einem Kollegen einen Kaffee trinken. Viele schlafen erst mal eine Nacht über alles. Ich kneife mir in die Handfläche, wie es mir einst jemand geraten hat.«

Die Heilungsreaktion

Weder Herrschaft noch Verführung bringen eine wahre Verbindung, nach der wir uns doch eigentlich sehnen. Wir handeln auf der Grundlage des vierten Kindheitsglaubenssatzes, wenn wir versuchen, einen Kampf mit jemandem zu beginnen, und wie ein Anwalt vor seinem ersten Fall bei Gericht immer wieder das Vorbringen der gleichen Argumente proben. Mit der ständigen Wiederholung wird unser Gefühl, dass wir recht haben, immer entschlossener und der Gegner noch verachtungswürdiger. Wir fühlen uns überlegen, weil wir Gewinner sind, und angespannt, weil wir nicht genau wissen, was als Nächstes kommt.

In all diesen und vielen anderen Fällen sollten wir daran denken, dass die Wiederholung, die Gehässigkeit, die kompromisslosen Gedanken, laut denen wir eindeutig die edlen Krieger sind, alles Anzeichen dafür sind, dass wir uns im eingeschränkten Raum eines Kindheitsglaubenssatzes bewegen. Wenn wir dies einmal erkannt haben, können wir die Dinge wieder ins Lot bringen.

Vom Balkon, wie es Ury vorschlägt, können wir uns selbst zuhören, um den Kern der widersprüchlichen Argumentation herauszuschälen. Was wollen wir wirklich?

Wagen wir es, zu fühlen, dass wir zuinnerst einfach nur lieben und geliebt werden möchten? Wenn wir uns diese Sehnsucht eingestehen, vielleicht am Anfang nur zögerlich, wird dies zu einer spürbaren Erleichterung für unsere angespannten Muskeln führen. Vielleicht auch zu etwas Herzschmerzen, aber indem wir eine Hand auf das Herz legen, können wir still den Verlustschmerz aus der Kindheit fühlen und uns sagen, wie stark und mutig wir waren. Außerdem können wir jetzt dem verzweifelten Kind von damals alle unsere Liebe schicken.

Indem wir unsere Energie bewusst nach innen und nicht nach außen leiten, beruhigen wir uns. Atmen wir tief durch und bewundern wir die Fähigkeit unseres inneren Prozessanwalts, Beweismaterial zusammenzutragen, während wir gleichzeitig unser Herz so weit öffnen, dass der Aggressor in uns in einem warmen Bad aus Vertrauen und Liebe schwimmt. Wir können die Energie, die wir normalerweise im oberen Teil unseres Körpers speichern, nach unten in den Bauch und in die Beine senden. Wir müssen jetzt nicht herrisch sein. Es ist niemand da, den wir dominieren oder ausschalten müssen, damit wir am Ende als Sieger dastehen. Um William Ury zu zitieren: »Wie sollten wir unsere äußeren Differenzen beilegen können, wenn wir nicht zuerst unsere inneren Differenzen beilegen?« (*Seite 11; DVA 2016; Anm. d. Übers.*). Wenn wir uns selbst diese Heilungsreaktion zuteilwerden lassen, dann wird uns das helfen, das Vertrauen in uns selbst, in andere und in das Leben zu stärken.

Sollte umgekehrt jemand mit diesem Kindheitsglaubenssatz mit uns Streit anfangen, um uns zu beweisen, dass wir falsch liegen, wäre eine natürliche Reaktion vielleicht, wütend zu werden und dagegenzuhalten – im Endeffekt würde das jedoch nur zu einem Kampf führen, den wir gar nicht unbedingt möchten. Ein Rückzug ist in so einem Fall aber auch nicht empfehlenswert, wir wollen ja nicht als Schwächling dastehen. Eine weitere Möglichkeit wäre, das Geschehene zu ignorieren und wie gewohnt weiterzumachen, was aber eventuell erst recht die Angriffslust des anderen anstacheln würde. Wie Barbara Brennan in ihrem zweiten Buch *Licht-Heilung* schreibt, sind wir vielleicht nicht in der Lage, unsere sofortige Abwehrreaktion bei einem Angriff im Zaum zu halten.

Brennan empfiehlt deshalb, erst einmal tief durchzuatmen, wenn wir die ersten Kampf-, Flucht- oder Schockstarre-Reaktionen ausgestanden haben, locker in die Knie zu gehen, um den Schwerpunkt nach unten zu verlagern, so wie ein Sumo-Ringer, und uns auf uns selbst zu konzentrieren. Dafür müssen wir eventuell den Augenkontakt unterbrechen. Wenn unser Gegenüber von uns verlangt, ihn anzusehen, können wir erklären, dass wir uns konzentrieren müssen, um das von ihm Gesagte aufzunehmen. Das wird die jeweilige Person möglicherweise etwas aus der Fassung bringen, da sie eher einen Gegenangriff erwartet hat und nicht jemanden, der sich bemüht, ihr zuzuhören.

Indem wir auf die Argumente des Gegenübers achten und uns nicht emotional engagieren, verschieben wir das Spielfeld. Meisterschaft besteht darin, unsere Herzen weit offen zu halten und im Inneren des Mannes oder der Frau das Kind mit dem gebrochenen Herzen zu sehen, das uns provozieren und piesacken will. Indem wir uns auf die Qualen konzentrieren, die sich hinter den Argumenten und Manipulationsversuchen der anderen Person verbergen, und auf den Wahrheitskern in ihren Anschuldigungen achten, können wir uns im Herzen miteinander verbinden. Indem wir hinter ihrem Bedürfnis, recht zu haben, ihren leidenschaftlichen Zorn erkennen, entschärfen wir die Situation. Wir könnten sogar so weit gehen, sie zu bitten, mehr darüber zu sagen, was sie so aufregt, und auf ihre Gefühle eingehen. Wir selbst bleiben ruhig dabei und beobachten, wie ihre Kindheitswunden rumoren.

Eine Heilungsreaktion funktioniert auch in Situationen, in denen wir nicht direkt konfrontiert werden. Vielleicht ist unser Sitznachbar in der U-Bahn extrem unruhig. Wir haben natürlich keine Ahnung, was in seinem Leben gerade vor sich geht, aber wir können tief einatmen, den Blick senken und ihm wortlos eine Heilungsreaktion zukommen lassen. Dabei wiederholen wir innerlich das Mantra, dass alles sehr, sehr gut ist.

Liebe gewinnen

Irgendwie kann Nicole nicht anders. Wie schon bei früheren Freunden fängt sie jetzt auch bei ihrem jetzigen, Joe, mit der Herumnörgelei an. Irgendein Grund findet sich ja immer. Sie kritisiert ihn, weil er ihre Freundinnen nicht mag und immer nur mit seinen Kumpels herumhängt, die ihrer Meinung nach auch nicht gerade das Gelbe vom Ei sind. Ihre früheren Boyfriends fingen bei diesem Vorwurf jeweils an, sich und ihre Freunde zu verteidigen. Dann kam es zu einer heftigen Auseinandersetzung und danach zu einem richtig guten Versöhnungssex. Die Nörgelei markierte aber gleichzeitig immer auch das Ende der ersten rosigen Verliebtheit und von da an ging es mit der Beziehung bergab.

Nicole ist erstaunt, wie Joe sie ansieht, als sie mit dem Spiel beginnt.

»Wieso guckst du so?«, blafft sie ihn an.
»Was ist los mit dir?«, fragt er ruhig und etwas besorgt.
Nach ein paar Austauschen von »Was meinst du damit« und »Nichts, aber…« setzt sich Nicole hin, und Joe serviert ihr einen makellosen Cappuccino.
»Stört es dich nicht, wenn ich deine Freunde kritisiere?«, fragt Nicole.
»Was mich stört, ist, dass du unglücklich zu sein scheinst«, antwortet Joe.
Nicole sieht ihn fragend an. Sie? Unglücklich? Was bildet er sich eigentlich ein? Sofort flammt ihr Ärger wieder auf.
»Bist du verrückt?«
Sie hat keine Ahnung, wie er das macht, aber Joe bleibt unbeeindruckt.
»Ja, stimmt«, sagt er mit einem Grinsen. »Ich bin verrückt vor Liebe nach dir!«
Ihr Ärger verfliegt. »Du hast mich ertappt«, meint sie nach einer Weile. »Ich habe Angst, dass du auf Dauer nicht mit mir umgehen kannst, und so versuche ich, deinem Abdriften zuvorzukommen, in dem ich dich vorher vertreibe, auch wenn ich das eigentlich gar nicht möchte. Autsch. Es ist schwer, das zuzugeben.«
Joe scheint das »Auf den Balkon gehen« meisterhaft zu beherrschen. Andere Männer kamen zu mir in die Praxis und erzählten mir etwas wie: »Bei der Arbeit bin ich ein Supermann, aber in der Liebe ein Depp. Ich weiß nicht, wie ich mich entspannt verhalten kann, wenn ich mit jemandem zusammen bin. Ich kommandiere die Frauen herum, als seien sie meine Untergebenen. Und im Grunde genommen interessieren sie mich gar nicht wirklich, sie sollen einfach super aussehen, damit ich mit ihnen angeben kann. Ich bin jetzt schon so weit, dass ich mich nur noch auf One-Night-Stands einlasse, weil mir eine

richtige Beziehung viel zu anstrengend ist. Aber eigentlich hätte ich gerne eine Frau, ein Zuhause, eine Familie. Das Leben wird doch dadurch erst richtig lebenswert.«
Frauen mit diesem Kindheitsglaubenssatz gehen gerne den Weg der Verführerin. Manche überlegen nicht zweimal, wenn sie etwas Gewünschtes dadurch bekommen können, dass sie mit jemandem ins Bett gehen. Sie sind verführerisch und sexuell anziehend, und andere Frauen fühlen sich in ihrer Anwesenheit langweilig und unattraktiv.
Vielleicht kennen wir dieses Verhalten von anderen oder uns selbst und merken, dass wir durch die Beherrschungs- und Verführungskunst wieder einmal in die Arena des endlosen Kampfes eintreten. Wahre Liebe kann jedoch nicht darauf basieren, den anderen zu dominieren, zu manipulieren oder zu unterwerfen. Eine Liebesbeziehung ist eine gleichberechtigte Angelegenheit.

DEN KINDHEITSGLAUBENSSATZ UMFORMULIEREN

Mutig sein und unsere Herzen wieder öffnen, uns selbst, anderen und dem Leben vertrauen. Es mag wie eine große Aufgabe klingen, aber wir sind ihr gewachsen. Die fünf Schritte, wie wir den Kindheitsglaubenssatz verändern, helfen dabei.

SCHRITT 1: Das Denkmuster erkennen

Wenn wir uns selbst vom Balkon aus zusehen, können wir nach all den Gelegenheiten Ausschau halten, bei denen wir denken, wir müssten die Lage retten, oder bei denen uns die Gewinn- und Kontrollsucht übermannt.

Beginnen wir damit, darauf zu achten, wann wir unseren nicht unbeträchtlichen Charme einsetzen, um andere Menschen gefügig zu machen. Der erste Schritt besteht darin, all die Gedanken und Gefühle zu durchschauen und uns bewusst zu werden, dass sie auf den Glaubenssatz zurückzuführen sind, der sich im Kindesalter bei uns gebildet hat.

SCHRITT 2: Den Fokus verschieben

Wenn wir uns voll und ganz auf den gegenwärtigen Moment einlassen, können wir verstehen, dass sich hinter unserem strategischen Selbst immer noch jemand verbirgt, der für andere da sein und sich um sie kümmern, an ihrem Leben Anteil nehmen und sie gern haben möchte.

Wir waren oft diejenigen, die das Tempo bestimmt und das Ruder übernommen haben, und jetzt dürfen wir uns für diese Leistung rühmen. Wir sind in der Lage, andere zu motivieren, das Beste aus sich herauszuholen. Wir sind Gewinner, aber wir möchten auch, dass andere an unserem Glück teilhaben. Wir sind manchmal vielleicht rechthaberisch, herrschsüchtig, auffällig und extravagant, aber wir sind auch gerecht und großzügig. Wir können mit uns und dem, was wir anderen Menschen zuteilwerden lassen, zufrieden sein.

SCHRITT 3: Uns selbst danken

Das immer wiederkehrende Denkmuster, an die Spitze kommen zu müssen, entsteht durch das Fehlinterpretieren unserer Rolle als Kind. Wir haben damals die Schlussfolgerung gezogen, dass wir in Zukunft das Leben planen müssen. Jetzt ist die Zeit da, dem Teil von uns zu danken, der als Kind Vorausdenken und Kontrolle als die einzigen Mittel erachtete, um uns zukünftige Schmerzen zu ersparen.

SCHRITT 4: Den Kummer von damals einladen
Gestärkt durch unser Selbstvertrauen laden wir den Schmerz ein, den wir damals in den Kinderjahren erlitten haben. Wir waren todunglücklich, als wir herausfanden, dass wir nicht der richtige Partner für unseren Vater oder unsere Mutter waren. Ebenso wie dieser grandiose Traum zerbrach auch unser Herz in tausend Stücke, und diesen Schmerz können wir heute noch nachempfinden. Er wird nur ein paar Minuten dauern.

SCHRITT 5: Ein Leben des Vertrauens leben
Wir verfügen über ein großes Herz, das wir jedem öffnen können, den wir mögen. Das Leben ganz unter Kontrolle zu halten ist ein unmöglicher Auftrag. Vertrauenswürdig und vertrauensvoll zu sein ist eine Kunst, die das ganze Leben lang fortentwickelt werden sollte. Wenn wir uns erst einmal für dieses Herz und diese Seele einsetzen, werden wir in der Lage sein, zusammen mit dem Leben zu gestalten, mit den Sternen zu tanzen und uns unsere Träume zu erfüllen.

Die ersten drei Schritte

Zwischen dem vermeintlichen Weiß des Gewinnens und dem Schwarz des Verlierens kann eine Welt gewonnen werden, wenn wir es wagen, einen zweiten Blick auf unsere kontrollierenden oder manipulativen Vorgehensweisen zu werfen und zu sehen, ob es nicht einen entspannteren, vernetzteren und partnerschaftlicheren Weg gibt, unsere Ziele zu erreichen. Wenn wir uns vom Drang gefesselt fühlen, zu dominieren oder anderen zu beweisen, dass sie falschliegen, dann ermöglichen uns die ersten drei Schritte, aus unserem üblichen Verhalten auszubrechen und unseren Glauben an das Leben wachsen zu lassen.

SCHRITT 1: Das Denkmuster erkennen

Der Kindheitsglaubenssatz »Ich muss wissen, was kommt und die Kontrolle haben« ist die Grundlage dafür, das Verhalten anderer Menschen zu beobachten und vorauszubestimmen. Diese gut entwickelte Fähigkeit können wir jetzt anwenden, um unsere eigenen Gedanken und Gefühle abzuwägen. Wenn wir nicht nach außen blicken, um die Bewegungen der anderen im Auge zu behalten, sondern den Blick nach innen richten, darauf, was in uns vorgeht, werden wir uns all der Momente bewusst, wenn wieder mal der Gedanke in uns entsteht, dass wir die Situation retten müssen.
Wir werden anfangen, das zwanghafte Gefühl oder Denken zu erkennen, laut dem wir auf jeden Fall gewinnen müssen, komme, was da wolle. Allmählich werden wir auch den inneren Strategen identifizieren, der der Realität immer ein paar Schritte voraus ist. Wir können uns bewusst werden, wie der Stress durch unseren Körper fließt, sodass unsere Beinmuskeln zucken. Weshalb sind wir jetzt gerade angespannt, was ist passiert? Wenn wir uns auf den Balkon begeben – ganz still, niemand muss es bemerken – können wir wahrnehmen, wie ein Kindheitsglaubenssatz aus so lang zurückliegender Zeit uns heute noch in seinen Fängen hat.

SCHRITT 2: Den Fokus verschieben

Der Beobachter vom Balkon hat einen gewissen Abstand zu den Vorgängen auf der Bühne. Wenn wir uns in der Position des Beobachters verankern, können wir unser

Herz, unsere Führung und unseren Mut zum Handeln spüren. Wir sind ein leidenschaftlicher Mensch, und das bleiben wir auch: ein glühender Liebhaber, eine Sportbegeisterte, ein Freund fürs Leben. Unser Wille, unter allen Umständen zu gewinnen, wurde einst von dem großartigen Gedanken entfacht, dass wir ganz für einen unserer Elternteile da sein wollten.

Diese Absicht und diese Hingabe sind in uns noch lebendig. Im Herzen werden wir von der Sehnsucht getrieben, Menschen zu helfen, nützlich zu sein, einen Unterschied zu machen. Wir können Bilder unserer Kindheitsfantasien wieder zum Leben erwecken: Wir haben kranke Kinder geheilt und die Welt gerettet. Indem wir die kindliche Begeisterung für all die noblen Ziele wieder spüren, können wir nun unsere strategischen Qualitäten und unsere Fähigkeit, Menschen zum Handeln zu bewegen, einbringen. Wir werden nicht verlieren. Im Gegenteil, indem wir unser Herz öffnen und ihm folgen, gewinnen wir nur.

SCHRITT 3: Uns selbst danken

Wir sind Krieger, Heldinnen, Kämpfer. Die Ironie besteht darin, dass das Bekämpfen unserer Gedanken uns nirgendwohin bringt. Sie sind wie die Köpfe der Hydra, die immer wieder nachwachsen. Wir sind auch ritterliche Charaktere und können so Dankbarkeit als Möglichkeit entdecken, unsere ewigen Gedanken, bedroht zu sein, aufzulösen. Buddhisten verbeugen sich. Nicht ein- oder zweimal, sondern Tausende Male. Sie verbeugen sich nicht vor einem Gott, sondern vor der Erleuchtung, oder dem Buddha-Sein, das unser ursprüngliches Selbst ist. Dies ist auch eine gute Medizin gegen Sieg-oder-Niederlage-Denkmuster.

Den Kopf zu beugen ist eine Bestätigung, dass alles Manipulieren, Kontrollieren, Schmeicheln, Verhandeln, Befehlen, Verführen und Besserwissen nicht zu dem tiefen gegenseitigen Vertrauen und der Liebe führt, nach denen wir uns sehnen. Solche Strategien entwickelten wir in jenen Kinderzeiten, als wir unsere Wunden leckten. Damals beschlossen wir, nie mehr solche Schmerzen erdulden zu müssen. Wir würden nie mehr etwas verlieren. Jetzt können wir dem heldenhaften Kind von damals danken, das diese Entscheidung mit seinen weitreichenden Auswirkungen für die Zukunft traf. Wir können unseren metaphorischen Hut vor uns selbst ziehen, für die Art und Weise, wie wir uns verhalten haben, um Verletzungen zu vermeiden. Wir können salutieren und den Teil unseres Bewusstseins ehren und würdigen, der keine andere Möglichkeit sah, als das Herz zu verschließen und zu panzern.

Dieser Schritt – dem Kindheitsglaubenssatz danken – mag für manche von uns aussehen wie ein typisches Verliererverhalten. Wir winken dankend ab und machen lieber weiter wie bisher. Dies könnte jedoch dazu führen, dass wir auf ewig von dem Gedanken geplagt werden, dass niemandem in dieser Welt zu trauen sei. Warum gehen wir nicht mal ein Risiko ein und sehen, was passiert, wenn wir dem Teil von uns danken, der so viele Jahre alles daran gesetzt hat, uns gegen Enttäuschungen im Bereich der Liebe zu wappnen? Wir können das hier und jetzt tun, laut oder leise: »Danke, für all deine Bemühungen, mich vor neuem Herzschmerz zu bewahren. Danke, dass du mich zu einem Strategen, einem Gewinner gemacht hast.« Wir können unsere eigenen individuellen Dankessätze formulieren, um die Fähigkeiten zu würdigen, die uns diese Strategie gebracht hat und von denen wir bis heute profitieren. Die Erfahrung an der Wurzel dieses Kindheitsglaubenssatzes hat uns nicht gebrochen, sondern uns zu dem gemacht, was wir heute sind.

Vertrauenswürdiger Engel

Unter jedem Kindheitsglaubenssatz kann man nach einer Perle tauchen, und Perlen, wie wir wissen, bilden sich aus den Tränen einer Auster. Die Welt kann unsere Auster sein, wenn wir das Thema mit dem verwundeten Herzen hinter uns lassen und wieder Vertrauen fassen.
Ich schätze mich glücklich, Kathy Tyler zu kennen, eine der Erfinderinnen des inspirierenden Brettspiels *Spiel der Wandlung*. Ich arbeite eng mit ihr zusammen, seitdem sie ein Mitglied des Kuratoriums der Findhorn Foundation wurde, dessen Geschäftsführerin ich derzeit bin. Das erwähnte Brettspiel hat sie zusammen mit Joy Drake in den späten 1970er-Jahren entworfen, als beide in der Findhorn-Gemeinschaft lebten. Damals hätten sie sich noch nicht vorstellen können, dass ihre geniale Kreation sie in Städte auf der ganzen Welt bringen würde, um Workshops zu leiten und Spielleiter auszubilden. Inzwischen haben schon Tausende von Menschen die unerwarteten Möglichkeiten wahrgenommen, die das Spiel bietet, um wichtige Lebensthemen zu transformieren. Die Spieler durchwandern würfelnd ihren Lebensweg und bekommen dabei Lebenseinsicht-Karten, die ihnen mögliche Lösungswege aufzeigen. Rückschläge zeigen dem Spieler, in welchen Bereichen er noch an sich arbeiten muss, und die Engel auf den Engelskarten fördern innere Qualitäten, mit denen man sich auseinandersetzen kann, um das Ziel zu erreichen, das sich jeder Spieler zu Beginn des Spiels selbst setzt.

Als ich gerade an diesem Buchkapitel arbeitete, erhielt ich den Newsletter der Spielefirma mit einem schönen Text über den Engel des Monats, namens »Vertrauen«. Kathy schrieb in ihrer Reflektion darüber: »Es gibt einen tiefen Rhythmus, der sich durch alles Leben bewegt und der sich nicht von unserem Willen steuern lässt. Wenn Vertrauen unsere Erfahrung durchdringt, kann unsere Psyche entspannen und unsere Seele wird mit unserer Situation im Reinen sein. Wir können dem Universum vertrauen und uns darauf verlassen, dass wir haben und bekommen werden, was wir brauchen. Oft sogar über das hinaus, was wir uns selbst konkret vorstellen können. Vertrauen ist die Methode der Seele, sich auf die fundamentalen Gesetze der Realität einzustellen.«

Auf diese Weise wird Vertrauen von den täglichen Überlegungen darüber, ob wir anderen Menschen und ihren Launen trauen können, in einen Kontext des Glaubens an das Leben, an das Universum selbst, emporgehoben. Kathy fährt fort: »Wenn wir viel Grundvertrauen haben, sind wir mutig und gehen Risiken ein. Wir unterdrücken unsere Fähigkeiten nicht. Wir engagieren uns mit ganzem Herzen im Leben, und tun, was sich richtig anfühlt, in der Zuversicht, dass alles gut kommt. Das Leben wird zu einer Schöpfungsgeschichte, nicht zu einem Hindernislauf.« Sie malt auch das entgegengesetzte Bild: »Ohne grundlegende Zuversicht neigen wir dazu, nur auf das zu reagieren, was uns aufgrund unserer Konditionierung passiert, und haben feste Vorstellungen, wie unser Leben verlaufen soll. Wir halten uns an vorgegebene Regeln, Annahmen und Ergebnisse. Wir sind angespannt und tun alles, was wir können, um die Umstände so zu beeinflussen, dass sie unseren Wünschen entsprechen. Wir könnten uns doch«, so beendet sie ihre Überlegungen, »von einem Ort des Wissens in uns selbst aus bewegen, anstatt als Ergebnis der Anpassung an äußere Umstände. Unsere festen Vorstellungen loslassen und den schöpferischen Prozess des Lebens nicht mehr kontrollieren wollen.« Ja, das könnten wir, in der Tat.

Vollständiges Umwandeln des Kindheitsglaubenssatzes

Es ist hilfreich, wenn wir uns von den Gedanken, die uns von dem Schwarz-Weiß-Kindheitsglaubenssatz her dominieren, befreien. Dauerhafte Veränderungen sind jedoch nur möglich, wenn wir alle fünf Schritte absolvieren. Als Vorbereitung könnte man Menschen, denen man vertraut, darum bitten, ein wenig zu erzählen, wie sie uns wahrnehmen. Ein Auto ist mit diversen Spiegeln ausgestattet, um uns die größtmögliche Sicht zu geben. Analog sollten wir regelmäßig einen Freund darum bitten, als Spiegel zu fungieren, damit wir ein Bild von dem bekommen, was wir selbst nicht sehen (können). Vielleicht müssen wir dafür unseren ganzen Mut zusammennehmen, denn eine solche Bitte zu stellen, könnte unser schlimmster Albtraum sein. Wir? Wir sollen jemand anderen um eine Rückmeldung zu unserem Verhalten bitten? Aber auch hier gilt wie bei den anderen Kindheitsglaubenssätzen: Augen zu und durch! Wir stellen uns der Herausforderung, genau das zu tun, was uns extrem schwerfällt. Die spezielle Pforte, die wir mit diesem Kindheitsglaubenssatz durchschreiten müssen, heißt, andere Menschen ins Vertrauen zu ziehen. Die Momente, in denen wir wirklich in Kontakt mit einem anderen Menschen sind, sind ganz besonders wertvoll. Hinter unserem mehr oder weniger prahlerischen Benehmen versteckt sich nämlich die Sehnsucht nach solchen Kontakten. Gehen wir einfach das für uns größtmögliche Risiko ein und fragen wir den Partner und/oder Freunde, bei welchen Gelegenheiten sie sich von uns dominiert, überlistet, manipuliert, gepiesackt, getäuscht, in Versuchung geführt oder sogar beschwindelt gefühlt haben. Sehr wahrscheinlich werden sie uns ein paar Beispiele dafür geben können, wie wir uns verhalten, ohne uns dessen bewusst zu sein. Mit diesen Informationen können wir in Schritt 4 arbeiten mit dem Ziel, Vertrauen wiederherzustellen.

SCHRITT 4: Den Kummer von damals einladen

Unser Herz mag gepanzert sein, aber wir sind erwachsen und zu dem geworden, was wir heute sind. Indem wir die ersten drei Schritte noch einmal durchgehen, ohne zu bewerten, identifizieren wir die zugehörigen Denk- und Verhaltensmuster, konzentrieren uns darauf, wer wir geworden sind, und danken uns selbst für die Art und Weise, wie wir unseren Kummer überlebt haben. Das macht es einfacher, noch einmal mit der zugrunde liegenden Leidenschaft in Berührung zu kommen. Wir können rückblickend erneut eine Situation durchleben, in der wir das Gefühl hatten, dass uns die Kontrolle entgleitet, und nachfühlen, wie es uns dabei ging. Das muss gar nichts Großartiges sein. Vielleicht waren wir mit Freunden unterwegs und wollten unbedingt, dass sie mit uns in einen Club kommen, der nach unserem Geschmack ist und in dem wir dem Kellner immer ein besonders großzügiges Trinkgeld geben, damit er sich an uns erinnert.

Vielleicht erinnern wir uns an eine Situation, irgendeine Notlage, als wir uns innerlich schon als Held gesehen hatten, um dann zu merken, dass bereits ein anderer das Heft

des Handelns in die Hand genommen hatte. Oder an eine Zeit, in der wir von einem Liebhaber, einem Freund oder einem Geschäftspartner betrogen wurden. Vor dem geistigen Auge können wir auch noch andere Vorfälle vorüberziehen lassen, bei denen der Kontrolldrang unser Verhalten diktierte und bei denen wir uns, wenn wir ganz ehrlich sind, gefährdet oder bedroht fühlten.
Der Drang, das Sagen zu haben, ist eine automatische Reaktion auf den Zeitpunkt in unserer Kindheit, als wir von einem Elternteil oder einem anderen Erwachsenen, der uns wichtig war, verraten wurden. Indem wir uns bewusst werden, wie allein und verloren wir uns damals fühlten, können wir dieses Leid noch einmal durchleben. Wir können den alten Schmerz und Kummer, oder einen aus einer späteren Zeit, vom Herzen durch den ganzen Körper fließen lassen. Als der Erwachsene, der wir jetzt sind, müssen wir uns nicht mehr mit diesem Kummer identifizieren, wir können ihn beherrschen, so schmerzvoll er auch sein mag. Wir sterben keinen Heldentod. Sterben aber wird die Heldentäuschung, dass wir das Leben unter Kontrolle haben müssen, sonst… Stattdessen wird Vertrauen zum Leben erweckt.

SCHRITT 5: Ein Leben des Vertrauens leben

Ein Matrose hat keine Kontrolle über Wind oder Wellen, aber kann sich zu einem gewieften Seemann entwickeln, der weiß, wie man durch die Elemente navigiert. Gleichermaßen werden wir, wenn wir anfangen, anderen mehr zu vertrauen, als wir es gewohnt sind, mehr in der Gegenwart leben, anstatt immer zu überlegen, wie wir die Zukunft voraussehen und nach Möglichkeit austricksen können. Es ist normal, dass sich Menschen und Situationen andauernd verändern.

Sobald wir Vertrauen ins Leben gefasst haben, werden wir ein immer geringeres Verlangen haben, uns ständig selbst zu beweisen, uns die Wahrheit nach unserem Wunsch zurechtzubiegen oder uns in eine überlegene Position zu setzen. Das Bedürfnis, Szenarien für alles, was passieren oder falsch laufen könnte, zu entwickeln, wird allmählich abnehmen, ohne dass wir verlernen, diese Fähigkeit bei echtem Bedarf noch anzuwenden.

Es liegt so viel Freude darin, in der Fülle des Augenblicks zu leben, in der Lage zu sein zu beurteilen, was passiert, und mitzugestalten, was als Nächstes kommt, anstatt zu versuchen, es zu verhindern oder voranzutreiben! Ohne etwas von dem strategischen Scharfsinn zu verlieren, den wir über die Jahre entwickelt haben, wird der Schwerpunkt darauf liegen, wie wir andere zum Leuchten bringen können. Mit einer aufrichtigeren Herangehensweise anstelle unserer früheren Rechthaberei verbessert sich der wahre Kontakt zu unseren Liebsten. Dies wiederum führt zu einem höheren Bewusstsein darüber, wie sich unser Verhalten auf andere auswirkt. Führung, die versucht, allen Beteiligten das Leben zu erleichtern, sorgt für eine positive Zusammenarbeit.

Erst Teamwork lässt Träume wahr werden. Wenn wir zuverlässiger und vertrauenswürdiger werden, fühlen wir uns auch selbst besser. Wir haben ein Herz aus Gold und mit wiederhergestelltem Vertrauen gibt es eine Welt für uns zu gewinnen. Legen wir los und werden wir so edel wie die Helden in den Filmen, die wir so gerne sehen!

Die positive Gegenwart

Indem wir nach und nach lernen, uns selbst, anderen Menschen und dem Leben im Allgemeinen zu vertrauen, ersetzen wir die alten kämpferischen Projektionen durch positive Gedanken wie diese hier:

POSITIVE SELBSTBOTSCHAFTEN

Mit meinen Stärken und Schwächen bin ICH
wie alle anderen.

Ich lebe gerne aus meinem Herzen.

Ich liebe von ganzem Herzen.

Ich vertraue den Entscheidungen meiner Lieben,
auch wenn ich selbst anders entscheiden würde.

Unterschiede machen das Leben interessant.

Ich stelle meine strategischen Erkenntnisse zur
Verfügung.

Nicht um zu gewinnen, sondern um Menschen zu helfen,
ihren eigenen Weg zu finden.

Ich möchte helfen, Dinge aufzubauen.

Ich fühle meine Leidenschaft, meine Absicht, zu einem
guten Leben für andere beizutragen.

Es tut mir weh, wenn ich sehe, dass andere Menschen
mit Problemen kämpfen, die ich lösen könnte.

Ich will nur das, was für diejenigen um mich herum
gut ist.

Für die ganze Welt, wirklich.

Das ist es, wofür ich mein Bestes gebe.

Mit all der Energie und Kraft, die in mir ist.

Ich bin vertrauenswürdig.

Das Leben ist schön, ich liebe es.

Ich bin gut, ich liebe.

Andrew ist verblüfft, als seine Frau ihm sagt, dass sie es nicht mehr aushält, wie ihre gemeinsamen Kinder vor ihm mit ihren Erfolgen prahlen und ihr im stillen Kämmerlein das Herz ausschütten. Bis jetzt war Andrew überzeugt, dass alles in seiner Familie gut lief. »Ja, Liebling, das stimmt ja im Großen und Ganzen auch«, antwortet seine Frau. »Aber sie sind jetzt in einem Alter, in dem sie Entscheidungen fürs Leben treffen müssen, und sie könnten von deinen Erfahrungen und deiner Unterstützung wirklich profitieren. Wie wäre es, wenn du nächstes Mal erst genau zuhörst, womit sie sich gerade herumschlagen, bevor du gleich mit Lösungsvorschlägen kommst?« Andrews Frau ist der einzige Mensch, dem er hundertprozentig vertraut, und deshalb kann er ihre Aussage annehmen, dass er immer nur seine eigene Meinung akzeptiert. Zum ersten Mal in seinem Leben stellt er Gedanken infrage, die er bisher für unumstößliche Wahrheiten gehalten hat. Unter der wohlwollenden Führung seiner Frau wird nun aus »Wenn sie meiner Strategie nicht folgen, werden sie nicht weiterkommen« ein »Ich möchte mit meinen Kindern offene Gespräche führen«.

Nachdem Andrew in den Zuhörmodus gegangen ist, stellt er zu seiner Freude fest, dass seine Kinder sich zu faszinierenden jungen Erwachsenen entwickelt haben.

Ihm wird klar, dass sie sich und ihr Potenzial bemerkenswert realistisch einschätzen, und dass sie und ihre gleichaltrigen Freunde ihm neue Perspektiven auf das Geschehen in der heutigen Zeit geben können. Eine seiner Töchter erzählt ihm, dass sie regelmäßig einen Psychologen aufsucht, und schlägt ihm vor, das Gleiche zu tun. Reflexartig erwidert er auf diesen Vorschlag: »Ich spinne nicht dermaßen, dass ich zu einem dieser Seelenklempner gehen müsste.« Als er merkt, wie seine Tochter zurückweicht, fügt er aber etwas kleinlaut hinzu: »Entschuldigung, mein Liebling, ich wollte damit nicht sagen, dass du spinnst. Ganz sicher nicht.« Andrew kann sich nicht dazu durchringen, die Tochter noch mehr zu ihrer Therapie zu befragen, aber immerhin entschuldigt er sich, so ziemlich das erste Mal in seinem Leben. »Ich werde mit deiner Mutter darüber reden«, schafft er noch zu sagen, und ergänzt in einem liebenswerten Versuch der Wiedergutmachung: »Aber nur, weil du es bist.«
Andrews Mitarbeiter in der Firma haben es sich aus Angst vor seinen Schimpftiraden angewöhnt, Informationen zurückzuhalten, von denen sie wissen, dass ihr Chef sie lieber nicht hören würde. Nachdem sich seine Aufmerksamkeitsspanne aber nun allmählich erhöht, bekommt er auch mehr Informationen und kann seinen strategischen Einfallsreichtum dort einsetzen, wo er am meisten gebraucht wird. Ohne Wissen von irgendjemandem – außer seiner Frau – folgt er dem Rat seiner Tochter und sucht regelmäßig einen Therapeuten auf, um über seine Gefühle zu reden. Der Gedanke, dass jemand davon erfahren könnte, lässt ihn allerdings immer noch schaudern. Mit der Zeit suchen seine Mitarbeiter immer häufiger seinen Rat und fühlen sich nach solchen Gesprächen gut. Von einem anspruchsvollen Unternehmer, der immer und

in jedem Fall gewinnen musste, entwickelt sich Andrew zu einem anspruchsvollen Mentor. Er ist weiterhin nicht nachsichtig und verlangt erstklassige Qualität von allen, aber die Art und Weise, wie er jetzt vorgeht, zeugt von seinem großen Herzen, das es am liebsten sähe, wenn alle gesund, erfüllt und glücklich sind.

Authentische Passform

KINDHEITSGLAUBENSSATZ

»Ich muss mich anpassen.«

NEGATIVE SELBSTBOTSCHAFTEN

»Ich muss die Normen der Menschen um mich herum beachten und tun, was sie für richtig halten. Mein äußeres Erscheinungsbild muss perfekt sein. Die Leute erwarten, dass ich weiß, was ich tue, ich aber habe eigentlich keine Ahnung. Ich bin nicht viel wert und das werden die anderen bald merken.«

NATÜRLICHE GABEN

Blick für das Wesentliche, Unkonventionalität, Einfallsreichtum, Authentizität

»Du bist immer ein wenig aus der Reihe getanzt«, erzählt meine 89-jährige Mutter gerne, wenn wir uns über die Zeit unterhalten, die sie als die beste ihres Lebens bezeichnet, die Jahre, in denen wir vier Kinder sie wirklich gebraucht haben. »Du warst ein wenig eine Einzelgängerin, bei den anderen Kindern und auch in der Familie.«

Das sagt sie ganz neutral, einfach, wie sie es eben wahrgenommen hat. Anfangs fühlte ich mich durch diese Beschreibung verletzt, sehe aber inzwischen, wie recht meine Mutter hat. Als ich älter wurde, versuchte ich die fröhlich-glückliche Unbekümmertheit, mit der sie ihre Arbeit als Hausfrau erledigt hatte, nachzuahmen, aber da ich eigentlich andere Werte, Interessen und Prioritäten hatte, war dies nichts anderes als Schauspielerei. Ich wurde sehr gut darin, die adrett gekleidete älteste Tochter, formvollendete Gastgeberin und was sonst noch so als schicklich angesehen wurde zu spielen, während ich allmählich vergaß, wer ich eigentlich wirklich war.

Inzwischen weiß ich, dass viele von uns eine vage Ahnung haben, dass das Leben an uns vorbeigeht. In jungen Jahren wurden wir von allen möglichen Empfindungen im Körper ergriffen, die wir nicht benennen oder verorten konnten. Unsere Eltern oder ihre neuen Lebenspartner, unsere Geschwister oder Erzieher zeigten vielleicht keine angemessene Reaktion auf unsere aufkeimende Sexualität. Manche von uns hatten auch das Problem, ein anderes Wertesystem als der Rest der Familie zu haben, fühlten uns entsprechend als Außenseiter und versuchten dies durch Überanpassung zu kompensieren. Als Ergebnis dieses fünften Kindheitsglaubenssatzes haben wir das Gefühl, nicht voll im Leben zu stehen, sondern es eher nur aus der Distanz zu betrachten. Bei anderen nehmen wir einen emotionalen Reichtum wahr, den wir selbst in uns vermissen. Irgendwie hegen wir den Verdacht, nur an der Oberfläche zu leben, als ob wir Pappfiguren wären, die nach dem Vorbild eines unerreichbaren Ideals modelliert wurden. Wir sind überzeugt, dass uns irgendetwas entgeht, das das Leben erst lebenswert macht, ohne zu wissen, was das sein könnte, und passen uns so gut wie möglich an die Menschen in unserer Umgebung an. Wir leisten gute Arbeit, glauben aber, dass alle unsere Leistungen auf bares Glück zurückzuführen sind und unsere Unzulänglichkeit irgendwann herauskommt.

Seltsam und ungeschickt

Sich anzupassen ist ein großes Thema im Leben vieler Menschen. Vor fünfzehn Jahren saßen wir zu viert in einem Auto, auf dem Rückweg von einer Konferenz. »Mit meinen roten Haaren bin ich als Kind immer aufgefallen«, erzählte einer von uns. »Meine Eltern sind ziemlich viel umgezogen und so war ich immer wieder der Neue auf der Suche nach Anschluss«, sagte der zweite. »Meine ganze Familie war total sportlich«, scherzte die dritte Mitfahrerin, worauf wir laut lachen mussten, weil wir ihr Desinteresse jeglicher sportlichen Aktivität gegenüber kannten. Und ich war diejenige, die von meiner eigenen Mutter als immer aus der Reihe tanzend eingeschätzt wurde. Auch wenn dieses Gespräch jetzt schon so lange her ist, erinnere ich mich noch lebhaft daran. Es hat mir aufgezeigt, wie einsam wir uns damals alle mit unserer »Andersartigkeit« gefühlt haben und wie selten über dieses Thema gesprochen wird, weil wir uns in der Regel zumindest nach außen so gut wie möglich anpassen.

Als kleines Kind in einer Familie ist Anpassung sehr wichtig, um von den anderen Mitgliedern angenommen zu werden. Wir brauchen beim Aufwachsen die Unterstützung der Familie, brauchen eine Struktur, auf deren Basis wir selbstständig werden können. Es ist nur logisch, dass Äpfel, die etwas weiter weg vom Stamm fallen, manchmal das unheimliche Gefühl haben, dass etwas mit ihnen nicht stimmt. Daraus bildet sich dann die Überzeugung, dass wir anders sein, uns einfügen und mit dem Strom schwimmen sollten. Wenn wir das aber tun, verlieren wir den Kontakt zu dem Menschen, der wir wirklich sind.

Ein geheimes Leben

In ihrem Buch *Dying To Fit In* (*Sterben, um sich anzupassen;* Anm. d. Übers.) beschreibt Erica McKenzie anschaulich, welche Folgen das andauernde Streben nach Konformität mit der Mehrheit haben kann. Im Backfischalter in der Highschool wurde sie von ihren Mitschülerinnen mit den scheinbar perfekten Körpern wegen ihres Übergewichts gemobbt. Ericas Mutter versuchte sie vergeblich immer wieder davon zu überzeugen, dass sie wirklich ein hübsches Mädchen war. Erleichterung gegen ihre Einsamkeit und Verzweiflung fand sie nur darin, sich in eine Bulimie zu flüchten. Nachdem sie als Erwachsene geheiratet und ein Kind bekommen hatte, fing sie an, Schlankheitspillen zu nehmen. Das setzte sie neun einsame Jahre so fort. Durch die Tabletten war sie immer energiegeladen, obwohl sie kaum schlief und sehr wenig aß. Am Ende stand eine Nahtoderfahrung, von der sie in ihrem Buch berichtet. Diese Erfahrung ließ sie erkennen, dass es unwichtig ist, was andere über uns denken, solange wir mit uns selbst im Reinen sind. Jetzt, nachdem sie dem Tod gerade noch einmal von der Schippe springen konnte, hat sie damit aufgehört, anders sein zu wollen, als sie wirklich ist.

Die preisgekrönte Schauspielerin Natalie Portman gibt ein anderes Beispiel. Im Alter von achtzehn Jahren, nachdem sie bereits sieben Jahre lang als Schauspielerin gearbeitet hatte, schrieb sie sich an der Universität Harvard ein. Sechzehn Jahre später spricht sie in einer Rede vor Universitätsabsolventen von Harvard darüber, wie sie als Kind unter ihrem Akzent gelitten und versucht hatte, ihn zu ändern, und wie sie bei ihrem Studienbeginn überzeugt war, nur wegen ihrer Bekanntheit von der Universität aufgenommen worden und der akademischen Sorgfalt in Harvard nicht würdig zu sein. Sie sagt, dass sie lange gebraucht habe, um nichts mehr darauf zu geben, was andere denken oder sagen. Richtig selbstbewusst sei sie erst geworden, nachdem sie 2011 einen Oscar für die Hauptrolle in *Black Swan* gewonnen hatte. »In diesem Film«, so Portman in ihrer Rede, »geht es darum, dass man eigene Erfahrungen macht. Nina, die Ballerina, hat erst dann künstlerischen Erfolg, als sie Perfektion und Freude für sich selbst findet, nicht, solange sie versucht, andere zufriedenzustellen.« Portman fordert die Absolventen auf, nicht die Werte anderer zu übernehmen, sondern ihrem eigenen Weg zu folgen. »Dieser Weg kann ungewöhnlich und manchmal holprig sein, aber als Belohnung werden Sie ein erfülltes Leben haben«, gibt sie ihren Zuhörern als Rat mit auf den Weg. In einem späteren Film spielt Natalie Portman Jackie Kennedy, die die Rolle der First Lady mustergültig ausfüllte, um dann das perfekt inszenierte Begräbnis ihres ermordeten Ehemannes zu orchestrieren, das sicherstellen sollte, dass John F. Kennedy der Welt als einer der größten amerikanischen Präsidenten in Erinnerung bleiben würde.

Chris Sacca, ein mega-erfolgreicher Startup-Investor, geht in seiner Rede vor Absolventen der Carlson School of Management in Minnesota noch einen Schritt weiter. »Der wichtigste Rat, den ich Ihnen für Ihren Weg zum Glück geben kann, lautet: Seien Sie nicht nur Ihr Selbst, seien Sie Ihr extravagantes Selbst. Alles andere braucht viel zu viel Energie. Vergessen Sie, was andere Leute denken. Jeder Mensch ist irgendwie merkwürdig. Jeder hat seine Eigenarten. Zelebrieren Sie diese, seien Sie albern, erzählen Sie dumme Witze, stellen Sie sich ungeschickt an, kommunizieren Sie Ihre unausgereiften Ideen und lachen Sie über Ihre Fehler.«

In ihrem Bestsellerbuch *Die Gaben der Unvollkommenheit: Leben aus vollem Herzen* schreibt die renommierte Psychologin Brené Brown zu diesem Thema, dass es einfacher gesagt als getan ist, unsere Erfahrung zu nutzen und unser eigentümliches Selbst zu sein. »Wie viele andere auch bin ich wirklich gut im Anpassen. Wir wissen genau, wie wir vorgehen, um Anerkennung zu bekommen. Wir wissen, was wir anziehen, worüber wir sprechen beziehungsweise nicht sprechen sollen und wie wir anderen Menschen schmeicheln können – wir wissen, wie wir uns wie ein Chamäleon durch das Leben bewegen.« Eine der größten Überraschungen bei ihren Recherchen zum Thema Leben aus vollem Herzen war aber für sie, dass Anpassung ein Hindernis dabei ist, für das geliebt zu werden, was man wirklich ist.

Kurz gesagt ist das die Zwangslage von uns mit diesem Kindheitsglaubenssatz. Da wir ja glauben, nur geliebt zu werden, wenn wir uns anpassen, müssen wir immer darauf achten, uns angemessen zu verhalten und nichts falsch zu machen. Die Gedanken aus diesem Kindheitsglaubenssatz lassen uns versteinern – ein Fehler, und wir sind abserviert, das wurde uns so lange eingebläut, dass wir jetzt gar nicht mehr recht wissen, wer wir eigentlich sind. Als Kinder und später als Erwachsene sehen wir meistens aus wie aus dem Ei gepellt. Bei uns zu Hause kann man vom Boden essen, unsere Arbeit erledigen wir immer fristgerecht oder eher noch weit vor dem Termin, und das gilt natürlich auch für die Steuererklärung. Anderen vermitteln wir den Eindruck, dass unser Leben wie eine Aneinanderreihung von Sonntagen ist, alles funktioniert wie am Schnürchen, läuft wie ein Uhrwerk ab. Wir selbst aber fühlen uns leer. Die Herausforderung für uns besteht darin, die gefrorene wohlgesittete Schale aufzubrechen, damit unser authentisches Selbst wieder zum Leben erweckt wird.

Der Ursprung dieses Kindheitsglaubenssatzes

In der Kindheit bekommen wir alle die Codes vermittelt, was in unserer Familie, dem Ort, in dem wir leben, unserem Land oder unserer Religion angemessen ist. Langsam aber sicher bringt man uns bei, die geschriebenen und ungeschriebenen Gesetze zu befolgen, wie man sich als Mitglied einer bestimmten Gemeinschaft zu verhalten hat. Leute wie wir ziehen uns so an und nicht anders, essen dieses und nicht jenes, so leben es die Eltern uns vor. Als Kinder halten wir uns ganz selbstverständlich an solche Normen, bis wir plötzlich eine Grenze überschreiten, von der wir gar nicht wussten, dass sie existiert. Die dabei entstehende Verwirrung ist sozusagen die Geburtsstätte des fünften und letzten Kindheitsglaubenssatzes.

Hier eine klassische Geschichte dazu: Das Mädchen fühlt sich unbehaglich, als in der Familie über ihren Lieblingsonkel getratscht wird. Jedem scheint es zu gefallen, über ihn herzuziehen. Sie versteht nicht, warum so unfreundliche Dinge gesagt werden. Sie versucht, das Getratsche zu unterbrechen, aber man übergeht sie, und so setzt sie sich irgendwohin, wo sie das Gerede nicht mehr hört. Sie will von solchen Verunglimpfungen nichts wissen. Als sie nach einer Weile zurück in die Runde kommt, weiß sie nicht so recht, wie sie wieder in Verbindung mit den anderen treten kann. Sie fühlt sich peinlich berührt, dass ihre Familie sich offensichtlich auf Kosten eines anderen amüsiert hat. Abends möchte sie die ganze Angelegenheit gerne mit ihren Eltern besprechen, aber diese winken ab. Sie solle sich nicht so anstellen, das sei nur nicht ernst zu nehmendes Gerede gewesen, und sie beide hätten den Onkel genauso gerne wie sie. Das Mädchen spürt, wie sie ganz starr wird. Sie bringt das Im-Schmutz-Herumwühlen am Familienfest mit der gleichgültigen Haltung ihrer Eltern nicht zusammen. Der Glaube, dass es falsch ist, andere zu verspotten, fühlt sich sehr wertvoll und wichtig für sie an. Aber ausgerechnet die Menschen, die ihr am nächsten sind, finden so etwas anscheinend nicht weiter schlimm. Vielleicht kapiert sie ja irgendetwas nicht, aber andererseits bleibt ihr das unbehagliche Gefühl, sich für die Eltern zu schämen.

Das Mädchen fühlt sich gespalten: Um keine Außenseiterin zu sein, muss sie ihre innere Wahrheit negieren – wenn sie dies aber tut, gibt sie etwas zu sein vor, was sie gar nicht ist. Der Druck steigt und das Kind zieht seine persönliche Schlussfolgerung. Um sich einzufügen, wird sie in Zukunft wie eine Schauspielerin eine Rolle spielen. Sie wird so tun müssen, als sei sie wie alle anderen. Sie beobachtet ihre Mitmenschen und kopiert deren Verhalten. Sie benimmt sich angepasst und verleugnet damit ihren eigenen Wesenskern.

Der Glaubenssatz, dass man sich »richtig« verhalten muss, kann auch erst im Teenageralter entstehen, wenn sich der Körper allmählich verändert, aber das kindliche Denken erst mal noch bleibt. Das kann zu Situationen wie dieser führen: Ein Junge läuft so schnell er kann hinaus auf den Schulhof. Er hat gerade eine Klassenarbeit mit einer sehr guten Note zurückbekommen, und seine Mutter wird stolz auf ihn sein. Er sieht sie schon warten, rennt auf sie zu und umarmt sie in der Körpermitte. »Mami«, sagt er atemlos, und presst sich an sie, »Mami, ich habe …« Seine Mutter fasst ihn an den Armen, tritt etwas zurück und sagt mit dem Blick auf andere Eltern, die in der Nähe stehen: »Bist du nicht schon zu alt für so etwas? Hey, du bist kein Kind mehr, das weißt du doch. Okay, was wolltest du mir sagen?«
Der Junge nimmt die Schärfe in ihrer Stimme und den Vorwurf in ihren Worten wahr. Offensichtlich hat er irgendetwas schrecklich Falsches gemacht. Er wollte, dass seine Mutter stolz auf ihn ist, und jetzt ist sie stattdessen verärgert. Anscheinend hätte er nicht so aufgeregt zu ihr laufen und sich an sie drücken dürfen. Er hätte sich zurückhalten, in normalem Tempo auf sie zugehen, einen angemessen Abstand wahren und ihr ganz entspannt die freudige Nachricht übermitteln sollen. Nun schämt er sich, dass er sich vor all den anderen Erwachsenen wie ein kleines Kind verhalten hat. Aber er weiß auch noch, wie angenehm es sich angefühlt hat, den Kopf gegen den Bauch der Mutter zu pressen. Er liebt seine Mutter, die schönste Mama der Welt. Sie jedoch hat ihn zurückgewiesen und ihm gesagt, dass er schon zu groß sei, um sich so zu benehmen. Daraus schließt der Junge, dass er wohl eine unsichtbare Grenze überschritten und seiner Mutter damit Peinlichkeiten und Unbehagen bereitet hat.

Nächstes Mal wird er vorsichtiger sein. Er wird seine Impulse zügeln und seine Liebe nicht mehr so spontan ausdrücken. Er verschließt sein Herz und zieht enge Grenzlinien. Wenn es ihm gelingt, seine Gefühle und seinen Enthusiasmus zurückzuhalten, wird er immer in den Grenzen dessen bleiben, was richtig und angemessen ist. Und so versteift er sich, erstarrt. Von nun an wird er sich immer unter Kontrolle haben.

Für die Eltern ist es gar nicht so leicht, immer richtig zu reagieren, wenn die Kinder größer werden. Jeden Tag ergeben sich daraus wieder neue Herausforderungen und schnell macht man etwas falsch. Als Kind wiederum wissen wir noch gar nicht, dass das Leben oft auch unangenehme Seiten hat und nicht immer alles glatt läuft, und denken deshalb, dass peinliche Situationen allein unsere Schuld sind.

Gerade noch war die Tochter ein kleines Mädchen, und auf einmal zeigt sie alle Anzeichen des Heranwachsens zu einer Frau. Sie selbst ist sich überhaupt nicht bewusst, dass manche ihrer Ausdrucksformen der Zuneigung sinnliche oder sexuelle Beiklänge haben und infolgedessen missdeutet werden könnten, und es trifft sie hart, wenn sie plötzlich nicht mehr auf dem Schoß des Vaters sitzen darf. Sie versteht schlichtweg nicht, warum er in einigen Situationen nun so abweisend ist. Sie sucht ja nichts anderes, als die gewohnte familiäre Nähe. Eine Mutter wiederum würde ihren Sohn nur allzu gerne umarmen, wenn sie das Gefühl hat, dass es ihm nicht gut geht, aber sie traut sich das nicht, weil sie denkt, er solle ihre Brüste nicht spüren. Sie hält ihn deshalb auf Distanz, während er sich nach der unschuldigen Intimität sehnt, die sie früher geteilt haben.

Kinder beobachten ihre Eltern genau. Die Gunst der Eltern ist ihnen wichtig und sie sind bereit, viel dafür zu tun – sogar, ihr eigenes Selbst aufzugeben, Hauptsache, die Eltern sind stolz auf ihr Kind. Bildlich gesprochen frieren wir unsere Liebe und Authentizität ein und übernehmen Verhaltensweisen, von denen wir sicher sind, dass sie der Kultur entsprechen, in die wir hineingewachsen sind. Im Innern wissen wir genau, dass wir eigentlich schwindeln. Wir halten andere zum Narren und fühlen uns deshalb oberflächlich, einsam und kalt. Aufgrund dieser Diskrepanz zwischen der inneren und der äußeren Welt spüren wir außerdem große Furcht. Es ist nur eine Frage der Zeit, wann unser Schwindel auffliegt.

Das Hochstapler-Syndrom

Eine Unterreaktion bei diesem fünften Kindheitsglaubenssatz lässt uns schweigsam und zurückhaltend werden; wir sind uns bewusst, dass wir Gefühle haben könnten, fühlen uns aber erstarrt und denken, dass wir ohne chaotische Emotionen sowieso besser dran sind. Bei einer Überreaktion arbeiten wir härter als alle anderen, mit dem Ziel unfehlbar und untadelig zu sein, weil wir immer befürchten, dass unsere Hochstapelei irgendwann auffliegt.

Die Angst, überschätzt zu werden, war eine wichtige Motivation für mich, mit einer Therapie zu beginnen. Ich kann mich noch gut an den fassungslosen Blick meiner freundlichen Psychologin erinnern, als ich ihr von meiner Furcht erzählte, dass bei mir im Grunde alles Fassade sei. Ich versuchte, mein inneres Bild für sie zu malen, nämlich das einer Hollywood-Kulisse, hinter der sich überhaupt nichts verbirgt. Nur ein paar Sitzungen bei ihr waren schon ausreichend für mich, um die lähmende

Angst formulieren zu können, dass Menschen, die mich für kompetent und lustig hielten, ihren Irrtum bald bemerken würden.

Diese Therapeutin, meine erste, hatte leider noch nichts von dem sogenannten Hochstapler-Syndrom gehört. Der Begriff wurde von den beiden Wissenschaftlerinnen Pauline Clance und Suzanne Imes geprägt. In einem 1978 veröffentlichten wissenschaftlichen Artikel erläuterten sie, dass sie dieses Syndrom Menschen zuschreiben, die große Leistungen erbringen, aber an ihren Fähigkeiten zweifeln. Im Zuge ihrer Forschungsarbeiten hatten sie erfolgreiche berufstätige Frauen befragt, die alle der Mittel- oder Oberschicht zugehörten und von weißer Hautfarbe waren. Als 1985 dann Pauline Clances Buch *Erfolgreiche Versager. Das Hochstapler-Syndrom* herauskam, hatte sie zwischenzeitlich feststellen können, dass Männer genauso von diesem Syndrom betroffen sein können – sie reden einfach nicht gerne darüber.

Der von Clance entwickelte Test steht auf ihrer Website kostenfrei zur Verfügung. Ich selbst bin definitiv noch anfällig für Gedanken, die das Hochstapler-Syndrom generiert. Bei dem Test stimme ich Aussagen zu wie »Ich kann den Eindruck erwecken, kompetenter zu sein, als ich es wirklich bin« und »Manchmal denke ich, dass mein Erfolg nur auf irgendeine Art von Glück zurückzuführen ist« und komme so auf eine Punktzahl von 85 (von 100). Glücklicherweise habe ich im Laufe der Jahre gelernt, diese Gedanken wie alte Freunde zu begrüßen, und einfach mit meinem normalen Tagwerk fortzufahren, während ich sie auf dem Sofa versacken lasse.

Diejenigen von uns, die in dem erwähnten Test hohe Punktwerte erzielen, befinden sich in guter Gesellschaft. Sheryl Sandberg, die CO-Geschäftsführerin (COO) von

Facebook, Inc., hat das Interesse an diesem Thema wiedererweckt, als sie es in ihrem Buch *Lean In* ansprach. Sie ist fest davon überzeugt, dass viele Frauen nur deshalb in der Geschäftswelt nicht aufsteigen, weil sie glauben, es gar nicht wirklich zu verdienen, an ihrer jeweiligen Position zu sein.

Pauline Clances laufende Forschungen bestätigen es: Insbesondere erfolgreiche Menschen leiden unter dem Gefühl, dass irgendwo auf ihrem Karriereweg ein Fehler gemacht wurde und jederzeit die Fehlerpolizei bei ihnen an die Tür klopfen könnte. Nehmen wir zum Beispiel Joyce Roché, eine der ersten afroamerikanischen Frauen, die in der Wirtschaft Karriere machten, und die erste, die zur Geschäftsführerin eines Unternehmens auf der Fortune-500-Liste ernannt wurde. Sie war CEO und Vorstandsdirektorin multinationaler Konzerne, gewann den Women of Power Legacy Award. Nichtsdestotrotz hatte sie während ihrer beeindruckenden Karriere immer wieder mit Gefühlen zu kämpfen, völlig überschätzt zu werden. Schließlich aber gelang es ihr, sich selbst als Pionierin in ihrem Gebiet anzuerkennen, wie sie in ihrer Autobiografie *The Empress Has No Clothes* erzählt. Die aus kleinen Verhältnissen stammende Top-Geschäftsfrau schreibt darin: »Zu einem großen Teil wird das Hochstapler-Syndrom von dem Irrglauben gespeist, dass unser Wert irgendwie objektiv messbar ist. Wir erkennen unseren wesentlichen Wert nicht und haben deshalb immer wieder Angst, dass es uns an etwas mangelt. Viel zu viele Frauen verplempern zu viel Zeit, Talent und emotionale Energie mit der Furcht, nicht anerkannt oder akzeptiert zu werden. Es liegt in der Natur des Hochstapler-Syndroms, dass es uns von anderen Menschen isoliert und uns zwingt, unsere innersten Gefühle geheim zu halten.«

Dann fügt sie noch eine weitere Ebene hinzu, indem sie anspricht, wie sie die Armut ihrer Familie aus New Orleans immer verschwiegen hat, und dass sie bereut, als eine der wenigen afroamerikanischen Studentinnen an den prestigeträchtigen Universitäten, die sie besuchte, nicht öfters ihre Meinung gesagt zu haben. »Rasse ist ein starker Auslöser für Hochstaplergefühle. Menschen stellen bewusst oder unbewusst oft Vermutungen an, die auf der Hautfarbe des jeweiligen Menschen basieren. Deshalb ist es wichtig für uns, uns mit dem auseinanderzusetzen, wie wir uns in Bezug auf mögliche Unterstellungen anderer Menschen geben sollen.«

And the Oscar goes to …

Stellen Sie sich vor, Sie haben Angst, dass Sie mit einem Erfolg lediglich einen Glückstreffer gelandet haben, sind aber zu einer Preisverleihung eingeladen, bei der die ganze Welt zusieht, werden dort zum Preisträger ausgerufen und dann stellt sich heraus, dass dies leider ein Irrtum war. Wir erinnern uns wahrscheinlich alle noch daran, was bei der Oscarverleihung 2017 passiert ist. Damien Chazelle hatte für seinen Film *La La Land* bereits den Oscar für die beste Regie erhalten, mit seinen 32 Jahren als jüngster Regisseur jemals. Seinem besten Freund, Komponist Justin Hurwitz, war der Oscar für die beste Filmmusik zuerkannt worden. Emma Stone stand hinter den Kulissen und hielt ihre Statuette für die beste Hauptdarstellerin in der Hand. Und nun war der Zeitpunkt für die finale Kategorie gekommen, die Verleihung des Oscars für den besten Film. Die Moderatoren Faye Dunaway und Warren Beatty blickten etwas

irritiert, aber vielleicht lag das ja am Alter des einst so glamourösen *Bonnie and Clyde* Duos, mag sich manch einer gedacht haben. Beatty fing an und ließ Dunaway den berühmten Satz vervollständigen: »*And the Oscar goes to… La La Land*!« Umarmungen und Küsse, Freudentränen bei allen Beteiligten an dem Musicalfilm, mehr oder weniger zusammengekniffene Lippen bei den anderen Nominierten, und dann ging das Team von *La La Land* hoch auf die Bühne. Dankesreden wurden gehalten, bevor live im Fernsehen das Undenkbare eintrat – ein Fehler war passiert. Als tatsächlicher Gewinner wurde nun *Moonlight* verkündet. Aus der Ansammlung all der Stars mit ihren Designer-Roben im Publikum ertönten Zwischenrufe. »Was hast du getan, Warren?«, rief jemand, worauf dieser erklärte, dass in dem Umschlag eine Karte mit dem Text »Emma Stone, La La Land« enthalten gewesen war. Beatty hatte den falschen Umschlag ausgehändigt bekommen, weshalb er auch zunächst etwas verwirrt dreingeblickt hatte. »Ich mache hier keine Witze«, sagte er. »Der beste Film ist wirklich *Moonlight*.«
So in etwa stellt man sich einen Albtraum vor: Offizielle, die bekannt geben, dass ein Fehler passiert ist und wir unseren Preis zurückgeben müssen, und wir, völlig geknickt, schleichen mit glasigem Blick zurück an den Platz in den Publikumsrängen. Auch für die Verantwortlichen selbst war es ein Albtraum. Die zwei Mitarbeiter von PricewaterhouseCoopers hatten für jede Kategorie sicherheitshalber jeweils zwei Ausfertigungen der Umschläge und Karten hinter die Bühne gebracht, so wie ihre Vorgänger in den acht Jahrzehnten zuvor auch. Es kam zu einer Verwechslung, wie das eben mal passiert. Emma Stone erholte sich schnell. Sie sagte, sie sei gerne Teil der Oscar-Historie, denn so eine ganz

spezielle Preisverleihung habe es sicher noch nie gegeben; außerdem liebe sie den Film *Moonlight* und freue sich für das Team.
Chazelle hatte in früheren Interviews über sein Hochstapler-Syndrom gesprochen. Sein Musikfilmdrama *Whiplash* gewann 2014 bei der Premiere beim Sundance Film Festival den Preis der Jury und des Publikums und später noch viele weitere Auszeichnungen, unter anderem bei den Filmfestspielen von Cannes. Genau dieser Erfolg jedoch stürzte ihn in Panik. »Mein Verstand geht manchmal auf extreme Achterbahnfahrten«, äußerte er sich. »Bei diesem Film dachte ich, dass die schlechten Kritiken sicher noch kommen, andere Festivals den Film nicht zeigen und die Leute ihn letztendlich als reinen Sundance-Glückstreffer bezeichnen würden.« Es passiert öfters, dass wenn unser schlimmstes Albtraumszenario tatsächlich eintritt, wir uns als widerstandsfähiger erweisen, als wir es je für möglich gehalten hätten. Wir fallen nicht aus Scham sofort tot um. Manchmal können wir sogar die lustige Seite dessen sehen, was sich zuerst wie ein Desaster angefühlt hat. Ich hoffe sehr, dass die Panne bei der Oscarverleihung Damien Chazelle nicht erneut ins Schleudern gebracht, sondern ihm stattdessen geholfen hat, seinen inneren Sinn für Freude, Lust und Selbstvertrauen zu entdecken, von dem viele berichten, wenn das Hochstapler-Syndrom sich bei ihnen verflüchtigt hat.

Negative Selbstbotschaften

Wir alle haben unsere eigene Version davon, wie wir wohl einmal als Angeber entlarvt werden. Der kontinuierliche innere Dialog, wie er sich aus diesem Kindheitsglaubenssatz ergibt, geht tendenziell in die folgende Richtung:

NEGATIVE SELBSTBOTSCHAFTEN

Sehe ich anständig aus?

Werden die Leute sehen, dass ich den Dresscode hier kenne?

Merken sie, dass ich zwischen dem, was sich gehört und was nicht, unterscheiden kann?

Habe ich etwas Geschmackloses gesagt?

Habe ich eine falsche Bewegung gemacht?

Wenn ich einen Fehler begehe, wird herauskommen, dass ich den Anforderungen nicht entspreche.

Ich muss mich zurückhalten und die geltenden Normen übernehmen.

Ich bin mir nicht sicher, wo die Grenze dessen liegt, was angemessen ist.

Ich muss mich anpassen, damit ich diese Grenze nicht versehentlich überschreite.

Ich muss mich geschliffen ausdrücken und höflich sein.

Immer gute Manieren haben.

Eigentlich perfekt sein.

Ich bin kein fühlender Mensch.

Ich existiere nur von außen.

Ich muss nach außen das Bild vermitteln, ob ich jederzeit fähig und kompetent bin.

Im Inneren fühle ich mich leer und hohl.

Ich halte an dem fest, was der Standard zu sein scheint, aber in Wirklichkeit bin ich ratlos, wer ich eigentlich bin.

Ich fühle nicht, was andere zu fühlen scheinen.

Manchmal frage ich mich, ob ich überhaupt existiere.

Ich tue so, als ob.

Ich zeige das gewünschte Verhalten.

Ich bin nicht ich selbst.

Von außen betrachtet ist bei uns alles perfekt. Haus, Ehe, Kinder, Beruf, Freunde, Körper, Kleider, Frisur, Fingernägel – alles. Wir spielen unsere Rolle wie Stardarsteller, die sich niemals einen Tag freinehmen. Zu unserer chronischen Selbstbefragung gehören Fragen wie »Sehe ich gut aus?«, die dann letztendlich doch nur dazu führen, dass wir noch unsicherer werden. »Trage ich das Richtige für diesen Anlass?«, überlegen wir uns vor der Abfahrt zu einer Party, selbst wenn sie von guten Freunden veranstaltet wird. Wir wollen schließlich niemanden in Verlegenheit bringen, weil wir uns übertrieben in Schale geworfen haben. »Soll ich mir die Nägel lackieren oder lieber nicht?«, war eine der Fragen, die ich mir vor meinem ersten TEDx Talk stellte. Als ob die Farbe meiner Nägel der entscheidende Faktor dafür sein würde, ob mich die Zuschauer als kompetent wahrnehmen! Allen unseren Sorgen um das Äußere liegt genau diese Angst zugrunde – dass wir in Wahrheit inkompetent sind. Wir wissen nicht wirklich etwas, haben nie viel gewusst und werden auch in Zukunft nicht viel wissen. Und eines Tages werden die anderen Leute das merken. Die scheinbare Lösung, sich anzupassen, hat eine unerwünschte Nebenwirkung – eine konstante penible Wachsamkeit, um sicherzustellen, dass niemand unsere Schauspielerei bemerkt. Wir haben so Angst zu versagen, als seien wir Undercover-Agenten, die kein Recht haben, da zu sein, wo wir sind.

Wenn dieser Kindheitsglaubenssatz bei Ihnen nicht sonderlich aktiv ist, tönt das für Sie wahrscheinlich alles sehr übertrieben. Diejenigen aber, die der Glaubenssatz im Griff hat, werden die endlosen Gedankengänge zum eigenen Aussehen wiedererkennen. Wir können so sehr damit beschäftigt sein, einen guten Eindruck zu machen, dass uns manchmal nichts mehr einfällt, was wir sagen könnten. Wir scheinen sowieso schon etwas distanziert zu sein und es fällt uns nicht leicht, Kontakte zu schließen – mit unserer Aura der Perfektion halten wir andere dann erst recht davon ab, auf uns zuzugehen. Und natürlich machen wir uns auch noch Selbstvorwürfe wegen dieser Schwachstelle und sagen uns, dass wir über bessere gesellschaftliche Umgangsformen verfügen und flexibler sein müssten.

Innige Beziehungen

Dieser Kindheitsglaubenssatz, dass wir uns mit Liebesbezeugungen besser zurückhalten sollten, kann sich in Beziehungen nachteilig bemerkbar machen. Der Junge wird sich keine spontane Liebesbekundung mehr erlauben, da dies ja sicher wieder mit Peinlichkeiten, Tadel und Ablehnung einhergehen wird. Er wächst zu einem Mann heran, für den Liebe und Sex zwei vollkommen getrennte Angelegenheiten sind. In seinem Sexualleben pflegt er die Promiskuität, aber im Bett mit seiner Lebenspartnerin ist er nicht sonderlich leidenschaftlich. Der ewige Frauenheld James Bond schnippt ein Sandkorn vom Ärmel, nachdem er gerade Dutzende feindlicher Elemente eliminiert hat, macht einen Witz und sieht wieder wie sein poliertes Selbst aus. »Einen Wodka-Martini, geschüttelt, nicht gerührt«, so lautet seine Bestellung beim Barkeeper an jedem noch so exotischen Ort der Welt. Autor Ian Fleming wusste, wie das Lieblingsgetränk seiner Hauptfigur den Mann spiegelt. Der immer untadelige 007 wird von jeder großartigen Frau, die in sein Leben tritt, bezaubert, doch er lässt sich nur kurz schütteln, nicht berühren. Er hat Sex, aber Liebe ist in seinem Leben nicht vorgesehen. Er ist das Sinnbild des ewigen Junggesellen, ungebunden und ohne Verpflichtungen.

Das Mädchen wird zu einer distanziert wirkenden Frau, die freundlich und höflich ist, aber keine Emotionen zeigt. Sie lässt sich scheinbar durch nichts aus dem Gleichgewicht bringen. Ihr Apartment ist peinlich sauber, ihre Stimmung immer gleichmäßig gut. Sie handelt gemäß den Regeln, was anständig, richtig und ordentlich ist. Wie die meisten von uns hätte sie schon gerne eine innige Beziehung mit einem Lebensgefährten, aber sie fühlt die Liebe eher im Allgemeinen, für die Welt im Großen und Ganzen, nicht für eine einzelne Person. Sie argwöhnt, dass sie ihr Leben gar nicht richtig lebt. Nicht authentisch. Nicht wahrhaftig. Als Ergebnis dieser Selbstverleugnung können sich Depressionen entwickeln, insbesondere, wenn der Drang, ein Bild der Perfektion zu vermitteln, so groß ist, dass sich die Kluft zwischen innerer und äußerer Realität immer weiter verbreitert. Ich kenne das, glauben Sie mir, das ist mir alles selbst zugestoßen. Im Alter von etwa Mitte dreißig war meine innere Sehnsucht nach Sinnhaftigkeit weit entfernt von dem Yuppie-Leben, das ich nach außen hin führte. Während der Woche spielte ich die coole ausgeglichene Geschäftsfrau, während ich am Wochenende, vor allem in den langen Wintermonaten, kaum den Weg aus dem Bett fand. Niemand wusste davon. Manchmal gab ich noch einer Party die Ehre meines Besuchs, aber immer erst spät, weil ich mich vorher einfach nicht aufraffen konnte, das Haus zu verlassen. Meine Freunde nahmen dann jeweils an, dass ich vorher noch bei einer anderen Veranstaltung gewesen war. Zumindest dachte *ich*, dass sie das dachten. Vielleicht war es ihnen auch schlichtweg egal, warum ich erst so spät aufkreuzte. Die innigste Beziehung ist natürlich die mit uns selbst. Ich fragte mich früher oft, was falsch bei mir lief, dass alle meine Freunde im Laufe der Zeit die Liebe ihres Lebens fanden und heirateten, während ich Single blieb. Ich vermute, meine innere Zerrissenheit zeigte sich damals eben auch im Außen, mehr als ich mir vorstellen konnte. Irgendwann besuchte ich einen Vortrag von Robert Stamboliev über die von dem Psychotherapeuten-Ehepaar Hal und Sidra Stone entwickelte Methode des *Stimmendialogs*, die Stamboliev in Europa vorstellte. Während der Veranstaltung meldete ich mich freiwillig für eine Demonstration vor dem Publikum, und Stamboliev schaffte es tatsächlich, dass ich plötzlich mit einer ganz entspannten und warmen Stimme sprach. Ich war etwas schockiert, weil ich diesen sensibleren Teil von mir normalerweise nur in dem von mir so bezeichneten »geheimen Leben« zuließ, in dem ich spirituelle Bücher las, die ich vor meinen Freunden versteckte, damit sie mich nicht irgendwie für schrullig hielten. Ich war ja Expertin darin, anderen etwas vorzumachen. Tief im Innern wusste ich immer, dass noch mehr in mir steckt, so wie das bei allen von uns der Fall ist, die ihre Authentizität kaltstellen.

Unsere wichtigsten Gaben

Wir haben uns den Kindheitsglaubenssatz angeeignet, dass wir etwas vortäuschen müssen, weil uns als Kind unser Wesenskern nicht zurückgespiegelt wurde. Wir sind aber eigentlich sehr an der Essenz des Lebens interessiert. Sobald wir aufhören zu denken, dass es wichtiger sei, was wir anziehen, als was wir sind, können wir uns auf das wirklich Wesentliche konzentrieren – unsere Familie, unsere Arbeit, was auch immer. Wir sind ausgezeichnete Planer, weil wir Prioritäten setzen können. Es fällt uns leicht zu erkennen, was vorrangig und was zweitrangig ist. Wir sind gute Führungskräfte, weil wir uns darauf konzentrieren, was wirklich wichtig ist, sowohl im Ergebnis als auch im Prozess der Zusammenarbeit. Kurz gesagt haben wir ein scharfes Auge für das Wesentliche.

Und so gewissenhaft wir es auch immer zu verbergen versuchen, sind wir eigentlich oft ganz unkonventionell. Jede neue Generation betritt ein Gebiet, das der vorherigen noch verschlossen war. Einige Pionierleistungen werden als willkommene Innovationen gepriesen, während in anderen Bereichen Ältere gelegentlich das Gefühl haben, dass traditionelle Konventionen mit Füßen getreten werden, weshalb sie ihre Stimme gegen das erheben, was sie als schändlich empfinden. Dem Philosophen Arthur Schopenhauer wird die treffende Bemerkung zugeschrieben, dass neue Erkenntnisse meist zuerst belächelt, danach vehement bekämpft und schließlich von denselben Leuten als selbstverständlich hingestellt werden. Menschen, die Grenzen ausdehnen oder überschreiten, müssen immer mit Widerstand rechnen. Alle unsere Werte wurden in unserer Jugend ignoriert oder lächerlich gemacht, wir schrumpften innerlich, taten der Außenwelt gegenüber aber so, als sei alles in Ordnung. Und doch liegt in uns das Saatgut für eine Zukunft, in der die Dinge anders sind. Der originelle, unkonventionelle, innovative und eigenwillige Funke ist in unserem Inneren noch lebendig. Als unsere authentischen Liebesbekundungen zurückgewiesen wurden, versteiften wir uns und erstarrten, weil wir dies in unseren jungen Köpfen sehr persönlich nahmen. Doch jede Generation überschreitet Grenzen, die für ihre Vorgänger noch unantastbar schienen. Die Zeiten ändern sich und mit ihnen auch die Sexualmoral.

Authentizität ist der Preis der Preise und unsere Authentizität wird durch unser angepasstes Verhalten nicht beeinträchtigt. Unter dem Deckmantel der Vollkommenheit steckt ganz und gar der Mensch, der wir wirklich sind. Es ist meine Erfahrung, dass wenn wir es einmal wagen, in Wahrhaftigkeit zu leben, unsere frühere strenge und ernsthafte Einstellung von Freude und Flexibilität abgelöst wird, vielleicht sogar von etwas Zügellosigkeit, da es uns nichts mehr ausmacht, wenn wir vielleicht als seltsam oder exzentrisch angesehen werden. Wir werden im Gegenteil unsere Eigenarten zu schätzen wissen. Brené Brown hat es so ausgedrückt: »Authentizität ist eine Sammlung von Entscheidungen, die wir jeden Tag treffen müssen. Es geht um die Entscheidung, aufzutreten und echt zu sein. Die Wahl, ehrlich zu sein. Die Wahl, unser wahres Selbst sehen zu lassen.«

Stärken kultivieren

»Man muss mit den Wölfen heulen« haben wir uns selbst gesagt, als wir uns entschieden, dass Anpassung der richtige Weg ist. Deshalb verstehen wir, wo immer wir auch hinkommen, sehr schnell die örtlich geltenden Gepflogenheiten. Andere Länder, andere Sitten. Wir wissen bei allen Gelegenheiten, wie man sich richtig anzieht – ob für eine Trekking-Tour mit Kamelen, für ein Bewerbungsgespräch oder eine Audienz bei der englischen Queen. Wie ein Chamäleon nehmen wir die Farbe der Umgebung an und fügen uns perfekt ein. Wenn wir uns dieser Stärke einmal bewusst sind, können wir sie konstruktiv nutzen. Dann fühlen wir uns nicht mehr, als veranstalteten wir eine Show für andere. Stattdessen können wir zum Beispiel ein Gastgeber sein, der dafür sorgt, dass sich die Teilnehmenden einer Konferenz oder die Gäste einer Party richtig wohlfühlen.
Eine weitere Qualität, die Menschen anführen werden, wenn sie uns beschreiben sollen, ist Disziplin. Wir haben offensichtlich keine Probleme damit, uns gesund zu ernähren oder regelmäßig Sport zu treiben, um uns fit zu halten. Unsere innere Erfahrung ist jedoch nicht die von

Disziplin, sondern die von Prioritätensetzung und Hingabe an höhere Prinzipien, die das Leben lebenswert machen. Wir behalten unser Ziel immer im Auge und machen, was nötig ist, um es zu erreichen. Das ist keine große Sache für uns. Und glücklicherweise wird uns diese nützliche Eigenschaft auch dann noch zur Verfügung stehen, wenn wir unsere Schockstarre hinter uns gelassen haben.

Zu unseren Stärken gehört auch Genauigkeit. Aus Angst, einen Fehler zu machen, der uns aus der Gemeinschaft ausschließen könnte, entwickeln wir ein sehr kritisches Auge. Wir bemerken Webfehler im Stoff, Rechtschreibfehler in der Zeitung oder eine Unregelmäßigkeit in den neu verlegten Kacheln des Badezimmers sofort. Es kann einerseits wie ein Fluch sein, jede Unstimmigkeit wahrzunehmen, aber wenn wir lernen, entspannt damit umzugehen, können wir kleine Fehler auch mal übersehen und nur dann super genau sein, wenn es wirklich nötig ist.

Diskretion ist ebenfalls eine Eigenschaft, die wir an uns selbst vielleicht nicht hoch genug schätzen. Wir haben gelernt, Geheimnisse zu bewahren, weil wir nicht wollten, dass unser peinliches Verhalten oder die Scham, die wir für unsere Familie empfanden, von anderen bemerkt werden. Unser hochentwickeltes Gespür dafür, was man wann wem sagen darf, kann bei vielen Gelegenheiten sehr nützlich sein, im Berufsleben genauso wie im Freundeskreis.

Wir haben stets die Verhaltensweisen an den Tag gelegt, von denen wir dachten, dass sie in Ordnung sind. Und Ordnung bringen wir auch in unser Leben und unsere Arbeit. Mit uns gibt es keine Schwammigkeiten: Fakten werden gecheckt, auf ein i kommt ein Punkt und ein t ist mit einem Querstrich versehen. Wir nehmen die Arbeit für ein Projekt eher früher als später auf, wir möchten vor Ablauf der Frist fertig sein, damit wir genügend Zeit haben, um noch einmal alles zu überprüfen und vielleicht noch Verbesserungen anzubringen. Wir wollen die Arbeit so gut wie möglich machen. Auch wenn wir nicht mehr nach absoluter Perfektion streben, geben wir weiterhin immer unser Bestes.

Das Authentizitätsparadox

Es ist keine Todsünde, eine Situation falsch zu interpretieren. Das ist im Gegenteil etwas ganz Alltägliches. Ich habe vor Kurzem spaßeshalber eine kleine Umfrage bei Freunden gestartet, bei wie viel Prozent ihrer Arbeit es darum geht, Missverständnisse aufzulösen. Der Durchschnittswert unserer Schätzungen lag bei mehr als fünfzig Prozent.

Es ist ebenfalls keine Todsünde, authentische Liebe zu zeigen, auch wenn man sich vielleicht mal etwas täppisch dabei anstellt. Liebe ist ein so großes Gefühl, das lässt sich nicht in feste Bahnen lenken und sprudelt manchmal einfach heraus. Außerdem muss sich keiner von uns für die Umstände schämen, unter denen er aufgewachsen ist. Dies ist jedoch eine Weisheit, die die meisten von uns erst nach vielen Leidensjahren erlangen. Die Scham, die wir als Kind empfanden oder verursachten, hält uns in dem folgenden Paradoxon gefangen:

DAS PARADOX

Wenn ich authentisch handle, werde ich missverstanden oder getadelt. Wenn ich mich so verhalte, wie es üblich ist oder erwartet wird, bin ich nicht ich selbst. Dieses Dilemma ist unlösbar für mich.

Es gibt tatsächlich keine Patentlösung für diese Zwickmühle. Das Leben ist chaotisch und manchmal unangenehm, nicht nur wenn wir herauszufinden versuchen, wer wir sind (oder als Kind wie wir sein sollten), sondern bis zu unserem letzten Atemzug. Es stellt sich immer wieder im Leben die Frage, was man sagen und über was man besser schweigen soll, und eine getroffene Entscheidung erweist sich im Rückblick vielleicht nicht als ideal. Aber genau dies macht das Leben ja so interessant. Es gibt eben kein Lebenshandbuch, in dem steht, wie wir reagieren, wenn uns der neue Mantel der Freundin, den sie uns so stolz präsentiert, gar nicht gefällt, oder wenn wir finden, dass die Leistungen des Praktikanten trotz all seiner Anstrengungen einfach nicht akzeptabel sind. Bis jetzt haben wir immer noch irgendeine Lösung gefunden. Wir müssen mit uns selbst aushandeln, wie wir authentisch und ehrlich reagieren, ohne anderen gegenüber unanständig zu sein.

Die Heilungsreaktion

Joyce Roché arbeitete zunächst als Hausangestellte, so wie schon ihre Mutter. Die Handlung des Buchs und Films *The Help* (*Dies ist auch der deutsche Filmtitel; Anm. d. Übers.*) spielt sich vor dem Hintergrund der US-Bürgerrechtsbewegung der 1960er-Jahre ab. Die Hauptfiguren sind Frauen der weißen Mittelschicht und ihre hart arbeitenden afroamerikanischen Haushälterinnen, die im Armeleuteviertel wohnen. Als Abileen von ihrer Chefin gefeuert wird, ruft sie dem kleinen Mädchen Mae, um das sie sich gekümmert hat, zu, es solle sich immer daran erinnern, was sie ihm gesagt hat. Mae weiß ganz genau, was ihr geliebtes Kindermädchen meint, und wiederholt mit ihrer langsamen kindlichen Stimme: »Ich ist freundlich, ich ist klug, ich ist wichtig.«

Lebensbehauptungen, die auf der Wahrheit gründen, dringen zu unserem Wesenskern durch. Wenn wir uns selbst gegenüber immer wieder liebevoll wiederholen, dass wir echt sind, dass wir so sind, wie wir sein sollten, dass wir wichtig sind, dann wird uns das helfen, aus unserer steifen Hülle der Schicklichkeit zu unserem wahren Kern vorzudringen. Ein solches Mantra gibt außerdem dem Verstand etwas zu tun, während wir uns eine Heilungsreaktion zuteilwerden lassen. Wir können intuitiv die Hand auf den Bauch legen, um uns selbst zu helfen, hinter dem Deckmantel der äußeren Perfektion zu der eigentlichen Perfektion unsers authentischen Selbst zu gelangen. Wir können unsere Energie von der Stelle, an der wir die Hand platziert haben, nach innen lenken und bald das Leuchten unseres ewigen Kerns spüren. Dieses Glühen schmilzt uns von innen nach außen, taut unsere starren Grenzen der Konformität auf, wärmt unser Herz für andere Menschen. Wir wissen vielleicht nicht, wie unser authentisches Selbst aussieht, aber wir spüren, wenn es uns erfüllt.

Haben wir den Weg zu unserem eigenen Wesenskern einmal gefunden, können wir energetisch auch anderen helfen, sobald wir merken, dass sie zugeknöpft und naserümpfend reagieren, wenn ihre Mitmenschen sich nicht gemäß ihren strengen Normen verhalten. Indem wir bewusst das Gefühl für unsere eigene Authentizität wachsen lassen, können wir anderen helfen, aufzutauen und ihre Steifheit loszulassen. Ich lese immer wieder gerne Marianne Williamsons weise Worte, mit denen sie diesen Prozess so schön beschreibt: »Unsere tiefste Angst ist nicht die, dass wir unzulänglich sind. Unsere tiefste Angst ist die, dass wir über die Maßen machtvoll sind. Es ist unser Licht, nicht unsere Dunkelheit, das uns am meisten erschreckt. Wir fragen uns: Wer bin ich denn, dass ich so brillant, großartig, talentiert, fabelhaft sein sollte? Aber wer sind Sie denn, dass Sie es *nicht* sein sollten? Sie sind ein Kind Gottes. Wenn Sie sich kleinmachen, dient das der Welt nicht. Es hat nichts von Erleuchtung an sich, wenn Sie sich so schrumpfen lassen, dass andere Leute sich nicht mehr durch Sie verunsichert fühlen. Wir sollen alle so leuchten wie die Kinder. Wir sind dazu geboren, die Herrlichkeit Gottes in uns zu manifestieren. Sie existiert in allen von uns, nicht nur in ein paar Menschen. Und wenn wir unser eigenes Licht leuchten lassen, erlauben wir auch unbewusst anderen Menschen, das Gleiche zu tun. Wenn wir von unserer eigenen Furcht befreit sind, befreit unsere Gegenwart automatisch auch andere.« (*Zitiert aus »Rückkehr zur Liebe: Harmonie, Lebenssinn und Glück durch ›Ein Kurs in Wundern‹« von Marianne Williamson; Goldmann 2016; Anm. d. Übers.*)

DEN KINDHEITSGLAUBENSSATZ UMFORMULIEREN

Der Versuch, ein erfundenes Selbstbild langfristig beizubehalten, ist nicht nur die Autobahn zum Burn-out, sondern eine Existenz ohne Sinn, wenn Sinn das ist, nach dem wir uns im Leben am meisten sehnen. Die Umwandlung dieses fünften Kindheitsglaubenssatzes hilft uns, unser wahres Selbst zu sein.

SCHRITT 1: Das Denkmuster erkennen

Wir können unsere mühsamen Versuche zur Kenntnis nehmen, einen guten Eindruck zu hinterlassen, und uns all die Gedanken bewusst machen, die sich darauf beziehen. Die Hochstapler-Syndrom-Gedanken, dass wir früher oder später auffliegen werden, sind eine zweite Kategorie von Gedanken, nach denen wir Ausschau halten sollten. Wir können sie jetzt als aus der Zeit stammend erkennen, in der unsere innere Welt nicht wahrgenommen wurde, oder als aus dem Glauben resultierend, dass wir immer darauf achten müssen, uns nicht unangemessen zu benehmen. Jeder Gedanke, wir müssten uns anpassen oder zurückhalten, ist eine Manifestation dieses Kindheitsglaubenssatzes.

SCHRITT 2: Den Fokus verschieben

Anschließend können wir den Fokus auf den aktuellen Moment verlagern und auf das, zu dem wir als Mensch aus Fleisch und Blut geworden sind, der das Leben uneingeschränkt genießen und Wärme und Weisheit weitergeben will.

SCHRITT 3: Uns selbst danken

Es war harte Arbeit, viele Jahre lang unsere Authentizität und unsere Eigenarten zu verbergen. Jetzt können wir dem Teil von uns danken, der diese Aufgabe übernommen hat, um uns davor zu schützen, ein Außenseiter zu sein. Als Kind haben wir die Schlussfolgerung gezogen, dass es am besten sei, unser wahres Selbst einzufrieren, um in der Familie kein Störfaktor zu sein. Das Opfern unserer Authentizität ist eine Tat der Liebe, die ein großes Dankeschön verdient.

SCHRITT 4: Die Scham von damals einladen

Fest in unserem Selbst verankert können wir jetzt bewusst die Scham heraufbeschwören, die uns zu dazu gebracht hat, uns möglichst angepasst zu geben. Wir können es zulassen, dass unsere Panik wieder aufsteigt, die Befürchtung, andere durch ein unbewusst anstößiges Verhalten aus der Fassung zu bringen. Wir können spüren, wie es für uns war, als unsere Werte mit Füßen getreten wurden. Wir können die anhaltende Angst nachvollziehen, dass wir als Schwindler entlarvt werden. Das Wiedererleben all dieser Ängste dauert nicht mehr als ein paar Minuten.

SCHRITT 5: Wahrhaftig sein

Nachdem wir jetzt die Energie auf das innere Wesen anstatt auf das äußere Erscheinungsbild gerichtet haben, können wir weiter auftauen und die Person zum Leben erwecken, die wir wirklich sind. Echte Menschen machen Dummheiten, machen Fehler. Das Leben ist chaotisch. Daran sollten Sie sich gewöhnen.

Die ersten drei Schritte

Das Umwandeln der Gedanken aus diesem Kindheitsglaubenssatz ist eine große Unterstützung in dem Prozess, aufzutauen und ein warmherzigeres, flexibleres Wesen zu werden. Die Kurzversion können wir jederzeit durchführen, sobald wir wahrnehmen, dass wir uns zurückhalten oder erstarren, um Peinlichkeiten zu vermeiden. Niemand wird es uns anmerken, wenn wir innerlich die Schritte zur Anerkennung des Kindheitsglaubenssatzes, zur Verlagerung des Fokus auf die Person, die wir jetzt sind, und zum Dankesagen durchführen.

SCHRITT 1: Das Denkmuster erkennen

Dieser Kindheitsglaubenssatz, den wir brauchen, um uns anzupassen und einzufügen, hat dazu geführt, dass wir auf andere ziemlich distanziert wirken. Distanz kann sich aber auch als nützlich erweisen, wenn es darum geht, die eigenen Gedanken wahrzunehmen. Sie erleichtert es uns, darauf zu achten, ob uns vielleicht wieder mal Zweifel an unserer äußeren Erscheinung plagen oder wir andere zu täuschen versuchen oder uns der Gedanke gefangen nimmt, dass wir maßlos überschätzt werden. Mit unserer gut ausgebildeten Fähigkeit zur Beobachtung anderer Menschen können wir jetzt bewusst miterleben, wenn wir uns zurückhalten, indem wir höflich und diplomatisch sind, obwohl das gar nicht nötig wäre. Durch unser wachsendes Können, unsere adaptiven Verhaltensweisen zu erkennen, geht nun allmählich jedes Mal ein innerliches Signal ab, sobald wir denken, dass wir uns an eine scheinbare Norm halten müssen. Dieses Signal teilt uns mit, dass wir uns am Rand unserer Komfortzone bewegen, die wir genau dort noch ein wenig ausdehnen wollen.

SCHRITT 2: Den Fokus verschieben

Wir sind viel mehr als eine gut aussehende Hülle. Alles, was wir bisher geleistet und erreicht haben, hat uns zu dem gemacht, was wir heute sind. Wir haben alle Arten von Hindernissen überwunden und aus den durchgemachten Krisen gelernt. Wir haben uns äußerlich an andere Menschen um uns herum angepasst, aber innen hat sich unser Wesenskern stets behauptet. Jetzt konzentrieren wir uns auf den erwachsenen Menschen, zu dem wir geworden sind. Wir besitzen von Natur aus die Fähigkeit, Grenzen zu überschreiten, und deshalb wollen wir nun von innen nach außen auftauen. Das wirkliche Leben wartet darauf, dass unser wahres Ich seinen Platz darin einnimmt und voll teilnimmt.

SCHRITT 3: Uns selbst danken und uns feiern

Dieser Schritt schlägt etwas Ungewöhnliches vor. Der fünfte Kindheitsglaubenssatz wird uns jetzt vielleicht warnen, nicht diese unsinnige Richtung einzuschlagen, aber wir sind ja allein mit unseren Gedanken, wen sollen solche Warnungen also interessieren? Die Einladung besteht darin, dem Teil unseres Bewusstseins zu danken, der sich bemüht hat, uns vor Vorwürfen, unanständigem Verhalten und Peinlichkeitsgefahren zu schützen. In einer Zeit der Verwirrung über unseren sich verändernden Körper ist dieser Teil zu dem Schluss gekommen, dass wir uns besser an die herrschenden Normen anpassen sollten. Keinen Staub aufwirbeln, keinen Ärger machen, sondern sich stattdessen einfügen – als Heranwachsende schien uns dies die einzige Option zu sein.

Unsere ausgeprägte Selbstbeherrschung und Anpassungsfähigkeit hatten ihren nicht unbeträchtlichen Anteil an unserem derzeitigen Sein. Schicken wir ein Dankeschön an all die Gedanken, die uns ermahnt haben, uns anzupassen, ins Unvermeidliche zu fügen und zurückhaltend mit Liebesbezeugungen zu sein. Wir wollen diesem Teil von uns Anerkennung bezeugen, der der Meinung war, dass ganz besonders wir auf gar keinen Fall einen Fehler machen sollten.

Vollständiges Umwandeln des Kindheitsglaubenssatzes

Das utopisch anmutende Dasein aufzugeben, das uns den Stolz der Eltern und die Anerkennung der Gesellschaft als Ganzes einbrachte, ist ein anspruchsvolles Unterfangen. Eine Motivation könnte sein, dass wir uns nicht mehr ständig damit beschäftigen wollen, wie wir aussehen und auf andere wirken. Vielleicht regt uns ein inneres Gefühl der Leere dazu an, uns zu entspannen. Oder wir spüren einfach, dass die Zeit reif dafür ist, unsere unnahbare Maske der Freundlichkeit abzulegen. Möglicherweise stupsen uns auch Freunde oder der Lebenspartner in diese Richtung. Ein weiterer guter Grund, unsere Authentizität zu finden, könnte der Wunsch sein, zu lieben, ohne der geliebten Person gegenüber Zurückhaltung zu üben. Wir wollen niemandem mehr etwas vormachen. Wenn wir aus unserem nach außen scheinbar perfekten Dasein heraustreten, werden wir allmählich zu dem warmherzigen, einfühlsamen Menschen, der wir wirklich sind. Das beginnt damit, dass wir unsere einschränkenden Gedanken wahrnehmen, uns bei dem Teil von uns bedanken, der uns dazu gebracht hat, uns anzupassen, und uns darauf konzentrieren, wer wir geworden sind. Danach können wir mit echtem Interesse noch tiefer graben.

SCHRITT 4: Die Scham von damals einladen

Die Welt bietet uns reichlich Optionen, wie wir uns gut entwickeln und Erfolg haben können, und Menschen, die unsere Denk- und Handlungsweisen teilen. Das sollten wir uns klarmachen, bevor wir unsere alte Scham oder Verlegenheit einladen, sich erneut einzustellen. Eine Möglichkeit wäre, dass wir uns an eine noch nicht so lange zurückliegende Situation erinnern, bei der es uns unangenehm war, anders zu sein. Oder wir begeben uns auf eine längere Zeitreise zu einem Augenblick, in dem wir entschieden, dass es sicher besser für alle Beteiligten sei, wenn wir uns zurückhalten und anpassen würden.

Da wir bei der Ausbildung dieses Kindheitsglaubenssatzes schon etwas älter waren, haben wir vielleicht sogar lebhafte Erinnerungen an die schmerzliche Zeit, als wir zu dem Schluss kamen, irgendwie moralisch verwerflich zu sein. Wir können die Angst, aus der Gemeinschaft ausgeschlossen zu werden, wieder hervorrufen und uns gleichzeitig bewusst sein, dass wir inzwischen ein Erwachsener sind, der gut damit fertig werden kann, wenn ihm mal jemand aufgrund einer Meinungsverschiedenheit die kalte Schulter zeigt. Es braucht womöglich etwas Übung, um noch einmal die lähmende, handlungsunfähig machende Panik davor zu spüren, etwas falsch zu machen, die uns bis heute zu schaffen macht. Wenn wir die Angst, jemanden zu kränken oder zu verärgern, so weit in uns hochsteigen lassen können, dass wir sicher sind, von allen, die wir kennen, abgelehnt zu werden, können wir einfach nur dasitzen und dieses Gefühl aushalten, den inneren Sturm überstehen.

Wie beim Beobachten unserer Gedanken besteht die Praxis darin, unsere Gefühle durch uns hindurchgehen zu lassen, ohne in die Falle zu tappen, diese Gefühle zu sein und ohne innen einzufrieren und uns nach außen hin anzupassen. Wir sind stark, wir können ein paar Momente in diesem Grauen der Demütigung verweilen. Die Drangsal wird schnell vorbeigehen. Diese Gefühle scheinen sehr stark zu sein, aber wenn wir ihnen erlauben, sich zu bewegen, geht ihnen überraschend schnell die Energie aus. Die Schrecken der Bestrafung, der Ablehnung und der Niedergeschlagenheit werden sich von allein auflösen, wenn wir sie ein oder zwei Minuten aushalten.

SCHRITT 5: Unser wirkliches Leben leben

Wir haben Kontakt mit der Angst aufgenommen, dass wir irgendwann als Hochstapler auffliegen, und mit der tiefsitzenden Furcht, von denen, die wir am meisten lieben, abgelehnt zu werden. Wenn wir diese Seelenangst überleben, werden wir von innen weicher. Je öfters wir diese Übung machen, desto lebendiger werden wir. Im Laufe der Zeit werden wir im täglichen Leben spüren, wie wir auftauen, wie sich unser Körper weniger steif anfühlt und unsere Reaktionen flexibler werden. Wir werden leichter und strahlen mehr Lebensfreude aus. Außerdem werden wir feststellen, dass wir selbstbewusster unsere Meinung äußern. Wir haben nach außen immer ausgewogene Ansichten präsentiert. Jetzt können wir üben, unseren Standpunkt nicht nur mit Gelassenheit zu vertreten, sondern auch mit Leichtigkeit und unserer eigenwilligen Sichtweise auf die Dinge.

Es mag eine große Überraschung sein, dass den Menschen in unserer Umgebung unsere Tendenz zum Ausloten von Grenzen immer klar war. Sie wussten die ganze Zeit, was los ist. Während wir stets so darauf bedacht waren, unsere Authentizität zurückzuhalten, hatten Familie und

Freunde unsere akribische Maske der Perfektion schon lange durchschaut. Und sie haben uns trotzdem immer gern gehabt und gemocht. Sie werden sich freuen, wenn wir diese Maske fallen lassen und uns Raum geben, um auszudrücken, wer wir wirklich sind.

Die positive Gegenwart

Die Grenze zwischen ethisch und unethisch ist oft hauchdünn. Bereits im 17. Jahrhundert gab es an den Universitäten Professorenschaften für Moralphilosophie, und der Diskurs findet in der heutigen Gesellschaft immer noch statt. Ansichten über die Probleme eines gemeinsamen Freundes austauschen – ist das Besorgtheit oder Klatsch und Tratsch? Ist es okay, mit Kollegen über einen Chef zu reden, unter dem vieles nicht so gut läuft? Dürfen wir es sagen, dass jemand eine Investition in einem bestimmten Projekt getätigt hat, weil wir das zufällig auf einer Party gehört haben? Fragen wie diese haben keine eindeutige Antwort. Meistens hängt es von der Absicht und den Umständen eines Gesprächs ab, was richtig ist. Und trotzdem erweist es sich oft als schwierig, eine Grenze zu ziehen zwischen dem, was anständig ist, und dem, was nicht. Und ja, manchmal liegen wir falsch. Man lernt nie aus. Mit unserer langjährigen Erfahrung, immer alles richtig machen zu wollen, wird uns unsere Sensibilität in diesem Bereich nicht verloren gehen, aber es ist nicht mehr nötig, dass wir uns davon hemmen lassen.
Aufgrund des Kindheitsglaubenssatzes, dass wir uns anpassen müssen, werden wir wahrscheinlich immer empfindlich auf Kritik reagieren. Es braucht Übung zu akzeptieren, dass es in Ordnung ist, auch mal eine falsche

Entscheidung zu treffen oder einen Bericht nicht rechtzeitig fertig zu haben. Und es braucht Übung, uns daran zu gewöhnen, dass eine falsche Bemerkung nicht unsere ewige Verbannung zur Folge haben wird. Zunächst können wir ganz bewusst unsere negativen Selbstbotschaften durch solche wie die unten stehenden ersetzen. Im Laufe der Zeit werden diese positiven Gedanken dann ganz selbstverständlich für uns werden.

POSITIVE SELBSTBOTSCHAFTEN

Ich bin ein Individuum aus Fleisch und Blut.

Es ist wunderbar für mich, meine Liebe zu spüren und auszudrücken.

Ich erteile mir die volle Erlaubnis, mich hinauszuwagen.

Grenzen werden ständig überprüft.

Wie sollten wir sonst vorankommen?

Ich möchte stolz auf mich selbst sein.

Nicht, weil ich das perfekte Leben zu führen scheine, sondern weil ich ein einzigartiger Mensch bin.

Ich bin perfekt in meiner Unvollkommenheit.

Genau wie alle anderen.

Wir tun unser Bestes, aber wir sind törichte und unberechenbare Wesen.

Das ist ein Teil des Menschseins.

Lernen durch Handeln sorgt für eine reichhaltige Lebenserfahrung.

Ich genieße Spontaneität.

Ich mache mir keine Sorgen, wie andere mich wahrnehmen.

Ich genieße es, uneingeschränkt zu leben.

Ich experimentiere damit, eine Haltung einzunehmen.

Ab und zu bin ich eben auch mal ein Dummkopf.

Ich besitze alles von mir, nicht nur den scheinbaren Klang.

Ich brauche andere nicht zu verurteilen,
weil sie Anforderungen nicht erfüllen.

Niemand ist perfekt.

Das ist die Realität.

Ich bin ich selbst.

Niemand weiß es

Fehler zu machen ist immer noch nicht meine Stärke. Es passiert mir weiterhin, dass ich ganz beklommen bin, nachdem ich eine E-Mail abgeschickt habe, in der ich klar zu einem Thema Stellung beziehe. Und »Da haben wir es!« ist auch heute noch einer meiner ersten Gedanken, wenn mich ein Vorstandskollege zu einem Gespräch bittet. Diese Ängste und Gedanken kann ich jetzt aber als Warnzeichen sehen, die ihren Ursprung in meiner Jugend haben. Ich habe gelernt, einen Schritt zurückzutreten und mich von Gedanken zu distanzieren, dass meine berufliche Reputation ständig am seidenen Faden hängt oder mein gesellschaftliches Leben davon abhängt, wie ich mich kleide.

Inzwischen bin ich sehr von der Idee angetan, dass das Leben ein einziges großes Experiment ist, in dem niemand so wirklich weiß, was er tut. Und trotzdem handeln wir, gehen unserer Wege und machen unser Ding so gut wir können. An jedem Tag, an dem die Sonne aufgeht, passiert irgendwo auf der Welt Unerwartetes, auch in unserem Leben immer wieder. Jeder spielt seine ganz eigene Rolle auf der Bühne des Lebens und zusammen können wir etwas schaffen, das niemand von uns für möglich gehalten hätte.

Zu guter Letzt

Je mehr wir aus dem Weg räumen können,
desto mehr Leben kann ungehindert
durch uns fließen und desto positiver wird
unsere Gegenwart sein.

Das Umwandeln der negativen Gedanken, wie sie sich aus den Kindheitsglaubenssätzen ergeben, ist wie eine Kehrtwendung. Wenn wir auf der Autobahn eine Ausfahrt verpasst haben, müssen wir vielleicht noch eine ganze Weile in die falsche Richtung fahren, bevor wir die nächste Ausfahrt zurück zu unserem Ziel nehmen können. Auf einer Landstraße müssen wir die richtige Stelle finden, an der wir wenden können, ohne eine Gefahr für andere Verkehrsteilnehmer darzustellen. Ich schlage vor, die Kehrtwendungen, die wir vollziehen, wenn wir stoppen, um den Angstzuständen, den Bedürfnissen, dem Zorn, der Furcht und der Scham, wie wir sie im Kindesalter empfunden haben, nachzuspüren und uns bei ihnen zu bedanken, als Menschwendungen zu bezeichnen.
Menschwendungen holen uns heraus. Heraus aus dem eingeschränkten Raum des abhängigen Kindes, in dem wir voll darauf konzentriert sind, was wir brauchen, zurück in eine Welt voller Menschen. Das Vordringen zu dem Menschen, der wir geworden sind, bringt uns zurück in die Welt der menschlichen Beziehungen, in das Bewusstsein, was andere Menschen vielleicht möchten und brauchen, in einen Austausch ohne Hintergedanken. Letztendlich ist das Leben das, was durch uns geschieht. Wir können elegante Werkzeuge sein: willkommen, gut genug, frei, mutig und authentisch. Das ist es, was ich gelernt habe.

Danksagung

Ein Buch ist eine Quintessenz der Arbeit, der Gedanken und Inspirationen vieler.

Nachdem Sie dieses Buch gelesen haben, werden Sie verstehen, dass es viele Menschen gibt, denen ich nicht genug danken kann.

Dr. Barbara Brennan für ihre Hartnäckigkeit, ihre Pionierarbeit, ihr Engagement und ihre Unterstützung, ihre Heilschule, ihr wunderbares Team von Lehrern sowie das Animieren der bunten Gruppe von Kommilitonen, die die lebhafte Couch Crowd bildeten.

Diejenigen, die in meine Privatpraxis kamen und ihre innersten Gedanken und Fragen mit mir teilten.

Meine Freunde, die Autoren Anneloes Timmerije und Charles den Tex, die mir den Anstoß gaben, dieses Buch zu schreiben, und mir ihre ehrlichen und wertvollen Kommentare zu meiner ersten Version gaben.

Meinen Nichten Nina Schuitemaker und Tessa Kruize für ihren unerschütterlichen Glauben, dass dieses Buch für ihre Altersgruppe von Wert ist.

Robert Coppenhagen, Daniël Doornink und Emma Jansen von Chevigny Publishing, dass sie das Potenzial dieses Buches erkannt und mich zu einem tieferen Verständnis dessen gebracht haben, was ich sagen wollte.

Jun-Yi Lee danke ich für die Gestaltungsvorschläge.

Helen Titchen Beeth und Anna Beeth für ihre Begeisterung und ihre erste Übersetzung.

Anne-Marie Voorhoeve, Marinet Ritz und anderen Kollegen im Center for Human Emergence (The Netherlands) dafür, dass sie meine Arbeit in unsere gemeinsame Praxis integriert haben.

Ingrid Groenen für ihren lebendigen Einblick in das Kindheitsglaubenssatz-Modell, wie sie es an der School of Life unterrichtet, und inspirierende Gespräche im Laufe der Jahre.
Meiner Herzfreundin Wies Enthoven für unser laufendes Gespräch über das Was und Warum des Lebens und all das, was ich durch das gemeinsame Schreiben von The Eldest Daughter Effect gelernt habe.
Johan Schaberg, der meinen Entwurf gründlich durchlas und mich darauf hinwies, wo ich klarer sein könnte, und mich auf meinem Weg immer ermutigte.
Sabine Weeke von Findhorn Press für ihre Treue und Einsicht während des gesamten Prozesses der Umschreibung des Buches, um mein gewachsenes Bewusstsein seit seiner Veröffentlichung auf Niederländisch im Jahr 2011 zu berücksichtigen. Ebenso Thierry Bogliolo, Carol Shaw und Mieke Wik von Findhorn Press, wo ich mich so gut aufgehoben fühle, sowie Jacqui Lewis für ihre famose Redaktionsarbeit und Damian Keenan für das schöne Design.
Meinem Partner Jos van Merendonk für seine unerschütterliche gute Laune und das Beherzigen des Mottos unserer Beziehung »Du musst tun, was du tun musst«, während ich hinter Büchern und meinem Laptop versteckt saß und beim Abendessen in Gedanken versunken war.
Vor allem aber meinen Eltern, meiner Mutter Miek und meinem verstorbenen Vater Albert Schuitemaker, dass sie mir genau die richtigen Erfahrungen mitgegeben haben, um mich auf den richtigen Weg zu bringen.

Über die Autorin

Wenn jemand Lisettes Nachnamen Schuitemaker nicht aussprechen kann, übersetzt sie ihn einfach mit Kahnmacher. Das niederländische Wort Schuit bezeichnet wie das ähnliche deutsche Wort Schute nämlich nichts anderes als einen Frachtkahn (genau genommen einen antriebslosen Kahn, der von Schleppern gezogen wird).
Lisette ist nicht nur Autorin, sondern auch Kuratoriumsvorsitzende der Findhorn Foundation in Schottland, langjährige Partnerin des Malers Jos van Merendonk, 63-jährige älteste Tochter einer lebhaften Mutter, älteste Schwester von drei temperamentvollen Geschwistern, glücklich kinderlose Tante von elf Neffen und Nichten sowie aktive Einwohnerin von Amsterdam.
Mit einem Magister in klassischem Latein und Griechisch von der Universität Leiden gründete Lisette einst ihre eigene Kommunikationsagentur. Nach dem Verkauf dieses Geschäfts saß sie im Vorstand mehrerer zukunftsorientierter niederländischer und europäischer Wohltätigkeitsorganisationen. Sie studierte an der renommierten Barbara Brennan School of Healing in den USA und erwarb einen BSc in Brennan Healing Science. Im Rahmen ihres Studiums beschäftigte sie sich mit Wilhelm Reich und war begeistert von den Einsichten, die sie mit der reichianischen Psychologie gewann. Daraufhin schrieb sie *The Childhood Conclusions Fix*, ihr drittes Buch, das auf Englisch veröffentlicht wird. Für weitere Informationen über Lisette besuchen Sie bitte: *lisetteschuitemaker.com*.

EINSAMKEIT VERSTEHEN UND ÜBERWINDEN

304 Seiten | 18,00 € [D] | ISBN 978-3-424-15359-0 | Auch als E-Book erhältlich

Die Vereinsamung nimmt in unserer Gesellschaft immer erschreckendere Ausmaße an. Sie kann schwerwiegende körperliche und seelische Folgen haben. Die Bestsellerautorin und spirituelle Lehrerin Teal Swan gewährt in ihrem Buch tiefgehende Einblicke und Erkenntnisse zum Thema Einsamkeit. Sie zeigt, wie man sich seinen Ängsten stellt und wieder zu einer tiefen Verbundenheit mit sich selbst, seinen Mitmenschen und der Umwelt findet.

Mehr Infos unter
www.irisiana-verlag.de

IRISIANA